Komplexes Problemlösen

Ulrike Kipman

Komplexes Problemlösen

Begriff – Einflussgrößen – Korrelate –
Erkenntnisse am Beispiel der PISA-Studie

Ulrike Kipman
Pädagogische Hochschule Salzburg
Salzburg, Österreich

ISBN 978-3-658-30825-4   ISBN 978-3-658-30826-1 (eBook)
https://doi.org/10.1007/978-3-658-30826-1

Die Deutsche Nationalbibliothek verzeichnet diese Publikation in der Deutschen Nationalbibliografie; detaillierte
bibliografische Daten sind im Internet über http://dnb.d-nb.de abrufbar.

Springer Gabler

Springer Gabler ist ein Imprint der eingetragenen Gesellschaft Springer Fachmedien Wiesbaden GmbH und ist
ein Teil von Springer Nature.
Die Anschrift der Gesellschaft ist: Abraham-Lincoln-Str. 46, 65189 Wiesbaden, Germany

Vorwort

Die PISA-Studie erhebt Daten von unschätzbarem Wert für das Bildungsmonitoring in den einzelnen Teilnehmerländern. Durch einen internationalen Leistungsvergleich (Benchmarking) und auch Trendanalysen können Maßnahmen evaluiert und Verbesserungspotenziale erkannt werden. Das Einzigartige und Besondere an dieser Studie ist die Tatsache, dass eine derart große Menge von Daten (bei PISA 2012 nahmen 65 Länder teil, bei PISA 2018 waren es schon 79 Länder, darunter ALLE OECD-Länder) vorhanden ist, die auf wissenschaftlich höchstem Niveau mit exzellenten Verfahren erhoben werden. Bei der Entwicklung der Fragen und Aufgaben, aber auch in der Skalierung der Daten und deren Gewichtung wird das praktische Know-how aller Teilnehmerländer genutzt, womit gewährleistet wird, dass die Studie mit der größtmöglichen international verfügbaren fachwissenschaftlichen und verfahrenstechnischen Kompetenz umgesetzt wird, was sonst kaum in dieser exzellenten Form gewährleistet ist (neueste Skalierungsmethoden, eigene Auswertungsprogramme, Plausible Value – Schätzungen etc.). Diese öffentlich zugänglichen Daten nicht zu nutzen und damit zu forschen, wäre eine verpasste Chance, da in diesen Datensätzen oft „Golden Nuggets" stecken, die es ermöglichen, Leistungen von ganzen Kohorten zu verbessern und Schulsysteme positiv zu verändern. Es werden drei Kernkompetenzen gemessen (Mathematik, Lesen und Naturwissenschaften) und zudem werden immer wieder andere Nebendomänen erfasst. Zu diesen zählte bis zum Jahr 2012 auch das komplexe Problemlösen, das eines der wichtigsten Bildungsziele im 21. Jahrhundert darstellt; 2015 wurde das gemeinschaftliche Problemlösen gemessen, 2018 schließlich „Global Competency".

Dieses Buch enthält Analysen zum Einfluss von Kontextvariablen (die bei PISA in großem Umfang erhoben werden), auf das komplexe Problemlösen und zwar für Österreich, Deutschland sowie das beste und das schwächste OECD-Land. Es ergibt sich daraus, wie die Fähigkeit, komplexe Probleme lösen zu können, gefördert und damit verbessert werden kann, um nicht nur ein Bildungsziel zu erreichen, sondern Jugendlichen einen Vorsprung in einer Welt der künstlichen Intelligenzen und der Automatisierung und Digitalisierung zu verschaffen („teaching for tomorrows world").

Salzburg, Österreich

Ulrike Kipman

Inhaltsverzeichnis

Problemlösekompetenz ist ein wichtiges Bildungsziel in vielen Ländern. Ziel ist es, dass Schülerinnen und Schüler Probleme lösen können, die in einem unbekannten oder ungewohnten Kontext auftreten und die nicht routinemäßig bearbeitet werden können. Beim Problemlösen muss man sich mit neuen Gegebenheiten auseinandersetzen, sich an veränderte Bedingungen anpassen und auf neue Herausforderungen flexibel reagieren. Dies ist eine in Zeiten der Automatisierung und der künstlichen Intelligenzen immer gefragtere Eigenschaft.

Schule und Unterricht sollen einen wichtigen Beitrag zur Erreichung dieses Bildungsziels leisten. Progressive Unterrichtsmethoden, wie problembasiertes Lernen, forschungsbasiertes und entdeckendes Lernen sowie projektbezogenes Arbeiten, sollen es den Schülerinnen und Schülern ermöglichen, ihr Wissen in neuen Situationen anzuwenden und ein tieferes Verständnis des dabei Gelernten erwirken.

PISA 2012 gibt uns die Möglichkeit, die Fähigkeit, **komplexe Probleme** zu lösen, näher zu analysieren (in PISA 2015 wurde das gemeinschaftliche Problemlösen untersucht, in PISA 2018 Global Competency). Kaum eine Studie erhebt dermaßen viele Kontextvariablen wie PISA 2012, die mit der Fähigkeit, komplexe Probleme lösen zu können, in Verbindung gebracht werden können. Es liegen Daten aus 60 Ländern vor, davon 28 OECD-Länder. Die koreanischen Schülerinnen und Schüler erbringen innerhalb der OECD die besten Leistungen und die Jugendlichen aus Chile mit 113 Punkten Unterschied zu Korea die schwächsten Leistungen. Deutschland und Österreich sind mit 509 und 506 Punkten im Mittelfeld der 28 OECD-Länder (zwölfter und fünfzehnter Rangplatz).

Erhoben werden bei PISA nicht nur Informationen zur Bildungslaufbahn der Schülerinnen und Schüler, sondern auch zur Familienstruktur, zu den Eltern, zu den häuslichen Besitztümern, zur Computernutzung der Jugendlichen, zur Verfügbarkeit von Kommunikationstechnologien, zum Unterricht, zur Einstellung der Jugendlichen, was Mathematik betrifft und zum Lernen (Lerntechniken u.v.m.).

© Springer Fachmedien Wiesbaden GmbH, ein Teil von Springer Nature 2020
U. Kipman, *Komplexes Problemlösen*, https://doi.org/10.1007/978-3-658-30826-1_1

Diese Datenmenge ist frei zugänglich und wurde genutzt, um Einflussgrößen und Zusammenhänge in Bezug auf das komplexe Problemlösen noch besser verstehen und entsprechende Handlungsempfehlungen ableiten zu können.

Dieses Buch analysiert systematisch die Kompetenz, komplexe Probleme zu lösen in Verbindung mit **allen** bei PISA erhobenen Kontextvariablen für das beste und das schwächste OECD-Land sowie Österreich und Deutschland, ausgenommen jener Kontextvariablen zur Sprache/Migration, da sowohl in Korea als auch in Chile der Migrantenanteil bei weniger als einem Prozent liegt. Die Bildungsaspiration wird ebenfalls nicht analysiert, weil diese keine Einflussgröße, sondern vielmehr Folge daraus ist bzw. sein kann, wie gut komplexe Probleme gelöst werden können. An dieser Stelle möchte ich die Gelegenheit nutzen, Herrn Stephan Bartholdy zu danken, der für Kapitel 2 und Kapitel 3 die Ergebnisberichte und Dokumente der OECD übersetzt und zusammengefasst hat.

Die PISA-Studie

2

2.1 Was ist PISA?

Die PISA-Studie (*Programme for International Student Assessment*) wird weltweit im Abstand von drei Jahren an Schülern, die am Ende der Pflichtschulzeit stehen, durchgeführt. Es wird getestet, in welchem Ausmaß die Schüler diejenigen Wissensbereiche und Fertigkeiten beherrschen, die sich für das Leben in modernen Gesellschaften als essenziell herausgestellt haben. PISA ist somit nicht auf die bloße Reproduktion von Wissen ausgelegt, sondern darüber hinaus auf die Anwendung von Wissen und Kompetenzen jeweils in den Kernbereichen Mathematik, Lesen, Naturwissenschaft und auch in Nebendomänen (übergreifenden Domänen), wie im Jahr 2012 komplexes Problemlösen, im Jahr 2015 kollaboratives Problemlösen oder im Jahr 2018 „Global Competency".

Die Schülerinnen und Schüler sollen im Test nicht nur gelerntes Wissen aus diesen Bereichen abrufen, sondern durch Kombinieren zur Lösung von neuen Problemen aus anderen Bereichen herankommen. Dieser Ansatz ist von der Erkenntnis abgeleitet, dass moderne Gesellschaften Individuen nicht allein für gelerntes Wissen belohnen, sondern für die Kompetenz im praktischen Anwenden dieses Wissens.

Das Programm soll den einbezogenen Nationen, auf die Ergebnisse aufbauend, wertvolle Erkenntnisse für Bildungssysteme und die pädagogische Praxis liefern.

In den Erhebungen kristallisiert sich außerdem heraus, welche konkreten Höchstleistungen in den Kompetenzbereichen von den Schülerinnen und Schülern erbracht werden können, wenn Nationen ihr Bildungssystem bestmöglich fördern. Aus den Ergebnissen können die jeweils verantwortlichen Personen im Bildungssektor schließen, wie ihr Schulsystem im Ländervergleich abschneidet, wiederum messbare Bildungsziele setzen und von Strategien und Methoden anderer erfolgreicher Nationen lernen. Es wird allerdings betont, dass aus Ergebnissen der PISA-Studien nicht einfach auf kausale Beziehungen zwischen den angewandten Bildungsrichtlinien und den Leistungen der Schülerinnen und

© Springer Fachmedien Wiesbaden GmbH, ein Teil von Springer Nature 2020
U. Kipman, *Komplexes Problemlösen*, https://doi.org/10.1007/978-3-658-30826-1_2

Schüler einer Nation geschlossen werden kann. Die Intention hinter den PISA-Ergebnisberichten ist vielmehr, politischen Entscheidungsträgern sowie interessierten Bürgern die Ähnlichkeiten und Unterschiede zwischen Bildungssystemen und schulischen Kompetenzen von Schülern aufzuzeigen. PISA wurde in der ersten Erhebungswelle (in den Jahren 2000 und 2003) in 43 Nationen durchgeführt. Daraufhin wuchs die Popularität bis zur siebten Erhebung (2018) auf 79 teilnehmende Nationen mit ca. 600.000 Schülern (OECD 2019).

Über eine Teilnahme wird, nach Empfehlungen von jeweiligen Experten, durch die Nationen selbst entschieden, auch darüber, in welchem Umfang und unter welchen Rahmenbedingungen die Erhebungen stattfinden sowie welche Hintergrundinformationen mit erhoben werden sollen. Die Testdesigns und -übersetzungen sowie auch die Stichprobenziehung und Datenerhebung unterliegen strengen Qualitätskontrollen, wodurch die Ergebnisse der PISA-Studien in hohem Maße reliabel und valide sind. Die von der OECD selbst beschriebenen Besonderheiten von PISA bestehen in folgenden Punkten (OECD 2014, S. 22):

Orientierung an Maßstäben bzw. Richtlinien: Die Lernergebnisse der Schülerinnen und Schüler werden mit deren erhobenen Hintergrundinformationen und deren Einstellung zum Lernen und weiteren möglicherweise damit zusammenhängenden Faktoren innerhalb und außerhalb der Schule verknüpft, um Leistungsunterschiede erklären zu können.

Konzept der Kompetenz (engl. *literacy*): Kompetenz beschreibt die Fähigkeit von Schülern, Wissen und Können aus Kernbereichen anzuwenden, zu analysieren, zu erörtern und zu kommunizieren sowie auf deren Grundlage unterschiedliche Probleme zu identifizieren, zu interpretieren und zu lösen.

Relevanz für lebenslanges Lernen: Schüler werden bei PISA nach ihrer Lernmotivation, Grundannahmen über sich selbst und ihren Lernstrategien befragt.

Regelmäßigkeit: Dadurch können teilnehmende Nationen und Wirtschaftssysteme ihre Fortschritte in Bezug auf selbst gesetzte Bildungsziele erfassen.

Die Erhebung wird weltweit durchgeführt.

2.2   Welche Schülerinnen und Schüler nehmen an PISA teil? – Eigenschaften der PISA-Stichproben

Eine große Herausforderung für internationale Umfragen besteht darin, sicherzustellen, dass die internationale Vergleichbarkeit der nationalen Zielgruppen tatsächlich gewährleistet ist. Da es international bedeutende Unterschiede gibt, im Umfang und in der Art der Vorschulbildung, im Schuleintrittsalter, in der Struktur des Schulsystems und der Prävalenz von Klassenwiederholungen, ist die Klassenstufe allein kein angemessenes Vergleichskriterium für die kognitive Entwicklung von Schülerinnen und Schülern. All diese Unterschiede zwischen Nationen machen es unmöglich, einfach international vergleichbare Schulstufen zu definieren. Aus diesem Grund definieren internationale Vergleichsstudien zur Bildungsleistung ihre Stichproben üblicherweise in Bezug auf eine Ziel-Altersgruppe.

Konsistent damit wird auch bei PISA zur bestmöglichen Vergleichbarkeit das Alter der Schülerinnen und Schüler zur Stichprobenziehung herangezogen, die somit nicht an nationale Schul- und Klassenstrukturen gebunden ist. Das Alter der Schülerinnen und Schüler muss zu Beginn des Beurteilungszeitraums zwischen 15 Jahren und 3 Monaten und 16 Jahren und 2 Monaten liegen (±1 Monat) und sie müssen zudem mindestens 6 Jahre formale Schulbildung abgeschlossen haben, unabhängig von der Klassenstufe oder dem Typ der Bildungseinrichtung. Dabei werden alle Formen von Bildungseinrichtungen, Halb- oder Ganztagsschulen, allgemein- oder berufsbildende, öffentliche oder private sowie fremdsprachige Schulen einbezogen. Aus der klaren Definition der Stichprobe folgt, dass PISA Aussagen über das Wissen und die Fähigkeiten dieser Gruppe von Personen ableitet, die innerhalb der Gesamtbevölkerung in einem eng eingegrenzten Bezugszeitraum geboren wurden, die jedoch, abgesehen davon, möglicherweise sowohl innerhalb als auch außerhalb der Schule sehr unterschiedliche Bildungserfahrungen gemacht haben können. Abhängig von den nationalen Bedingungen kann diese Kohorte auf verschiedene Klassenstufen aufgeteilt sein und dies muss bei der Auswertung berücksichtigt werden. Es wäre auch möglich, dass die bei 15-jährigen beobachteten Leistungsunterschiede in den darauffolgenden Schuljahren durch weitere Bildungserfahrungen oder spezifische Förderung verschwinden könnten. Wenn die Skalenmittelwerte eines Landes in Bezug auf Lesen bzw. in Bezug auf naturwissenschaftliche oder mathematische Fertigkeiten erheblich höher sind als in einem anderen Land, kann daraus nicht automatisch gefolgert werden, dass die Schulen oder bestimmte Teile des Bildungssystems im ersten Land effektiver sind als im zweiten. Man kann stattdessen den Schluss ziehen, dass im Schnitt die kumulativen Auswirkungen von Lernerfahrungen (z. B. zu Hause, in der Schule) im ersten Land von der frühen Kindheit an bis zum Alter von 15 Jahren zu höheren Leistungen geführt haben.

Anhand der konkreten Eingrenzung des Einschulungsalters sind die Ergebnisse der PISA-Kompetenzbereiche querschnittlich (zwischen teilnehmenden Nationen) und längsschnittlich (innerhalb der Nationen im Zeitverlauf) konsistent vergleichbar. Um möglichst unverzerrte Daten zu erhalten, ist es jedoch unerlässlich, dass die Stichprobe durch strikte und standardisierte Ein- und Ausschlusskriterien definiert ist. Es dürfen etwa innerhalb einer Nation nur weniger als 5 % der Schülerinnen und Schüler (aus der Grundgesamtheit der 15-Jährigen) ausgeschlossen werden. Dies schränkt das Ausmaß einer möglichen Verzerrung des nationalen Mittelwerts auf ±5 Leistungspunkte ein, was in etwa einem Intervall von 2 Standardmessfehlern (um den Mittelwert) entspricht. Ausschlusskriterien sind sowohl auf Schul- als auch auf Schülerebene definiert: Schulen können etwa ausgeschlossen werden wegen ihrer Lage in einer abgelegenen Region, weil sie zu klein sind oder wegen anderer struktureller oder praktischer Rahmenbedingungen (z. B. Schulen für Blinde). Schüler können vor allem wegen geistiger oder funktioneller Behinderungen oder unzureichenden Sprachverständnisses ausgeschlossen werden. Sie können jedoch nicht ausgeschlossen werden wegen zu geringer Kenntnisse oder Disziplinprobleme. Die PISA-Zielgruppe umfasst keine Schülerinnen und Schüler eines Landes, die Schulen im Ausland besuchen. Sie schließt jedoch Ausländerinnen und Ausländer ein, die im

teilnehmenden Land die Schule besuchen. Die Reichweite der Erhebung innerhalb der
Länder ist bei PISA durchwegs hoch und erreicht beispiellose Standards im Vergleich zu
anderen internationalen Bildungsstudien. Das Häufigkeit, Art und Rechtfertigung von
Ausschlüssen auf Schulebene werden jeweils im PISA Technical Report dokumentiert.

Die PISA-Erhebungswellen werden meist mittels zweistufiger geschichteter Stichproben konzipiert, wobei die Länder selbst auch unterschiedliche Stichprobenentwürfe anwenden können. Die erste Phase besteht aus der Auswahl aller einzelner Schulen, in denen
15-jährige Schülerinnen und Schüler eingeschrieben sein könnten. In der Stichprobe der
Schulen werden gleichzeitig Ersatzschulen für den Fall ermittelt, dass eine in die Stichprobe einbezogene Schule nicht teilnehmen wird. Die Teilnahmequote ist erfreulich hoch:
Beispielsweise waren bei PISA 2012 in Island, Liechtenstein, Luxemburg, Macao-China
und Katar alle Schulen und alle teilnahmeberechtigten Schülerinnen und Schüler innerhalb der Schulen in der Erhebungsstichprobe enthalten (OECD 2014, S. 141). Experten
des PISA-Konsortiums führen das Stichprobenauswahlverfahren für die meisten teilnehmenden Länder durch und überwachen es genau in denjenigen Ländern, die selbst ihre
Stichproben auswählen. In der zweiten Phase des Auswahlverfahrens werden die Schülerinnen und Schüler schließlich in ihren Schulen befragt und daraufhin wird die Erhebung
durchgeführt.

Die endgültige Genauigkeit der Studienergebnisse hängt von der Qualität der Daten der
nationalen Stichproben (z. B. in Form von Mindestbeteiligungsquoten für Schulen und
Schülerinnen bzw. Schüler) und des Erhebungsverfahrens ab. Für PISA wurden Qualitäts-
standards, -verfahren, -instrumente und -verifizierungsmethoden entwickelt, die sicherstellen, dass nationale Stichproben vergleichbare und unverzerrte Daten produzieren und
die Ergebnisse vertrauensvoll verglichen werden können (OECD 2014, S. 136–146).

2.3   Welche Art von Ergebnissen liefert PISA?

Im Vordergrund der von der OECD herausgegebenen Ergebnisberichte stehen folgende
drei Arten von Leistungsergebnissen (OECD 2014, S. 24):

1. Grundlegende Kennwerte zur Beurteilung des Wissens und der Fähigkeiten von Schülerinnen und Schülern;
2. Maße für die Relationen zwischen der gemessenen Leistung und wichtigen demografischen, sozialen, wirtschaftlichen und bildungsbezogenen Variablen;
3. Indikatoren für Veränderungstrends sowohl in den erzielten Leistungen als auch in den
   Beziehungen zwischen Leistungen und relevanten Variablen auf Schul- und Schülerebene.

Es ist zu beachten, dass die berichteten Ergebnisse und Kennwerte zwar auf wichtige
Umstände hinweisen, jedoch nicht allgemein als unmittelbare Anstöße für politische Veränderungen dienen können. Um solchen Fehl- oder Überinterpretationen vorzubeugen,

wurde von PISA auch ein auf politische Richtlinien ausgerichtetes Auswertungskonzept erarbeitet, mithilfe dessen die Ergebnisse, anregend zur Diskussion politischer Bedingungen, genutzt werden können.

2.4   Implikationen der PISA-Ergebnisberichte

In unserer heutigen zunehmend komplexen und vernetzten Gesellschaft ist die Fähigkeit zur Anpassung an neue Bedingungen und Situationen essenziell, um den dynamischen Anforderungen des schulischen und beruflichen, aber auch des sozialen Alltags entsprechen zu können. Mit wachsender Komplexität der Inhalte, mit denen wir täglich konfrontiert sind, und zunehmender Verfügbarkeit von Wissen durch digitale Medien, verschieben sich die kognitiven Anforderungen des modernen Lebens vom *Wissen* zum *Können*. In der Berufswelt bestimmt die Ausprägung dieser Fähigkeitsdimensionen in vielen Fällen über Karrierechancen, Positionen und Gehälter.

Somit liegt es im größten Interesse von Bildungssystemen, Menschen so gut wie möglich mit diesen Fertigkeiten auszustatten, die notwendig sind, um in der zunehmend vernetzten und dynamischen Gesellschaft angepasst und darüber hinaus erfolgreich sein zu können. Zur fortlaufenden Optimierung des eigenen Bildungs- und Wirtschaftssystems ist für politische Entscheidungsträger die Möglichkeit zum Vergleich mit den Bedingungen und Ergebnissen anderer Nationen wertvoll. Das OECD-Projekt PISA ist mit seinen umfassenden weltweiten Erhebungen der wichtigsten Kompetenzbereiche für viele Nationen seit Jahren die nützlichste Informationsquelle. Diese erhalten durch ihre Teilnahme, über den längsschnittlichen Vergleich der eigenen nationalen Schulleistungen hinaus, die Möglichkeit zum Vergleich mit anderen Nationen, unter Einbezug soziodemografischer, bildungspolitischer und wirtschaftlicher Faktoren. Ebenso werden in Zeiten des globalen Austauschs die Qualität und Effizienz eines Bildungssystems nicht nur im Vergleich mit sich selbst, sondern auch im Vergleich mit allen anderen und vor allem mit den leistungsstärksten Bildungssystemen gemessen. PISA liefert den jeweiligen Entscheidungsträgern unzählige erforderliche Informationen zur Optimierung des eigenen Systems, sei es auf nationaler oder gar auf Schulebene.

Es zeigte sich im Zeitverlauf etwa, dass die meisten untersuchten Nationen ihre durchschnittliche Leistung in mindestens einem Kompetenzbereich verbesserten und manche hochleistende Teilnehmer wie Shanghai und Singapur noch größeren Abstand zum Durchschnitt erlangten, während eher niedrigleistende Nationen wie Brasilien, Mexiko, Tunesien und die Türkei ihre Leistungen stark verbessern konnten. Es zeigten sich aber auch konsistent große Unterschiede zwischen Nationen in den Mathematikleistungen ihrer Schülerinnen und Schüler: In PISA 2012 reichten die Leistungsunterschiede in Mathematik innerhalb von Nationen bis auf 300 Punkte – äquivalent zu einem Unterschied von mehr als 7 Schuljahren. Daraus konnte geschlussfolgert werden, dass nur wenige Nationen all ihre Schülerinnen und Schüler zu etwa gleich hohen Leistungen fördern können.

Es wurden außerdem erhebliche Geschlechtsunterschiede in der Einstellung zur Mathematik gefunden: Mädchen berichten, weniger Ausdauer und Motivation zum Mathematik-Lernen zu haben sowie weniger von ihren Leistungen überzeugt zu sein und mehr darauf bezogene Angst zu haben als Jungen. Ebenso liegt die durchschnittliche Mathematikleistung der Mädchen unter der der Jungen und dieser Unterschied ist sogar am größten unter den leistungsfähigsten Schülerinnen und Schülern. Diese Unterschiede stehen wahrscheinlich in gewissem Maße auch in Verbindung mit der Unterrepräsentation von Frauen in wissenschaftlichen, technischen und mathematischen Berufs- und Studiengebieten. Gegen diesen Umstand richtet sich die „Gender Strategy" der OECD, welche mögliche Ursachen für die Geschlechtsunterschiede untersucht und aktiv insbesondere auf die Förderung der Motivation und einer positiveren Einstellung bei Mädchen gegenüber Mathematik abzielt. Die OECD sieht jedoch noch einen langen Weg bis zur größtmöglichen Reduktion solcher Geschlechtsunterschiede.

Ein weiteres aufschlussreiches Ergebnis war, dass die leistungsstärksten Bildungssysteme auch diejenigen sind, die Bildungsressourcen unter bevorteilten und benachteiligten Schulen gleichverteilen und den Schulen bezüglich ihrer Curricula und Leistungsüberprüfungen größere Freiheiten einräumen, die all ihren Schülerinnen und Schülern gleich hohe Potenziale zuschreiben und in der Praxis deren Mitwirkung an der Gestaltung des Unterrichts fordern (z. B. in Form von Feedback).

Alles in allem liegt der Nutzen von PISA nicht nur in der umfassenden Untersuchung der kognitiven Fähigkeiten und Fertigkeiten von Schülern am Ende der Pflichtschulzeit, sondern ebenso in der regelmäßig angesetzten nationalen Längsschnitt-Erhebung dieser Leistungen, die den jeweiligen politischen Entscheidungsträgern sowie Schulleiterinnen bzw. Schulleitern und Lehrerinnen bzw. Lehrern als Feedback zur Optimierung des Schulsystems oder einzelner Unterrichtsmethoden dienen kann. Da es keine universell erfolgreiche Bildungspolitik gibt, sind die fortlaufenden PISA-Erhebungen eine unermessliche Informationsquelle, die mit jedem hinzukommenden Teilnehmerland und jeder einbezogenen Bildungsstrategie mehr Vergleichs- und Entwicklungsspielraum bietet (OECD 2014, S. 5–6).

Literatur

OECD (2014). *PISA 2012 results: Creative problem solving: Students' skills in tackling real-life problems* (Bd. V). Paris: OECD

OECD (2019). *PISA 2018 results: What students know and can do* (Bd. I). Paris: OECD.

Problemlösen bei PISA

3

Nachfolgend wird beschrieben, wie die Problemlösekompetenz (engl. *problem-solving skills*) auf Basis des theoretisch begründeten Fähigkeitskonstrukts in PISA operationalisiert und praktisch erfasst wird.

Ein *Problem* besteht, wenn ein Ziel verfolgt wird, für das es keinen offensichtlichen Lösungsweg gibt. Im Gegensatz dazu stehen *Aufgaben*, deren Lösung eindeutig und bekannt ist. *Problemlösen* schließt somit alle kognitiven Prozesse ein, die vom Ausgangszustand zur Erreichung des Zielzustands führen (Betsch et al. 2011, S. 3; OECD 2014a, S. 28). Dazu gehören Denken bzw. Schlussfolgern und aktives Lernen in der Problemsituation. Problemlösen wird, meist auf Basis von Vermutungen, durch experimentelle Interaktionen mit der Problemsituation initiiert, wodurch die Eigenschaften des Problems und mögliche Lösungen erkundet werden. In der Interaktion zeigt sich die Wirksamkeit von angewandten Strategien, die daraufhin angepasst werden können (Raven 2000, S. 54). Der Prozess wird stets vom Wechsel zwischen dem Anwenden von Lösungsversuchen und dem Wahrnehmen von deren Auswirkungen geleitet, die als Feedback interpretiert werden. Diese Herangehensweise wird solange angewandt, bis das Ziel erreicht ist bzw. der Lösungsversuch abgebrochen wird.

Probleme können unterschiedlich komplex sein: Wir lösen täglich kleine Probleme, wie etwa einen verlegten Schlüssel wiederzufinden oder einen Termin zu verschieben, aber häufig auch größere Probleme, wie einen neuen Computer einzurichten oder einen Urlaub zu planen. Bei genauer Betrachtung besteht ein immenser und dennoch wachsender Anteil unseres modernen Lebens aus dem Lösen von Problemen, da mit der Modernisierung in vielen Bereichen zwar komplexe Aufgaben und Probleme automatisiert werden können (z. B. industrielle Produktion durch Roboter), aber auf der anderen Seite meist eine Vielzahl von Variablen zur Problemlösung beachtet werden muss (z. B. Land, Reisezeitraum, Fluggesellschaft, Flughafen, Wochentag, Uhrzeit, Personenzahl, Gepäck etc. als mögliche Einflussfaktoren auf Preis und Verfügbarkeit bei der Buchung eines Reiseflugs).

© Springer Fachmedien Wiesbaden GmbH, ein Teil von Springer Nature 2020
U. Kipman, *Komplexes Problemlösen*, https://doi.org/10.1007/978-3-658-30826-1_3

Veränderungen in der Gesellschaft, Umwelt und Technologie gehen stets auch mit der Weiterentwicklung von anwendbarem Wissen einher. Sie erfordern von jedem Einzelnen die Bereitschaft und Fähigkeit zur Anpassung, zum Lernen und Erkunden neuer Gegebenheiten sowie zum Lernen aus Fehlern. Diese Fähigkeiten und Eigenschaften bilden die Grundlage für Resilienz gegenüber Misserfolgen und für Erfolg selbst in unserer kaum vorhersehbaren Welt (OECD 2014a).

Im Folgenden wird darauf eingegangen, aus welchen Gründen Problemlösen als eigenständiger Kompetenzbereich für PISA ausgewählt wurde, welche Komponenten es im theoretischen Modell beinhaltet und wie es seit PISA 2012 auf Basis des Modells konkret erhoben wird. Hierzu werden die computerbasierte Testform und einzelne Beispielaufgaben vorgestellt.

3.1   Warum gehört die Problemlösekompetenz zu PISA?

Die Allgegenwärtigkeit von kleinen wie auch großen Problemen in unserem Alltag ist kaum von der Hand zu weisen. Problemlösen beschreibt somit ein Konstrukt, das im Leben eines jeden Mitglieds einer modernen Gesellschaft mindestens ebenso wichtig ist wie mathematische oder sprachliche Fertigkeiten. Es beeinflusst die unterschiedlichsten Situationen und lässt sich deshalb nur schwer allgemein erfassen. Beispielsweise ist die Nachfrage nach geübten Problemlösern in der Arbeitswelt groß, da „einfache" manuelle Aufgaben viel seltener geworden sind als komplexere Probleme, die auch Kreativität erfordern. Wenige Berufsgruppen sind heute noch hauptsächlich mit repetitiven oder rein wissensbasierten Arbeitsabläufen beschäftigt. Auf der anderen Seite sind eine hoch ausgeprägte Fähigkeit und Bereitschaft zum komplexen Problemlösen bisher vor allem in Management-Positionen, hoch professionalisierten und technischen Berufen erforderlich (OECD 2014a).

Eine mögliche Ursache für diese Verschiebung hin zu routineübersteigenden Aufgaben ist, dass die Computer und Maschinen, die Einzug in den üblichen Berufsalltag hielten, den Arbeitern und Angestellten nun diejenigen Aufgaben abnehmen, die zuvor manuelle oder analytische Aktionen erforderten. Stattdessen ist es erforderlich geworden, bestmöglich mit diesen Computern und Maschinen umgehen und arbeiten zu können und auch in unerwarteten oder unbekannten Situationen weiter kompetent zu agieren. Diese Anpassungsfähigkeit muss auf dem Bildungsweg gefördert werden, um im Berufsleben nützlich sein zu können. Routine-Fertigkeiten müssen sogar in geringerem Ausmaß gelernt und gelehrt werden als der Umgang mit komplexen Aufgaben und Problemen, für die keine routinierten Lösungswege existieren, weil ebendiese Routine-Tätigkeiten am einfachsten zu outsourcen bzw. automatisieren sind (OECD 2014a). Schülerinnen und Schüler benötigen über ein Repertoire an Fakten und Arbeitsabläufen hinaus eine Disposition und Motivation zum lebenslangen Lernen, um ständig neuen Herausforderungen trotzen zu können, ohne etwa die Geduld zu verlieren. Flexibles bzw. kreatives Denken und Anwenden von Gelerntem sind essenziell zur Bewältigung von Problemen.

In den Anforderungen, die in Stellenangeboten beschrieben werden, hat sich über die letzten Jahrzehnte hinweg derselbe starke Trend hin zu Problemlösefähigkeiten abgezeichnet. Dies zeigte sich deutlich in verschiedenen Studien beispielsweise für Deutschland (Spitz-Oener 2006), die USA (Autor und Price 2013) und Japan (Ikenaga und Kanbayashi 2010). Diese wurden auf Basis der Kategorisierung von Aufgaben in Routine- und Non-Routine-Aufgaben bzw. -Fertigkeiten nach David Autor et al. (2003) untersucht: Routine-Aufgaben erfordern eine festgelegte Prozedur aus gleichbleibenden Methoden und sind somit meist einfach automatisiert durchführbar von Computern. Non-Routine-Aufgaben erfordern hingegen implizites Wissen und sind nur schwer beschreibbar in Form von klaren Lösungsansätzen. Innerhalb der Non-Routine-Fertigkeiten wird außerdem zwischen manuellen und abstrakten Fertigkeiten unterschieden: Manuelle Non-Routine-Fertigkeiten erfordern die Anpassung an eine Situation, visuelle und sprachliche Wahrnehmung und das Interagieren mit anderen Personen. Diese sind eher schwer automatisierbar, aber für uns kognitiv und motorisch sehr einfach durchführbar. Hierzu zählt z. B. die Zubereitung einer Mahlzeit. Abstrakte Non-Routine-Fertigkeiten erfordern hingegen die Verarbeitung von Informationen durch Problemlösen, Intuition, Überzeugung und Kreativität. Zu diesen Fertigkeiten gehören sowohl analytische wie auch interpersonelle Skills: Analytische Aufgaben erfordern die Transformation von Daten und Informationen, während interpersonelle Aufgaben komplexe interpersonelle Kommunikation erfordern (z. B. bei der Führung eines Teams). Problemlösen gehört dabei essenziell zur Lösung von interpersonellen und analytischen Aufgaben, da es in beiden Bereichen nötig ist, mit der Situation zu interagieren, die Auswirkungen der eigenen Aktionen zu beobachten und sie nach diesem Feedback entsprechend anzupassen. Dieser Klassifikation folgend fand Spitz-Oener (2006) über einen Zeitraum von 20 Jahren eine Zunahme von analytischen und interpersonellen Non-Routine-Fertigkeiten und eine Abnahme der Relevanz von Routine-Fertigkeiten in den von Arbeitern bzw. Angestellten berichteten beruflichen Anforderungen. In den USA und Japan wurden über einen noch längeren Zeitraum dieselben Trends beobachtet (Autor und Price 2013; Ikenaga und Kanbayashi 2010).

Pädagogische Maßnahmen zielen schon lange darauf ab, alltagsrelevante Kompetenzen zu fördern, statt nur die routinemäßige Erfüllung von Aufgaben zu lehren, also „fürs Leben zu unterrichten, statt nur für die Schule". Die PISA-Erhebungen und andere Studien bestätigen, dass Schüler tatsächlich gut abschneiden in Aufgaben, die das Problemlösen erfordern. Ein äußerst wichtiger Befund ist der enge Zusammenhang zwischen Problemlösen und akademischem Erfolg. Derselbe Zusammenhang hat sich auch für Intelligenz bestätigt; die Problemlösekompetenz einer Person ist im Schnitt jedoch weitgehend unabhängig von ihrer Intelligenz und logischem Denken (Funke und Frensch 2017; Greiff et al. 2013; OECD 2014a; Wüstenberg et al. 2012). Studien weisen darauf hin, dass gute Lehrer und Schulen in der Lage sind, neben der fachlichen Kompetenz auch die Problemlöse-Skills von Schülerinnen und Schülern zu trainieren (Csapó und Funke 2017). Die Erfahrung zeigt allgemein, dass sich Schülerinnen und Schüler oft leicht tun bei der geübten Anwendung von Lösungsstrategien in bekannten Problemsituationen. Doch je weiter die Problemsituation von den bekannten Aufgaben entfernt ist, umso schwerer fällt es ihnen, neue Lösungsstrategien zu entwerfen und auszuprobieren. Zur Lösung führen dann nicht nur das Wissen um mögliche Strategien, sondern auch um den richtigen Zeitpunkt für diese Strategien, Geduld und Motivation. Aus der Allgegenwärtigkeit von zu lösenden Problemen im Alltag ergeben sich auch schier unendlich viele Möglichkeiten zur Förderung des Problemlösens bei Kindern und Jugendlichen. Es kann in vielen Schulfächern nebenbei einbezogen oder explizit gefördert werden, z. B. differenziert nach den Komponenten Wahrnehmung, Exploration und Interaktion, Lösungsversuche sowie begleitende und abschließende Evaluation.

All diese Befunde führten zur Eingliederung der Problemlösekompetenz in die PISA-Erhebungen. Damit können auch diese Fertigkeiten international unter 15-jährigen Schülern verglichen und zusammen mit motivationalen, demografischen, bildungspolitischen, wirtschaftlichen, sozialen und anderen Faktoren analysiert und zur Information von Bildungssystemen interpretiert werden. In PISA werden die erforderlichen Skills in Problemen gemessen, für die kein Expertenwissen notwendig ist, sondern ausschließlich logisches Schlussfolgern, Selbstregulation und die Bereitschaft zur Beschäftigung mit den Aspekten des Problems. Das Lösen individueller Probleme wurde schon in PISA 2003 integriert und mit größtmöglicher Computerunterstützung wurde die Erhebung ab PISA 2012 einfacher und reliabler möglich als zuvor. Die regelmäßigen Erhebungen in den Bereichen Mathematik, Lesen und Naturwissenschaften beinhalten alle jeweils auch Problemstellungen, mittels derer erhoben wird, wie gut die gelernten Inhalte in realistischen Alltagsproblemen angewandt werden können. Dies wird umgesetzt, da die Evidenzbasis zur Entwicklung allgemeiner kognitiver Fähigkeiten zeigte, dass diese Fähigkeiten sehr gut in spezifischen Kontexten gelernt werden können – also nicht nur in isolierten, inhaltsarmen Lernprozessen. Das Lernen von abstrakten Regeln fällt den meisten Menschen viel leichter, wenn diese Regeln in einem reellen Kontext präsentiert werden, als wenn sie direkt zum Lernen vorgegeben werden (OECD 2014a).

Bildungseinrichtungen sind selbstverständlich nicht das einzige Umfeld, in dem Problemlösen vermittelt wird. Werden jedoch die richtigen, darauf abzielenden Lehrmethoden in verschiedenen Schulfächern angewandt, können diese lebensnotwendigen Skills immens gefördert werden. Progressive Lehrmethoden wie problembasiertes oder forschungsbasiertes Lernen sowie Einzel- und Gruppenprojektarbeiten können eingesetzt werden, um ein tieferes allgemeines Verständnis für Probleme zu fördern und die Schülerinnen und Schüler darauf vorbereiten, ihr Wissen in neuartigen Situationen anwenden zu können. Guter Unterricht fördert das selbstregulierte Lernen und Metakognitionen (Kognitionen über kognitive Prozesse) – insbesondere das Wissen darüber, wann und wie bestimmte Strategien zum Lernen oder für Probleme angewandt werden sollten – und entwickelt in den Schülerinnen und Schülern kognitive Dispositionen, die das Lösen von Problemen erleichtern. Er bereitet sie darauf vor, in ungewohnten Situationen effektiv zu schlussfolgern und Lücken in ihrem Wissen zu schließen, unbekannte Systeme zu beobachten, zu erforschen und mit ihnen zu interagieren.

3.2 Erfassung der Problemlösekompetenz ab PISA 2012

Der PISA 2012-Ansatz zur Bewertung der Schülerleistung im Problemlösen konzentriert sich eher auf allgemeine kognitive Prozesse als auf die Fähigkeit, Probleme in bestimmten Schulfächern zu lösen. Angesichts der Fortschritte im Verständnis für kognitive Prozesse beim Problemlösen und der Möglichkeit zur Verwendung computergestützter simulierter Szenarien, übernehmen sogenannte interaktive Probleme eine bedeutende Rolle im Testverfahren.

Forschungsergebnisse legen nahe, dass außerhalb künstlicher Laborbedingungen die Situation einen bedeutenden Einfluss auf die gefundenen Strategien zur Problemlösung hat (Funke 1992; Kotovsky et al. 1985). Im Alltag sehr kompetente Problemlöserinnen und Problemlöser können in einem neuen Kontext wie „Anfänger" agieren, wenn ein Problem außerhalb ihres Fachwissens liegt. Im Kontext eines bestimmten Fachs, Gewerbes oder Berufs verwenden Experten domänenspezifische Kenntnisse und Strategien, um Probleme zu lösen. Es gibt aber auch Menschen, deren hoch ausgeprägte Fähigkeit zum logischen Schlussfolgern sowie deren Engagement ihnen dazu verhelfen, auch die meisten Probleme außerhalb ihres Fachgebiets effizient lösen zu können.

Typische in PISA integrierte Aufgaben behandeln beispielsweise technische Geräte (z. B. Fernbedienungen, Uhren, Lampen), unbekannte Situationen im Straßenverkehr oder Essen und Getränke (z. B. Vitamine) (OECD 2014a, S. 31). Sie beziehen sich auf Situationen, denen die Schüler möglicherweise täglich begegnen und mit denen sie schon umfassende Erfahrungen gesammelt haben. PISA 2012 berücksichtigt zwar authentische Szenarien im Zusammenhang mit realen Problemen, vermeidet dabei jedoch den Einbezug von spezifischem Lehrplanwissen so weit wie möglich. Die Erklärungstexte sind kurz und klar formuliert. Wenn arithmetische Operationen notwendig sind, sind Taschenrechner in das Szenario eingebettet. Im Gegensatz zu dieser eher unverzerrten Erfassung der kognitiven Skills, ist für die Problemlöseszenarien innerhalb der Kompetenzbereiche (Mathematik, Lesen und Naturwissenschaft) auch Fachwissen zur Lösung erforderlich. Die Einbettung in authentische Szenarien reduziert auch Einflüsse von Affekten und Einstellungen, die Schüler möglicherweise gegenüber normalen Schulaufgaben haben. Die Vertrautheit einer Schülerin bzw. eines Schülers mit dem Kontext kann immer noch Einfluss darauf haben, wie er/sie sich dem Problem nähert. Da die Aufgaben in reale Umgebungen eingebettet sind, können einige Schülerinnen und Schüler mit den Inhalten und Zusammenhängen vertrauter sein als andere. Da jedoch eine große Fülle von Kontexten in den verschiedenen Szenarien abgedeckt wird, variiert der Grad der Vertrautheit über die Aufgaben hinweg, sodass Vorkenntnisse nicht systematisch die Leistung beeinflussen können (OECD 2014a). Darüber hinaus reicht es nie aus, nur Vorkenntnisse anzuwenden, um neue Probleme zu lösen, selbst in vertrauten Situationen nicht.

Für die meisten Probleme, die Schülerinnen und Schülern im Unterricht oder in Prüfungen gestellt werden, sind die zur Lösung notwendigen Informationen bereits zu Beginn vorgegeben. Im klaren Gegensatz dazu, erfordert die Lösung realer Probleme häufig zuerst die Identifizierung derjenigen verfügbaren Informationen im Kontext, die zur Lösung des Problems am nützlichsten sind. Probleme, bei denen die Schülerinnen und Schüler nützliche Informationen durch Exploration der Problemsituation aufdecken müssen, werden als interaktive Probleme bezeichnet. Dazu zählt z. B. der Umgang mit einem neuen Mobiltelefon, einem unbekannten Haushaltsgerät oder einem Verkaufsautomaten. Außerhalb technologischer Kontexte treten derartige Situationen häufig auch in sozialen Interaktionen oder anderen Kontexten auf, etwa beim Züchten von Pflanzen oder dem Erziehen von Haustieren. In PISA 2012 lag ein besonderer Fokus auf diesen interaktiven Problemsituationen, da diese den größten Bezug zur realen Welt haben (OECD 2014a). Die Anwendung interaktiver Aufgaben, die computerbasiert möglich waren, war die Hauptinnovation im Bereich Problemlösen ab PISA 2012 (gegenüber PISA 2003). Ab dieser Erhebungswelle konnte der Kompetenzbereich dadurch umfassend und standardisiert getestet werden.

3.3   Definition der Problemlösekompetenz bei PISA

PISA 2012 definierte Problemlösekompetenz allgemein als die Fähigkeit eines Individuums, sich auf kognitive Verarbeitungsprozesse einzulassen, um Problemsituationen zu verstehen und zu lösen, in denen ein Lösungsweg nicht unmittelbar ersichtlich ist. Dazu gehört auch die Bereitschaft, sich auf solche Situationen einzulassen, um sein Potenzial als konstruktives und reflektiertes Mitglied der Gesellschaft auszuschöpfen (OECD 2014a, S. 32).

Im Detail wurde die Kompetenz aufgegliedert und definiert als (OECD 2013)

„die Fähigkeit eines Individuums, sich auf kognitive Verarbeitungsprozesse einzulassen, um Problemsituationen zu verstehen und zu lösen":

Das Lösen von Problemen beginnt mit dem Erkennen einer Problemsituation und einem Verständnis für die Eigenschaften der Situation. Die Person muss das spezifische zu lösende Problem identifizieren, eine Lösung planen und anwenden sowie während des gesamten Prozesses die Fortschritte überwachen und interpretieren.

Die Person muss *eingreifen, verstehen* und *lösen.* Zusätzlich zu den expliziten Antworten der Person auf die Problemstellung wird in der Testphase der Fortschritt gemessen, den derjenige auf dem Weg zum Ziel macht. Es werden dabei, anhand von Verhaltensdaten, auch die angewandten Problemlösestrategien verfolgt, die vom Computer erfasst werden.

„Problemsituationen, in denen ein Lösungsweg nicht unmittelbar ersichtlich ist":

Dieser Teil der Definition entspricht der Definition vom „Problem" als eine Situation, in der das Ziel nicht durch bloße Anwendung zuvor erlernter Verfahren erreicht werden kann (Eysenck et al. 1990). Die PISA-Erhebung umfasst nur solche Non-Routine-Aufgabenstellungen.

In vielen realen Situationen kann dieselbe Aufgabe von einigen als neuartiges Problem und von anderen als Routineproblem angesehen werden. Und mit dem Lernen und Üben können einige Prozesse, die ursprünglich als Problemlösung erlebt wurden, zur Routine werden. Die in PISA enthaltenen Probleme betreffen deshalb Kontexte, für die bei 15-jährigen Schülern keine Routine besteht. Obwohl einige Schüler mit dem Kontext oder dem Ziel einer Problemsituation vertraut sein können, bezieht sich das spezifische Problem immer auf ein neuartiges, aber plausibles reales Szenario und die möglichen Strategien zur Erreichung des Ziels sind nicht sofort offensichtlich. Zur Veranschaulichung eignet sich die folgende (interaktive) Beispielaufgabe: „Stelle fest, warum die Lampe nicht funktioniert". Es könnte sich a) um eine Fehlfunktion des Schalters, b) um einen Stromausfall oder c) eine kaputte Glühbirne handeln. Obwohl die Problemsituation vielen 15-jährigen Schülerinnen und Schülern bekannt sein mag, haben sicher nur sehr wenige bisher tatsächlich praktische Erfahrungen damit gemacht. Die Aufgabe ist dabei so designt, dass zumindest einige Interaktionen mit den Problembedingungen notwendig sind und vorher bekannte Strategien nicht direkt zum Erfolg führen.

Selbst bei nicht routinemäßigen Problemen kann Wissen über allgemeine Strategien, die möglicherweise im Unterricht behandelt wurden, behilflich sein. Dazu gehört etwa die Strategie, jeweils immer nur eine Bedingung zu variieren (engl. *vary one thing at a time*). Verfolgt man diese experimentelle Strategie, die als fundamentaler Bestandteil der Naturwissenschaften in vielen Lehrplänen enthalten ist, kann man schnell wichtige Informationen über kausale Zusammenhänge erfassen. In vielen PISA-Problemstellungen müssen Schülerinnen und Schüler indirekt eine bestimmte Strategie anwenden, ohne explizit dazu aufgefordert zu werden.

„Dazu gehört auch die Bereitschaft, sich auf solche Situationen einzulassen":

Der letzte Satz der Definition unterstreicht, dass der Einsatz von Wissen und Fähigkeiten zur Lösung eines Problems auch von motivationalen und affektiven Faktoren abhängt (Funke 2010; Mayer 1998). Die Bereitschaft von Schülerinnen und Schülern dazu, sich mit neuartigen Situationen zu beschäftigen, ist ein wesentlicher Bestandteil der Problemlösekompetenz. Motivationale und affektive Faktoren stehen deshalb auch im Mittelpunkt der Hintergrund-Fragebögen, in denen die Ausdauer der Schülerinnen und Schüler (z. B. „Wenn ich mit einem Problem konfrontiert werde, gebe ich leicht auf.") und deren Offenheit für Problemlösen (z. B. „Ich löse gerne komplexe Probleme.") erhoben werden.

3.4 Theoretisches Modell der Problemlösekompetenz bei PISA

Das PISA-Rahmenmodell zur Erhebung der Problemlösekompetenz leitete die Entwicklung der Aufgaben und bestimmte die für Ergebnisberichte auszuwertenden Parameter. Das Modell identifiziert drei verschiedene Aspekte:

1. die *Art* der Problemsituation,
2. die Problemlöse-*Prozesse*, die am Lösen einer Aufgabenstellung beteiligt sind und
3. den Problem*kontext*.

Tab. 3.1 ist dem Ergebnisbericht zur Erhebung der Problemlösekompetenz in PISA 2012 entnommen und dient zur Veranschaulichung der drei Hauptelemente von Problemen im PISA-Rahmenmodell (OECD 2014a, S. 33):

Die Art der Problemsituation wird dadurch bestimmt, ob die dem Schüler bzw. der Schülerin zu Beginn zur Verfügung stehenden Informationen ausreichen, um das Problem zu lösen (statische Probleme) oder ob die Interaktion mit der Problemsituation zur Lösung notwendig ist (interaktive Probleme). Beispiele für interaktive Probleme sind Probleme, die häufig beim Verwenden unbekannter Geräte (wie eines neuen Mobiltelefons oder eines Ticketautomaten) auftreten. Für die PISA-Erhebung werden die beteiligten kognitiven Prozesse in vier Gruppen eingeteilt:

Tab. 3.1 Problemlösekompetenz – Definition PISA (OECD 2014a)

Art der Problemsituation: Sind alle nötigen Informationen gegeben?	**Interaktiv:** nicht alle Informationen sind gegeben und manche müssen durch aktive Exploration erfasst werden		
	Statisch: alle relevanten Informationen sind von Beginn an gegeben		
Problemlöse-Prozesse: Welche sind die primären kognitiven Prozesse bei der Lösung einer Aufgabe?	**Explorieren und Verstehen** der gegebenen Informationen		
	Darstellen und Formulieren: Entwerfen grafischer, tabellarischer, symbolischer oder verbaler Repräsentationen des Problems; Formulierung von Hypothesen über relevante Faktoren und deren Beziehungen		
	Planen und Ausführen: Planung durch Setzen von Zielen und Unterzielen; Ausführung der geplanten Schritte		
	Überwachen und Reflektieren: Fortschritte verfolgen; auf Feedback reagieren; die Lösung, die gegebenen Informationen und die Strategie reflektieren		
Problemkontext: In welchem alltäglichen Szenario ist das Problem eingebettet?	**Setting:** Beinhaltet das Szenario ein technisches Gerät?	technologisch	
		nicht-technologisch	
	Fokus: Zu welcher Umgebung steht das Problem in Beziehung?	**persönlich** (Schüler, Familie, Peers)	
		sozial (Gemeinschaft, Gesellschaft)	

Explorieren und Verstehen beinhaltet die Untersuchung der Problemsituation durch Beobachtung und Interaktion mit ihr, das Suchen nach Informationen, Einschränkungen und Hindernissen und die Demonstration des erlangten Wissens in der Interaktion mit der Situation.

Darstellen und Formulieren beinhaltet das tabellarische, grafische, symbolische oder verbale Darstellen von Aspekten der Problemsituation und das Formulieren von Hypothesen über relevante Faktoren und deren Beziehungen mit dem Ziel, eine kohärente mentale Repräsentation der Problemsituation zu schaffen.

Planen und Ausführen beinhaltet die Entwicklung eines Plans oder einer Strategie zur Lösung des Problems und daraufhin dessen Ausführung; häufig sind auch die Klärung des Hauptziels und die Formulierung von Unterzielen nötig.

Überwachen und Reflektieren beinhaltet die Überwachung des Fortschritts, die Reaktion auf Rückmeldungen und das Nachdenken über die Lösung, die gegebenen Informationen und die gewählte Strategie.

Es wird jedoch nicht davon ausgegangen, dass die Prozesse zur Lösung eines bestimmten Problems sequenziell durchlaufen werden oder dass alle aufgeführten Prozesse an der Lösung eines bestimmten Problems beteiligt sind. Wird man mit einem Problem konfrontiert, kann man auch zu einer Lösung gelangen, ohne schrittweise dieses lineare Modell zu verfolgen. Trotzdem sollen einzelne Aufgabenstellungen jeweils einen dieser Prozesse als Hauptfokus haben.

Und obwohl logisches Schlussfolgern nicht explizit als Hauptkomponente des Modells angenommen wurde, beeinflusst diese Fähigkeit jeden einzelnen der Schritte: Zum Lösen eines Problems muss möglicherweise zwischen Fakten und Meinungen unterschieden werden; beim Formulieren einer Lösung müssen wahrscheinlich Beziehungen zwischen Variablen identifiziert werden; beim Auswählen einer Strategie müssen häufig Ursache-Wirkungs-Zusammenhänge beachtet werden und bei der Reflexion der Ergebnisse müssen Vorannahmen und alternative Lösungen kritisch hinterfragt werden. In den PISA-Problemstellungen sind deduktive, induktive, analoge, kombinatorische und andere Arten von schlussfolgerndem Denken eingebettet.

Der Problemkontext wird in zwei Dimensionen unterteilt: technologisch vs. nicht-technologisch und persönlich vs. sozial. Probleme mit technologischen Inhalten beziehen sich auf ein technisches Gerät (wie eine Digitaluhr, eine Klimaanlage oder eine Ticketmaschine), während sich Probleme mit nicht-technologischen Inhalten auf andere Kontexte beziehen, wie die Aufgabenplanung oder Entscheidungsfindung. Probleme mit einem persönlichen Fokus beziehen sich auf Situationen, an denen nur die Schülerin/der Schüler selbst, die Familie der Schülerin/des Schülers oder Gleichaltrige beteiligt sind, während sich Probleme mit sozialem Fokus auf Situationen beziehen, die in der Gemeinschaft oder in der gesamten Gesellschaft allgemeiner auftreten.

3.5   Design der computerbasierten Testaufgaben im Bereich Problemlösen

Wie auch in allen anderen Kompetenzbereichen stammen die Inhalte für die PISA-Erhebung zum Problemlösen aus zwei Quellen: dem internationalen PISA-Konsortium und nationalen Beiträgen. Die Expertengruppe zur Problemlösekompetenz, die auch das grundlegende PISA 2012-Framework entwickelt, überprüft die Materialien, um sicherzustellen, dass sie das definierte Konstrukt der Problemlösekompetenz widerspiegeln. Die Materialien werden dann von nationalen Zentren überprüft und vor Ort getestet. Wenn die nationale Überprüfung erhebliche Bedenken dazu ergab, dass eine Aufgabenstellung ein bestimmtes Land oder eine bestimmte Sprachgruppe bevorteilen oder benachteiligen könnte, wird dies jedoch nicht bei der Aufnahme in die Hauptbewertung berücksichtigt. Die entwickelten Verfahren, die sicherstellen, dass keine Gruppen durch bestimmte Aufgabeneigenschaften durchweg begünstigt oder benachteiligt werden, sind ausführlicher beschrieben im PISA 2012 Technical Report (OECD 2014b). Es werden verschiedene Antwortformate verwendet, darunter viele, die nur möglich sind, weil die Antworten am Computer abgegeben werden, so z. B. die Verwendung von Drop-Down-Menüs für ausgewählte Antwortformate oder von automatisch kodierten Antworten. Wie bei PISA üblich, sind die Elemente in Einheiten angeordnet, die um einen gemeinsamen Stimulus gruppiert sind (siehe Abb. 3.1).

In den OECD- und Partnernationen, die an der Erhebung der Problemlösekompetenz teilnehmen, wird die Testprozedur nach der papierbasierten Erhebung der Mathematik-, Lese- und Naturwissenschafts-Kompetenzbereiche durchgeführt. In denjenigen Nationen, die Mathematik und Lesen ebenfalls computerbasiert erfassen, wird die Erhebung der Problemlösekompetenz gleichzeitig dazu durchgeführt. Die 16 Einheiten der Problemlöse-Aufgaben werden in vier Cluster eingeteilt und jeder davon sollte innerhalb von 20 Minuten abgeschlossen sein. Jede/Jeder bewertete Schülerin/Schüler erhält entweder einen oder zwei Cluster, abhängig davon, ob die Schülerin/der Schüler auch an der computergestützten Erhebung von Mathematik oder Lesen teilgenommen hat. In allen Fällen beträgt die Gesamtzeit für computergestützte Tests 40 Minuten. Das Erscheinungsbild der Testmaterialien ist über alle Elemente hinweg konsistent gehalten. Für jede Aufgabe erscheint das Stimulus-Material im oberen Teil des Bildschirms (siehe die Beispielaufgabe in Abb. 3.1). Die Aufgabenstellung erscheint im unteren Teil des Bildschirms und ist visuell durch Abgrenzungen vom Reiz getrennt. Die Punkte, an denen der Bildschirm unterteilt wird, variieren von Aufgabe zu Aufgabe. Ein Scrollen ist dabei nie erforderlich. Testaufgaben innerhalb von Clustern und einzelne Fragen innerhalb von Testaufgaben werden in einer festen Reihenfolge präsentiert, ohne dass ein Zurückgehen zu einer früheren Aufgabe möglich ist. Jede Testaufgabe mit dem dazugehörigen Reizmaterial belegt einen einzelnen Computerbildschirm.

In PISA 2012 wurde die Problemlösekompetenz bereits zum zweiten Mal erfasst. Jedoch wurden die Testmaterialien zum interdisziplinären Problemlösen in der ersten Erhe-

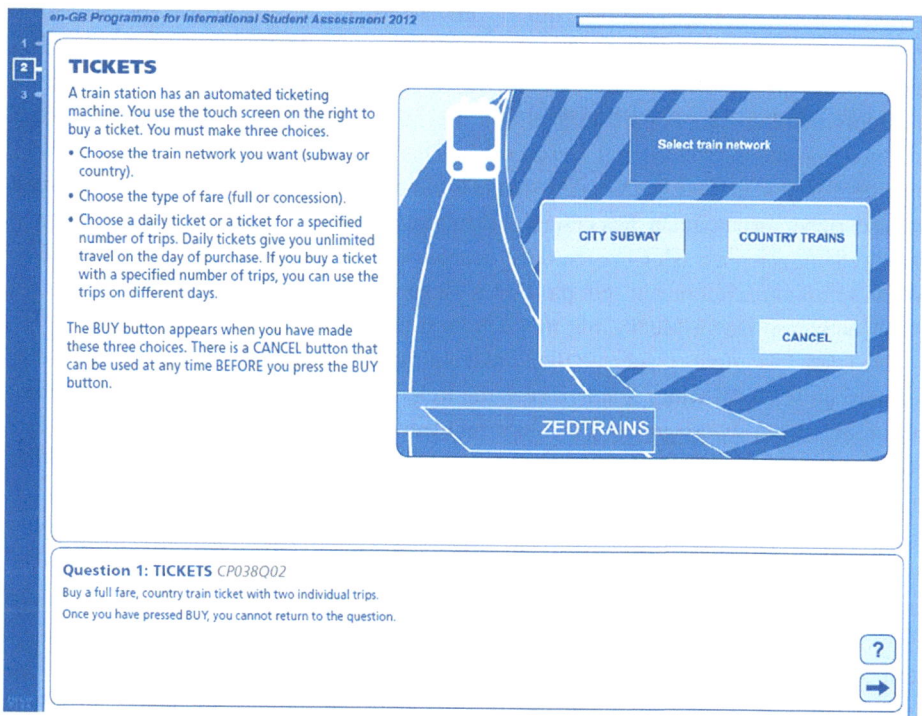

Abb. 3.1   Test-Interface der Aufgaben zur Problemlösekompetenz in PISA 2012 (entnommen aus OECD 2014a, S. 35). Charakteristisch für diesen Aufgabentyp befindet sich das Stimulus-Material mit Informationen zur Problemsituation oben und ist klar abgegrenzt von der Aufgabenstellung unten

bung 2003 in einer Papier-Variante vorgegeben (OECD 2005), was natürliche Einschränkungen mit sich brachte, die mit der Einführung der computerbasierten Testdurchführung beseitigt werden konnten. Die computergestützte Testpräsentation ab PISA 2012 war für die realitätsgetreue Konzeption der Problemaufgaben von grundlegender Bedeutung. Eine Beurteilung der Problemlösungen im Papier-Bleistift-Format konnte nicht das gleiche Konstrukt messen wie das nun dynamische, digitale Testformat. Von nun an konnten auch interaktive Probleme einbezogen werden, die die Schülerinnen und Schüler in einer simulierten Umgebung erforschen müssen und währenddessen Feedback über die Auswirkungen ihrer Interventionen bekommen. Die Lösung derart realistischer Probleme ist nur möglich, indem die Schülerinnen und Schüler am Computer getestet werden. Computer können zudem in Echtzeit aufzeichnen und detailliert speichern, wie genau die Schülerinnen und Schüler beim Lösen der Aufgabe mit dem Material interagieren, welche Problemlöse-Strategien sie anwenden und welche Schwierigkeiten sie zu haben scheinen. Nützliche Informationen könnten etwa sein: die Arten von Handlungen (z. B. Mausklick, Drag & Drop, Tastenanschläge), die Häufigkeit der Interaktion mit dem Material, die Reihenfolge von Aktionen, der Zustand des Systems zu einem bestimmten Zeitpunkt und das Timing spezifischer Interaktionen.

Die Computernutzung ermöglicht es, Antwortformate einzuschließen, bei denen die Problemsituation nach jeder Interaktion auf authentische Weise auf das Verhalten des Problemlösers reagiert. Dies ist ein fundamentaler Schritt zur lebensnahen Beurteilung der authentischen Leistung beim Problemlösen. Beispielsweise fordert die in Abb. 3.1 abgebildete Frage aus der Testeinheit *Tickets* die Schülerinnen und Schüler dazu auf, ein Ticket an einem Automaten zu kaufen, den sie noch nie gesehen haben. Sie bekommen Punkte zugeschrieben, wenn ihnen dies gelingt. Sie müssen jedoch nicht einfach den Kaufprozess beschreiben, zeichnen oder Fragen dazu beantworten, sondern tatsächlich in simulierter Weise selbst am „Automaten" ein passendes Ticket kaufen. Dieses Antwortformat ist, wie z. B. auch Drop-Down-Menüs, nur möglich im Computer-Format.

In vielen Testaufgaben spiegelt die Punktzahl nicht nur die explizite Antwort der Schülerinnen und Schüler wider, sondern auch die Reihenfolge der Aktionen, die sie einsetzen, bevor sie eine Antwort geben. Eines der innovativen Merkmale der Aufgaben zur Problemlösekompetenz ab PISA 2012 sind die in den Protokolldateien enthaltenen Informationen über die Reihenfolge der von den Schülerinnen und Schülern durchgeführten Aktionen, die in begründeter Weise zur Bewertung der Leistungen herangezogen werden können. Wenn darin z. B. feststellbar wäre, dass Schülerinnen und Schüler eine Antwort richtig erraten haben, könnte ihnen die Zuschreibung der Punkte für diese Antwort verweigert werden. Angesichts der Tatsache, dass die Testung und Auswertung von Computern durchgeführt wird, könnte allerdings auch die individuelle Vertrautheit mit Informations- und Kommunikationstechnologien (IKT) die Leistung von Schülerinnen und Schülern beeinflussen. Die für die Navigation im Test-Interface erforderliche IKT-Kompetenz ist beschränkt auf Grundkenntnisse wie das Verwenden der Tastatur, der Maus oder eines Touchpads, das Klicken auf Optionsfelder, das Ziehen und Ablegen, Scrollen, das Verwenden von Pull-Down-Menüs und Hyperlinks. Mit dem Ziel, alle Vorteile für Schülerinnen und Schüler zu beseitigen, die besonders gut mit Computern vertraut sind, wurden außerdem für alle vor Beginn jeder Testeinheit kurze Beispielaufgaben eingebaut, die den Umgang mit den verwendeten Antwortformaten erklären und zum Ausprobieren auffordern.

3.6   Die Problemlöse-Aufgaben

Im Folgenden sollen die Aufgabentypen, die in PISA zur Erfassung der verschiedenen Facetten der Problemlösekompetenz eingesetzt werden, anhand von Beispielen beschrieben werden. Die beiden Aufgabentypen folgen aus der Klassifikation der *Art der Problemsituation* und umfassen:

–   statische Probleme (alle relevanten Informationen sind von Beginn an gegeben) und
–   interaktive Probleme (nicht alle Informationen sind gegeben und manche müssen durch aktive Exploration erfasst werden).

Statische Probleme umfassen, wie schon in PISA 2003, eher einfach konstruierte *Entscheidungsprobleme*, bei denen die Schülerinnen und Schüler unter Einschränkungen zwischen Alternativen wählen müssen und *System-Analyse-Probleme*, bei denelown sie Beziehungen zwischen Teilen eines Systems identifizieren müssen (OECD 2014a).

Die Testeinheit *Traffic* (siehe Abb. 3.2, 3.3, 3.4 und 3.5) ist ein Beispiel für ein Entscheidungsproblem. Die Schülerinnen und Schüler erhalten darin die Karte eines Straßennetzes mit dazugehörigen Fahrzeiten für alle Strecken. Es handelt sich zwar um eine Aufgabe mit statischen Elementen, weil alle Informationen (Fahrzeiten) zu Beginn bereit-

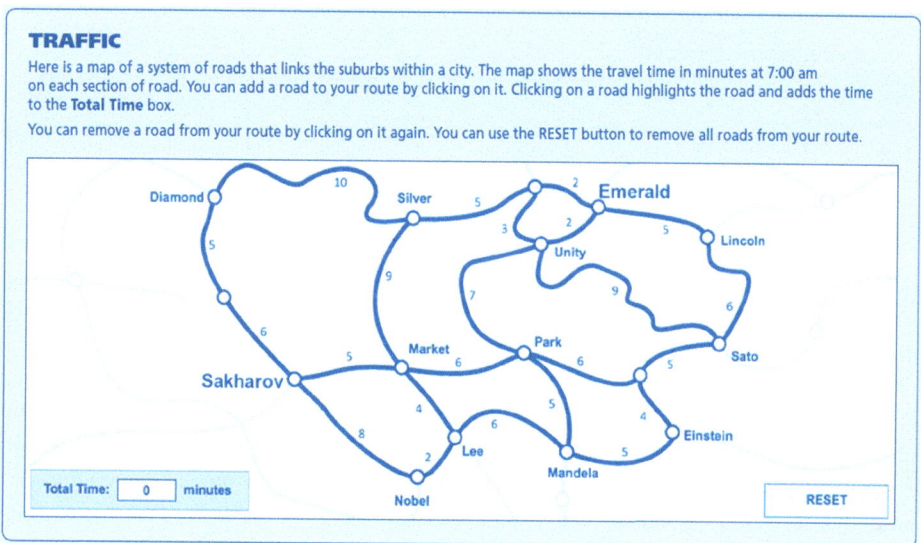

Abb. 3.2 Stimulus-Informationen und Kurzbeschreibung des Problem-Kontexts der Testeinheit „Traffic". Die dargestellte Straßenkarte zeigt Straßen, die die Stadtteile innerhalb einer Stadt verbinden und die Fahrzeit für jeden der Wege in Minuten (gemessen um 7 Uhr morgens). Wege können durch Anklicken ausgewählt werden, wobei sich die Fahrzeit summiert (entnommen aus OECD 2014a, S. 43)

Question 1: TRAFFIC CP007Q01

Pepe is at Sakharov and wants to travel to Emerald. He wants to complete his trip as quickly as possible. What is the shortest time for his trip?

○ 20 minutes
○ 21 minutes
○ 24 minutes
○ 28 minutes

[?]
[→]

Abb. 3.3 Aufgabenstellung 1 zu „Traffic": „Pepe ist in Sacharow und will nach Emerald reisen. Er möchte so schnell wie möglich ankommen. Was ist die kürzest mögliche Reisezeit?" (entnommen aus OECD 2014a, S. 43)

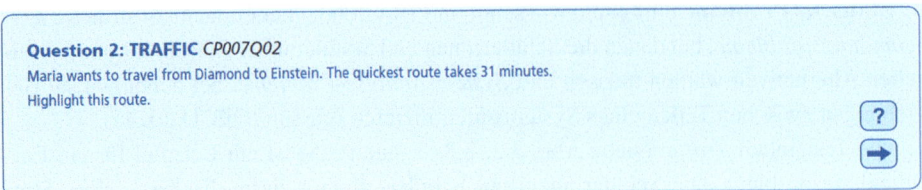

Question 2: TRAFFIC *CP007Q02*

Maria wants to travel from Diamond to Einstein. The quickest route takes 31 minutes.

Highlight this route.

Abb. 3.4 Aufgabenstellung 2 zu „Traffic": „Maria will von Diamond nach Einstein reisen. Die kürzeste Route beträgt 31 Minuten. Markiere diese Route." (entnommen aus OECD 2014a, S. 44)

Question 3: TRAFFIC *CP007Q03*

Julio lives in Silver, Maria lives in Lincoln and Don lives in Nobel. They want to meet in a suburb on the map. No-one wants to travel for more than 15 minutes.

Where could they meet?

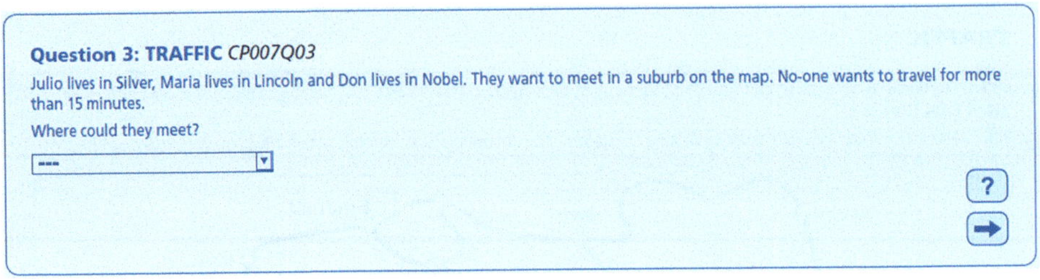

Abb. 3.5 Aufgabenstellung 3 zu „Traffic": „Julio lebt in Silver, Maria lebt in Lincoln und Don lebt in Nobel. Sie wollen sich in einem Stadtteil auf der Karte treffen. Niemand möchte mehr als 15 Minuten fahren. Wo könnten sie sich treffen?" (entnommen aus OECD 2014a, S. 44)

gestellt sind, es werden aber auch die Vorteile der Computer-Präsentation genutzt. Die Schülerinnen und Schüler können auf der Karte Routen anklicken, um sie hervorzuheben. In der linken unteren Ecke ist außerdem ein Rechner zu sehen, der die Fahrzeiten der ausgewählten Reiserouten addiert. Der Kontext für die Elemente in dieser Einheit wird als sozial und nicht-technologisch eingeordnet.

In der ersten Aufgabenstellung der Einheit, einem Planungs- und Ausführungselement, wird die Schülerin/der Schüler nach der kürzesten möglichen Reisezeit von „Sacharow" bis „Smaragd" gefragt – zwei relativ nahe Stadtteile auf der Karte. Dazu stehen vier Antwortoptionen zur Verfügung.

Die zweite Aufgabenstellung in der Testeinheit ist ein ähnliches Planungs- und Ausführungselement. Die Schülerinnen und Schüler werden aufgefordert, den schnellsten Weg von „Diamond" nach „Einstein" zu finden – zwei eher weit entfernte Stadtteile. Die Antwort muss dabei durch Hervorheben der Routen auf der Karte gegeben werden. Die Schülerinnen und Schüler können dazu die vorgegebene Information nutzen, dass die schnellste Route eine Fahrzeit von 31 Minuten beträgt, um zu vermeiden, dass alle möglichen Alternativen systematisch ausprobiert oder durchgerechnet werden müssen. Stattdessen können die Schülerinnen und Schüler das Netzwerk gezielt erkunden, um die kürzeste, 31-minütige Route zu finden.

In der dritten Aufgabenstellung sollen die Schülerinnen und Schüler ein Drop-Down-Menü verwenden, um den einzigen Treffpunkt auszuwählen, der die Bedingung erfüllt, dass drei Personen jeweils mit einer Fahrzeit von weniger als 15 Minuten dort ankommen können. Die Aufgabe wird als Überwachungs- und Reflexionsaufgabe eingestuft, weil die

Schülerinnen und Schüler mögliche Lösungsalternativen in Bezug auf eine bestimmte Bedingung bewerten müssen.

Die Testeinheit *Robot Cleaner* (siehe Abb. 3.6, 3.7, 3.8 und 3.9) ist ein Beispiel für ein System-Analyse-Problem. Darin wird den Schülerinnen und Schülern in einer Animation das Bewegungsverhalten eines Staubsauger-Roboters in einem Raum gezeigt. Der Staubsauger-Roboter bewegt sich vorwärts, bis er auf ein Hindernis stößt und verhält sich dann, abhängig von der Art des Hindernisses, nach bestimmten deterministischen Regeln. Die Schülerinnen und Schüler können sich die Animation so oft ansehen wie sie möchten. Trotz der animierten Problem-Informationen ist die Aufgabe in dieser Testeinheit statisch, da die Schülerinnen und Schüler nicht eingreifen können, um das Verhalten des Staubsaugers oder andere Aspekte der Situation zu verändern. Der Kontext für die Aufgaben in dieser Einheit ist als sozial und nicht-technologisch klassifiziert.

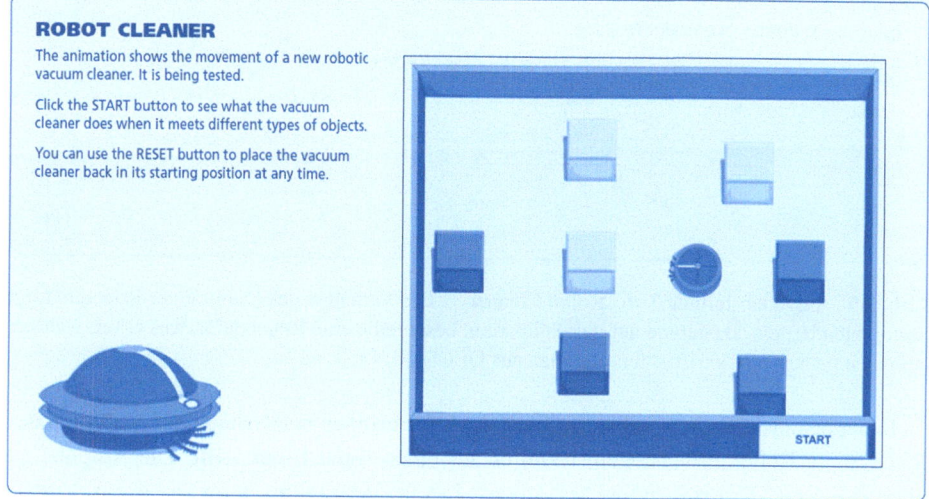

Abb. 3.6 Stimulus- und Kontext-Informationen zur Testeinheit „Robot Cleaner": Eine Animation zeigt die Bewegungen eines neuen Staubsauger-Roboters, der getestet wird (entnommen aus OECD 2014a, S. 44)

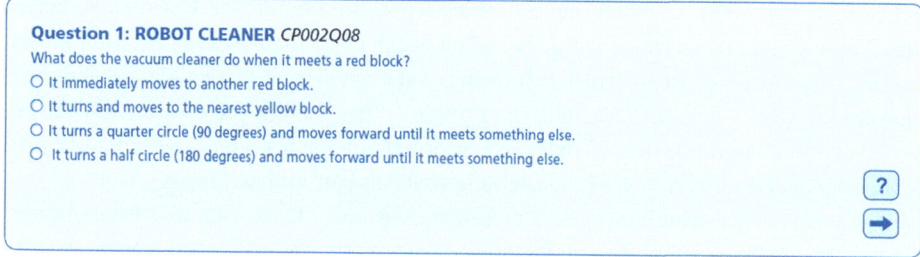

Abb. 3.7 Aufgabenstellung 1 zu „Robot Cleaner": „Was tut der Staubsauer-Roboter, wenn er auf einen roten Block trifft?" (entnommen aus OECD 2014a, S. 45)

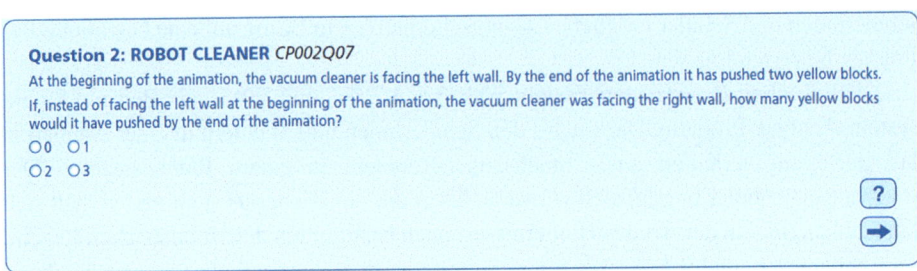

Abb. 3.8 Aufgabenstellung 2 zu „Robot Cleaner“: „Am Anfang der Animation sah der Staubsauger-Roboter die linke Wand. Am Ende traf er auf 2 gelbe Blocks. Wenn er am Anfang die rechte Wand vor sich gesehen hätte, wie viele gelbe Blocks hätte er dann am Ende getroffen?“ (entnommen aus OECD 2014a, S. 45)

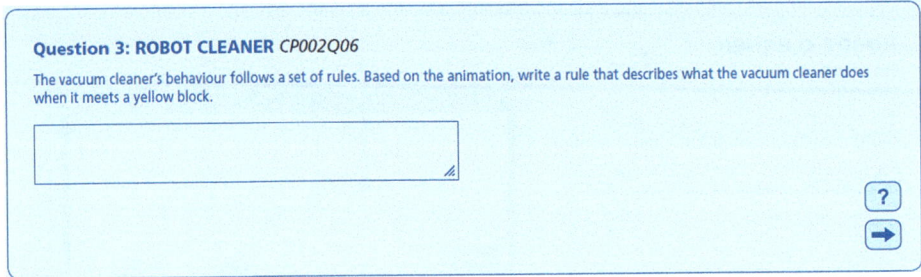

Abb. 3.9 Aufgabenstellung 3 zu „Robot Cleaner“: „Das Verhalten des Staubsauger-Roboters folgt bestimmten Regeln. Basierend auf der Animation, beschreibe eine Regel dafür, was er tut, wenn er auf einen gelben Block trifft.“ (entnommen aus OECD 2014a, S. 46)

In der ersten Aufgabenstellung müssen die Schülerinnen und Schüler das Verhalten des Staubsauger-Roboters verstehen, wenn er auf einen roten Block trifft. Die Aufgabe ist klassifiziert als „Erforschen und Verstehen“. Um ihr Verständnis dafür zu beweisen, werden sie auf Basis ihrer Beobachtungen dazu aufgefordert, aus einer Liste von vier Optionen die richtige Beschreibung des Roboter-Verhaltens in einer bestimmten Situation auszuwählen.

In der zweiten Aufgabenstellung innerhalb dieser Einheit müssen die Schülerinnen und Schüler das Verhalten des Staubsauger-Roboters mithilfe räumlichen Denkens vorhersagen: Auf wie viele Hindernisse würde er stoßen, wenn er an einer anderen Position starten würde? Diese Aufgabe ist auch als „Erforschen und Verstehen“-Element klassifiziert, weil die korrekte Vorhersage des Verhaltens die sorgfältige Beobachtung der Animation und ein Verständnis der zugrunde liegenden Regeln erfordert, um die benötigten Informationen zu erfassen. Zum Beantworten der Fragestellung sind Antwortoptionen vorgegeben.

Die letzte Aufgabenstellung in dieser Einheit wird als „Darstellen und Formulieren“ klassifiziert, da die Schülerinnen und Schüler dazu aufgefordert werden, das Verhalten des Staubsauger-Roboters zu beschreiben, wenn er auf einen gelben Block trifft. Im Gegensatz zur ersten Aufgabe müssen die Schülerinnen und Schüler die Antwort selbst formulieren, indem sie diese in ein Textfeld eingeben. Dies erfordert die Bewertung der Antwort durch Experten. Um die volle Punktzahl zu erreichen, müssen beide Regeln beschrieben werden, die das Verhalten des Roboters bestimmen (z. B. „er schiebt den gelben Block so weit wie möglich und dreht sich dann um"). Für Antworten, die das Verhalten nur teilweise beschreiben (z. B. indem nur eine der beiden Regeln genannt wird), werden Teilpunkte vergeben. Nur ein kleiner Prozentsatz der Schülerinnen und Schüler in den teilnehmenden Ländern erhielt die volle Punktzahl für diese Aufgabenstellung.

Interaktive Probleme umfassen in PISA primär die Aufgabentypen *MicroDYN* und *finite Automaten* (engl. *Finite State Automata*). In beiden Kategorien sind die Erkundung und Kontrolle eines unbekannten Systems die beiden Hauptaufgaben für Schülerinnen und Schüler. Die einzige Ausnahme dieser Einteilung ist ein Problem zur Ressourcenzuweisung, bei dem eine experimentelle Interaktion mit dem Testszenario erforderlich ist, um wichtige Informationen über die verfügbaren Ressourcen zu ermitteln.

Die Testeinheit *Climate Control* (siehe Abb. 3.10, 3.11 und 3.12) ist ein Beispiel für ein MicroDYN-System. MicroDYN-Einheiten sind kleine dynamische Systeme, die kausale Beziehungen zwischen Variablen beinhalten. Sie haben trotz variierender Inhalte eine gemeinsame Struktur: Sie bestehen aus einem System von Kausalzusammenhängen, an denen nur wenige Variablen beteiligt sind, die untersucht und kontrolliert werden müssen, um vorgegebene Zielzustände zu erreichen. In der ersten Phase der „Wissensgenerierung" muss die Schülerin/der Schüler bis zu drei Eingabevariablen steuern. Ein Diagramm zeigt dabei die Auswirkung von Eingaben auf bis zu drei Ausgabevariablen. Die Schülerinnen und Schüler müssen üblicherweise nach dieser ersten Phase nachweisen, dass sie die

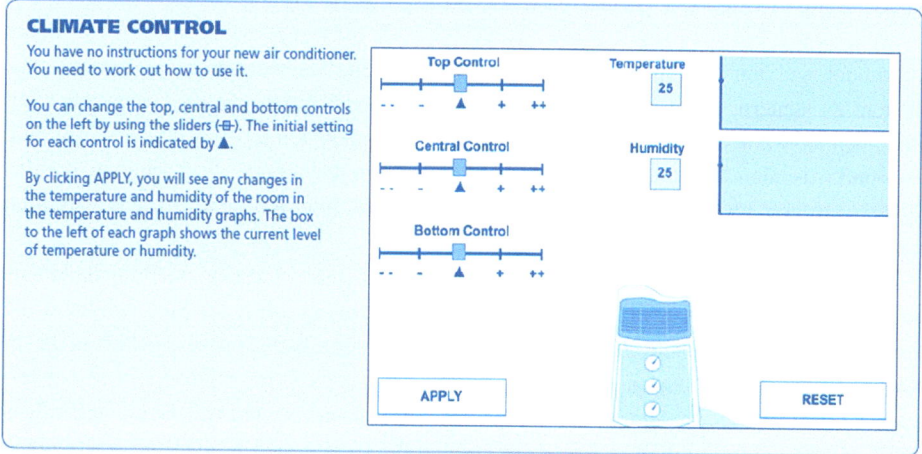

Abb. 3.10 Stimulus- und Kontext-Informationen zur Testeinheit „Climate Control": „Du hast keine Anleitung für deine neue Klimaanlage. Du musst selbst herausfinden, wie sie funktioniert. Du kannst die Kontrolleinheiten oben, in der Mitte und unten ändern." Als Ausgangsvariablen sind die Temperatur und die Luftfeuchtigkeit zu sehen (entnommen aus OECD 2014a, S. 39)

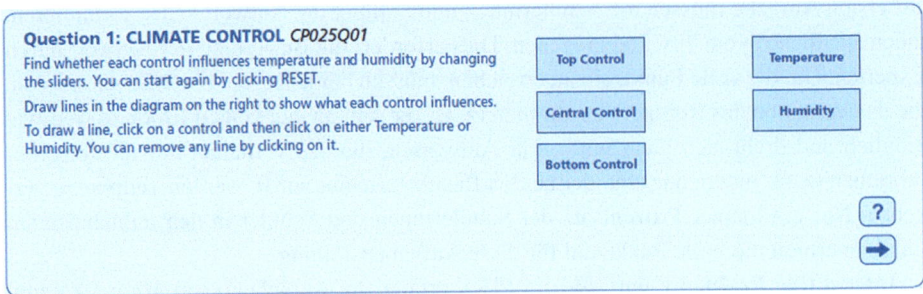

Abb. 3.11 Aufgabenstellung 1 zu „Climate Control": „Finde heraus, ob jede Kontrolleinheit die Temperatur und die Luftfeuchtigkeit beeinflussen, indem du sie kontrollierst. […] Zeichne Linien, die darstellen, welche Kontrolleinheit was beeinflusst." (entnommen aus OECD 2014a, S. 40)

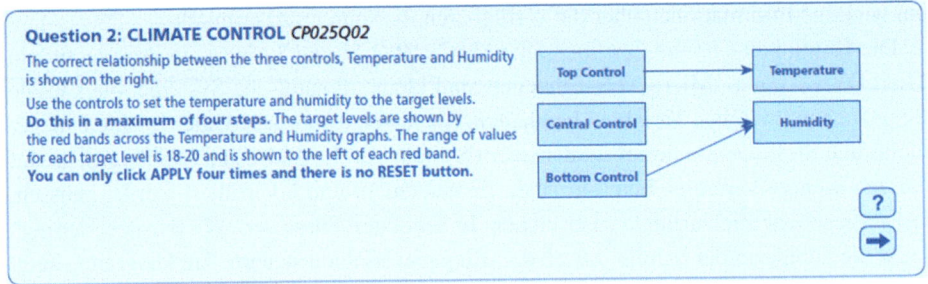

Abb. 3.12 Aufgabenstellung 2 zu „Climate Control": „Die korrekten Beziehungen zwischen den drei Kontrolleinheiten, der Temperatur und der Luftfeuchtigkeit wird rechts gezeigt. Benutze die Kontrolleinheiten, um die Temperatur und die Luftfeuchtigkeit auf die Zielwerten zu bringen. Tu dies in höchstens 4 Schritten." (entnommen aus OECD 2014a, S. 40)

zugrundeliegenden Zusammenhänge verstanden haben. Sie werden dann gebeten, das System zu steuern, um ein bestimmtes Ziel zu erreichen, indem sie die entsprechenden Eingaben auswählen. MicroDYN-Einheiten unterscheiden sich in der Art und Weise, wie Ein- und Ausgaben in einem System verbunden sind, in der Anzahl der Variablen, die das System umfasst und in dem fiktiven Szenario, in dem Interaktionen mit den Variablen stattfinden (OECD 2014a).

Konkret werden die Schülerinnen und Schüler in der ersten Aufgabenstellung dazu aufgefordert, drei Schieberegler zu ändern, um herauszufinden, ob jedes Steuerelement die Temperatur oder Luftfeuchtigkeit beeinflusst. Der Problemlösungsprozess gehört in dieser Aufgabe zum „Darstellen und Formulieren": Man muss experimentieren, um festzustellen, welche Kontrolleinheiten einen Einfluss auf die Temperatur und welche einen Einfluss auf die Luftfeuchtigkeit haben. Erst dann können die geforderten Kausalzusammenhänge dargestellt werden, indem Pfeile zwischen den drei Steuerelementen und den beiden Ausgangsvariablen (Temperatur und Feuchtigkeit) gezogen werden. Es gibt dabei keine Einschränkung für die Anzahl der Erkundungsversuche. Die volle Punktzahl in dieser Frage erfordert, dass das Kausaldiagramm korrekt ausgefüllt ist. Teilpunkte werden verrechnet, wenn eine sie/er jeweils nur eine Eingabe variiert, diese jedoch nicht korrekt im Diagramm darstellen.

Die zweite Aufgabenstellung in der Einheit fordert die Schülerinnen und Schüler dazu auf, ihre erlangten Kenntnisse über die Funktionsweise der Klimaanlage anzuwenden, um Temperatur und Luftfeuchtigkeit auf festgelegte Zielwerte zu bringen (niedriger als der Ausgangszustand). Damit ist sie als Planungs- und Ausführungs-Aufgabe klassifiziert. Es wird sichergestellt, dass keine weitere Erkundung erforderlich ist als die in der vorherigen Aufgabenstellung, da ein Diagramm zeigt, wie die Kontrolleinheiten die Temperatur und Luftfeuchtigkeit beeinflussen. Da allerdings nur vier Manipulationsversuche möglich sind, müssen die Schülerinnen und Schüler einige Schritte im Voraus strategisch planen und systematisch vorgehen. Die angestrebten Temperatur- und Feuchtigkeitsziele können innerhalb von vier Schritten auf verschiedene Arten erreicht werden; die Mindestanzahl von Schritten beträgt zwei und ein Fehler kann oft sogar noch korrigiert werden. Eine mögliche Strategie besteht beispielsweise darin, Unterziele festzulegen und sich separat jeweils auf die Temperatur und die Luftfeuchtigkeit zu konzentrieren. Wenn eine Schülerin/ein Schüler beide Ausgangsvariablen den Zielwerten innerhalb der vier Manipulationsversuche näherbringen kann, die Ziele jedoch nicht erreicht, werden Teilpunkte vergeben.

Die Testeinheiten *MP3 Player* (siehe Abb. 3.13, 3.14, 3.15, 3.16 und 3.17) und *Tickets* (siehe Abb. 3.1) sind Beispiele für finite Automaten. Dieser Aufgabentyp unterscheidet sich von den MicroDYN-Aufgaben, indem hierbei nicht bestimmte Zielwerte in den Ausgangsvariablen erreicht werden müssen, sondern neue Zielzustände des Systems. Viele dieser Einheiten basieren auf alltäglichen technischen Geräten und das Verhalten des

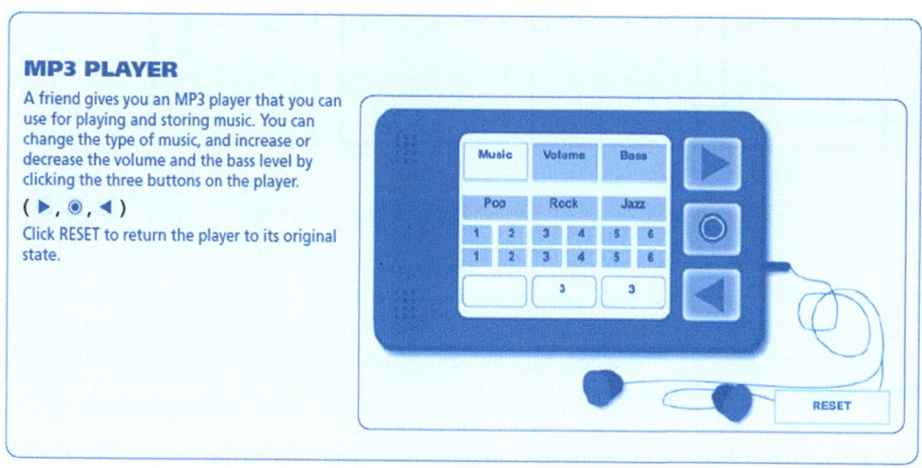

Abb. 3.13 Informationen zur Problemsituation und zum Kontext der Testeinheit „MP3-Player": „Ein Freund gibt dir einen MP3-Player, den du benutzen kannst, um Musik abzuspeichern und abzuspielen. Du kannst das Musik-Genre, die Lautstärke und das Bass-Level mit den drei Knöpfen ändern." (entnommen aus OECD 2014a, S. 37)

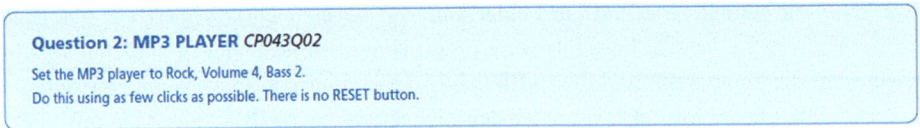

Question 1: MP3 PLAYER *CP043Q03*

The bottom row of the MP3 player shows the settings that you have chosen. Decide whether each of the following statements about the MP3 player is true or false.

Select "True" or "False" for each statement to show your answer.

Statement	True	False
You need to use the middle button (⊙) to change the type of music.	○	○
You have to set the volume before you can set the bass level.	○	○
Once you have increased the volume, you can only decrease it if you change the type of music you are listening to.	○	○

Abb. 3.14 Aufgabenstellung 1 zu „MP3-Player": „Die untere Anzeige des MP3-Players zeigt deine gewählten Einstellungen. Entscheide für jede der Aussagen über den MP3-Player, ob sie wahr oder falsch sind." (entnommen aus OECD 2014a, S. 37)

Question 2: MP3 PLAYER *CP043Q02*

Set the MP3 player to Rock, Volume 4, Bass 2.
Do this using as few clicks as possible. There is no RESET button.

Abb. 3.15 Aufgabenstellung 2 zu „MP3-Player": „Stelle den MP3-Player auf Rock, Lautstärke 4, Bass 2. Tu dies in so wenig Klicks wie möglich." (entnommen aus OECD 2014a, S. 38)

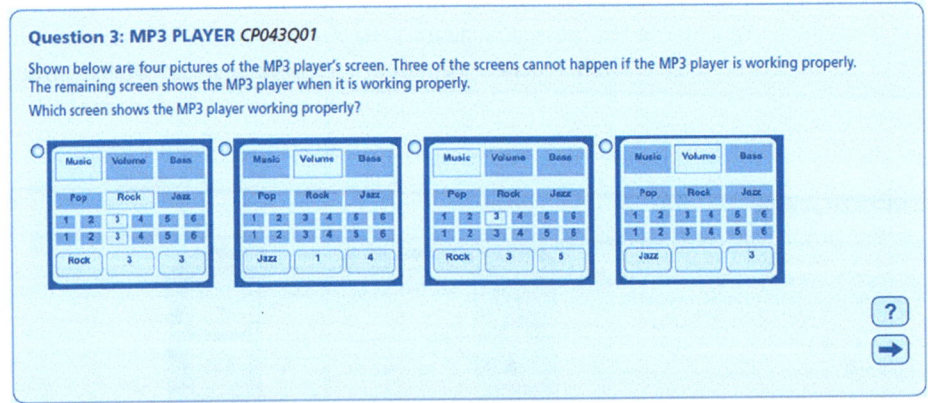

Question 3: MP3 PLAYER *CP043Q01*

Shown below are four pictures of the MP3 player's screen. Three of the screens cannot happen if the MP3 player is working properly. The remaining screen shows the MP3 player when it is working properly.

Which screen shows the MP3 player working properly?

Abb. 3.16 Aufgabenstellung 3 zu „MP3-Player": „Unten sind vier Anzeigen des MP3-Players zu sehen. Drei davon sind nicht möglich, wenn der MP3-Player richtig funktioniert. Die übrige Anzeige zeigt den MP3-Player, wenn er richtig funktioniert. Welche Anzeige zeigt den funktionierenden MP3-Player?" (Quelle: OECD 2014a, S. 38)

jeweiligen Geräts hängt dann sowohl vom aktuellen Status als auch von den Eingabebefehlen ab, die es vom Benutzer erhält. Der Kontext muss jedoch nicht technologisch sein. In einer Problemsituation müssen sich Schülerinnen und Schüler z. B. in einer simulierten Navigationsaufgabe durch Erkundung in einer unbekannten Nachbarschaft orientieren.

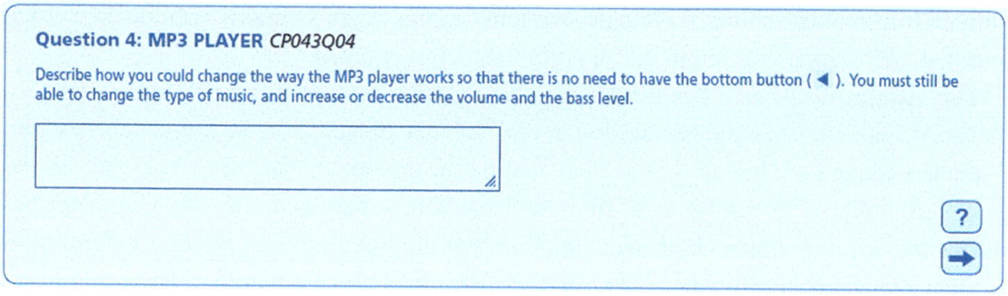

Question 4: MP3 PLAYER *CP043Q04*

Describe how you could change the way the MP3 player works so that there is no need to have the bottom button (◀). You must still be able to change the type of music, and increase or decrease the volume and the bass level.

`?`

`➡`

Abb. 3.17 Aufgabenstellung 4 zu „MP3-Player": „Beschreibe, wie man den MP3-Player ändern könnte, sodass der untere Knopf nicht gebraucht wird. Es muss trotzdem möglich sein, das Musik-Genre, die Lautstärke und das Bass-Level zu ändern." (Quelle: OECD 2014a, S. 39)

Was die Schülerinnen und Schüler im nächsten Schritt erwartet, hängt sowohl davon ab, wo sie gerade sind, als auch davon, welche Maßnahmen sie in dieser Position ergreifen. Das charakteristische Merkmal von finiten Automaten ist, dass es nur eine endliche Anzahl möglicher Zustände gibt (nicht alle sind zu Beginn bekannt) und ebenso nur eine begrenzte Anzahl möglicher Eingabebefehle, deren Auswirkungen zu Beginn nicht unbedingt transparent sein müssen. Die Auswirkung eines Eingriffs kann vom aktuellen Status des Systems abhängen, muss es aber nicht. Die Menge an relevanten Informationen, die entdeckt werden müssen sowie die Anzahl der möglichen Aktionen und Zustände, tragen zum Schwierigkeitsgrad der Problemstellung bei. Bei solchen Problemen müssen die Schülerinnen und Schüler üblicherweise das System oder Gerät genau untersuchen, um die Auswirkungen von Eingriffen zu verstehen, die Funktionsweise des Geräts erklären zu können, das Gerät in den gewünschten Zustand zu bringen oder auch, wenn gefordert, Verbesserungen zum Gerät vorschlagen zu können (OECD 2014a).

In der Testeinheit *MP3-Player* wird den Schülerinnen und Schülern mitgeteilt, dass sie von einem Freund einen MP3-Player erhalten haben. Sie wissen nicht, wie dieser funktioniert und sollen damit interagieren, um es herauszufinden. Die Art der Problemsituation ist für jede Testaufgabe in dieser Einheit interaktiv. Da der Fokus der Einheit auf der Ermittlung der Regeln liegt, die für das Gerät gelten, das von einer Person verwendet werden soll, ist der Kontext jeder Testaufgabe in der Einheit technologisch und persönlich.

In der ersten Aufgabe der Einheit erhalten die Schülerinnen und Schüler eine Reihe von Aussagen zur Funktionsweise des Systems und werden gebeten, diese als wahr oder falsch zu bewerten. Die Aussagen bieten den Schülerinnen und Schülern ein Gerüst, um das System zu erkunden. Der Problemlöseprozess besteht im Erforschen und Verstehen und die Erforschung wird zwar geleitet, aber nicht eingeschränkt. Es gibt eine Schaltfläche, mit der die Schülerinnen und Schüler den MP3-Player jederzeit in den Ausgangszustand zurückversetzen und die Erkundung erneut starten können, wenn sie es für angebracht halten. Es gibt keine Einschränkung dafür, wie oft dies durchgeführt werden kann. Im Feldversuch war die Aufgabenstellung 1 etwas schwieriger als durchschnittliche Aufgaben, da nur 38 % der Schülerinnen und Schüler die volle Punktzahl erhielten, wahrscheinlich aufgrund der Anforderung, dass alle drei Antworten korrekt sein mussten und die nötigen Informationen über Regeln des Systems vorher in der Interaktion entdeckt werden mussten. Teilpunkte wurden in dieser Aufgabe nicht vergeben.

Die zweite Aufgabe in der Einheit ist als „Planung und Ausführung" klassifiziert. In dieser Aufgabe müssen die Schülerinnen und Schüler planen, wie sie ein gegebenes Ziel erreichen können, und dann diesen Plan ausführen. Interessant für diese Aufgabe, für die auch Teilpunkte vergeben werden, sind die Prozessinformationen, die vom Computer bewertet werden – in diesem Fall, wie viele Schritte die Schülerin/der Schüler unternimmt, um den Zielstatus zu erreichen. Die Aufgabe ist mit möglichst wenigen Klicks zu lösen und es besteht die Möglichkeit, den MP3-Player wieder in den Ausgangszustand zu versetzen. Die volle Punktzahl wird vergeben, wenn das Ziel in weniger als 13 Klicks erreicht wird. Es werden hingegen Teilpunkte vergeben, wenn die Schülerinnen und Schüler es in mehr als 13 Klicks erreichen. Die Forderung nach Effizienz macht es somit schwieriger, die volle Punktzahl zu erhalten, während es eher einfach war, Teilpunkte zu erhalten. Im Feldversuch erhielten etwa 39 % der Schülerinnen und Schüler die volle Punktzahl und ungefähr 33 % erhielten Teilpunkte.

Die dritte Aufgabenstellung in der Einheit wird als „Darstellen und Formulieren" eingestuft, da die Schülerinnen und Schüler eine mentale Repräsentation der Funktionsweise des gesamten Systems erschaffen und nutzen müssen. Sie benötigen diese, um festzustellen, welches der vier angegebenen Bilder den MP3-Player in seiner korrekten Funktionsweise zeigt. Ein Zurücksetzen des MP3-Players in seinen Ausgangszustand, das in der ersten Aufgabenstellung möglich und in der zweiten Aufgabenstellung nicht möglich war, ist hier wieder nicht mehr möglich, damit jede Schülerin/jeder Schüler so viel oder so wenig wie nötig mit dem System interagieren kann. Für diese Aufgabenstellung wurden keine Teilpunkte vergeben. Im Feldversuch war sie mit 39 % (für die richtig ausgewählte Antwort) genauso schwierig wie die erste Aufgabe in der Einheit.

Die letzte Aufgabe in dieser Einheit wird als „Überwachen und Reflektieren" klassifiziert und fordert die Schülerinnen und Schüler auf, die Art und Weise neu zu bestimmen, wie das Gerät funktionieren kann. Das Antwortformat ist eine freie Textantwort und erfordert deshalb die Bewertung durch Experten. Die volle Punktzahl wird vergeben, wenn Schülerinnen und Schüler eine Art vorschlagen, wie der MP3-Player nur mit zwei anstelle der ursprünglichen drei Tasten funktionieren würde. Es gibt dabei nicht nur eine mögliche richtige Antwort. Die Schülerinnen und Schüler können kreativ sein bei der Entwicklung einer Lösung, aber es existiert eine naheliegende Lösung. Im Feldversuch war dies bei weitem die schwierigste Aufgabenstellung in der Einheit, wahrscheinlich aufgrund des Abstraktionsgrades der Aufgabe und aufgrund der Anforderung, eine Lösung selbst zu konstruieren: Die Schülerinnen und Schüler müssen sich ein hypothetisches Szenario vorstellen und dieses mit ihrer mentalen Repräsentation der aktuellen Funktionsweise des Systems verknüpfen, um eine mögliche alternative Funktionsweise zu finden und beschreiben zu können. Nur 25 % der Schüler erhielten im Feldversuch die volle Punktzahl. Teilpunkte wurden nicht vergeben (OECD 2014a).

Literatur

Autor, D. H., & Price, B. (21. Juni 2013). The changing task composition of the US labor market: An update of Autor, Levy, and Murnane (2003). *MIT Paper*.

Autor, D. H., Levy, F., & Murnane, R. J. (2003). The skill content of recent technological change. *The Quarterly Journal of Economics, 118*, 1278–1333.

Betsch, T., Funke, J., & Plessner, H. (2011). Allgemeine Psychologie für Bachelor: Denken-Urteilen, Entscheiden, Problemlösen. Lesen, Hören, Lernen im Web. Berlin/Heidelberg: Springer.

Csapó, B., & Funke, J. (2017). *The nature of problem solving*. Paris: OECD.

Eysenck, M. W., Ellis, A. W., Hunt, E. B., & Johnson-Laird, P. N. (1990). *The Blackwell dictionary of cognitive psychology*. Oxford: Blackwell Reference.

Funke, J. (1992). Dealing with dynamic systems: Research strategy, diagnostic approach and experimental results. *The German Journal of Psychology, 16*, 24–43.

Funke, J. (2010). Complex problem solving: A case for complex cognition? *Cognitive Processing, 11*(2), 133–142. https://doi.org/10.1007/s10339-009-0345-0.

Funke, J., & Frensch, P. A. (2017). Complex problem solving: The European perspective – 10 years after. In D. H. Jonassen (Hrsg.), *Learning to solve complex scientific problems* (S. 25–48). Routledge. https://doi.org/10.4324/9781315091938-2.

Greiff, S., Wüstenberg, S., Molnár, G., Fischer, A., Funke, J., & Csapó, B. (2013). Complex problem solving in educational contexts – Something beyond g: Concept, assessment, measurement invariance, and construct validity. *Journal of Educational Psychology, 105*(2), 364.

Ikenaga, T., & Kanbayashi, R. (2010). *Long-term trends in the polarization of the Japanese labor market: The increase of non-routine task input and its valuation in the labor market. PIE – CIS discussion paper series/Project on Intergenerational Equity, Institute of Economic Research, Center for Intergenerational Studies, Hitotsubashi University: Bd. 464*. Inst. of Economic Research, Center for Intergenerational Studies, Hitotsubashi Univ.

Kotovsky, K., Hayes, J. R., & Simon, H. A. (1985). Why are some problems hard? Evidence from Tower of Hanoi. *Cognitive Psychology, 17*(2), 248–294. https://doi.org/10.1016/0010-0285(85)90009-X.

Mayer, R. E. (1998). Cognitive, metacognitive, and motivational aspects of problem solving. *Instructional Science, 26*(1–2), 49–63.

OECD. (2005). *Problem solving for tomorrow's world: First measures of cross-curricular competencies from PISA 2003*. OECD Publishing. https://doi.org/10.1787/9789264006430-en.

OECD. (2013). *PISA 2012 assessment and analytical framework*. OECD. https://doi.org/10.1787/9789264190511-en.

OECD. (2014a). *PISA 2012 results: Creative problem solving: Students' skills in tackling real-life problems* (Bd. V). Paris: OECD.

OECD (2014b). *PISA 2012 technical report*. Paris: OECD Publishing.

Raven, J. C. (2000). Psychometrics, cognitive ability, and occupational performance. *Review of Psychology, 7*(Artikel 1–2), 51–74.

Spitz-Oener, A. (2006). Technical change, job tasks, and rising educational demands: Looking outside the wage structure. *Journal of Labor Economics, 24*(2), 235–270. https://doi.org/10.1086/499972.

Wüstenberg, S., Greiff, S., & Funke, J. (2012). Complex problem solving – More than reasoning? *Intelligence, 40*(1), 1–14.

Der PISA-Kontextfragebogen 2012

4

Der PISA-Kontextfragebogen wird am Ende der PISA-Testung nach einer Pause von 15 Minuten (nachdem der Test in zwei mal 60 Minuten absolviert wurde) vorgegeben und dauert ca. 50 Minuten. Er besteht aus Fragen zum Jugendlichen selbst (Teil A), zur Familie und zum Zuhause der Schülerin bzw. des Schülers (Teil B), zum Lernen in Mathematik (Teil C und E), zu den Erfahrungen im Problemlösen (Teil D), zur Verfügbarkeit von Informations- und Kommunikationstechniken (Teil F bis Teil J), zur Berufsorientierung (Teil K), zur Unterstützung beim Lernen der Sprache (Teil L) und zur Schullaufbahn (Teil M).

4.1 Fragebogenformen

Der PISA-Fragebogen 2012 wurde in drei Formen vorgegeben, auf die die Fragen mittels Rotationsschema aufgeteilt wurden. Jede Frage kommt in zumindest zwei der drei Formen vor.

Tab. 4.1 zeigt die Aufteilung der Fragen auf die einzelnen Fragebogenformen.

Die Antworten auf die Fragen werden in den Datensatz codiert, zudem werden aus den Items sogenannte Indexvariablen gebildet.

4.2 Indexvariablen

Indizes finden sich im Datensatz (Tab. 4.2).

© Springer Fachmedien Wiesbaden GmbH, ein Teil von Springer Nature 2020   33
U. Kipman, *Komplexes Problemlösen*, https://doi.org/10.1007/978-3-658-30826-1_4

Tab. 4.1 Aufteilung der Fragen auf die einzelnen Fragebogenformen (vgl. Mang et al. 2018)

Form A		Form B		Form C	
Item	Kapitel	Item	Kapitel	Item	Kapitel
ST1 bis ST 28	Allgemeiner Teil (Selbst, Familie und Zuhause)	ST1 bis ST 28	Allgemeiner Teil (Selbst, Familie und Zuhause)	ST1 bis ST 28	Allgemeiner Teil (Selbst, Familie und Zuhause)
ST29	Freude und Interesse an Mathematik / Mathematikbezogene instrumentelle Motivation	ST42	Mathematikbezogene Ängstlichkeit / Mathematikbezogenes Selbstkonzept	ST53	Mathematikbezogene Lernstrategien
ST35	Mathematikbezogene soziale Normen	ST77	Unterstützung durch die Lehrperson im Mathematikunterricht	ST55	Zusatzunterricht
ST37	Mathematikbezogene Selbstwirksamkeitserwartung	ST79	Lehrerverhalten: Lehrersteuerung im Mathematikunterricht / Lehrerverhalten: Rückmeldung im Mathematikunterricht / Lehrerverhalten: Schülerorientierung im Mathematikunterricht	ST57	Allgemeiner Zeitaufwand für die Schule
ST43	Wahrgenommene Kontrolle in Mathematik	ST80	Kognitive Aktivierung im Mathematikunterricht	ST61	Häufigkeit einfacher mathematischer Anwendungsaufgaben / Häufigkeit innermathematischer Aufgaben
ST44	Mathematikbezogene Misserfolgsattribution	ST81	Disziplin im Klassenzimmer im Mathematikunterricht	ST62	Vertrautheit mathematischer Begriffe
ST46	Gewissenhafte Arbeitshaltung in Mathematik	ST82	Vignette Unterstützung durch die Lehrperson im Mathematikunterricht	ST69	Dauer einer Unterrichtsstunde in verschiedenen Schulfächern
ST48	Intentionen, sich mit Mathematik auseinanderzusetzen	ST83	Unterstützung durch den Mathematiklehrer	ST70	Anzahl der Unterrichtsstunden in verschiedenen Schulfächern
ST49	Beschäftigung mit Mathematik	ST84	Vignette Klassenführung im Mathematikunterricht	ST71	Anzahl der Unterrichtsstunden in einer Schulwoche

Form A		Form B		Form C	
Item	Kapitel	Item	Kapitel	Item	Kapitel
ST93	Ausdauer	ST85	Klassenführung im Mathematikunterricht	ST72	Klassengröße im Deutschunterricht
ST94	Offenheit	ST86	Lehrer-Schüler-Beziehung	ST73	Häufigkeit im Umgang mit Textaufgaben
ST96	Problem-lösevignette: Handy SMS	ST87	Gefühl der Zugehörigkeit	ST74	Erfahrungen im Lösen von linearen Gleichungen und beim Quader
ST101	Problemlösevignette: Weg zum Zoo	ST88	Allgemeine Einstellungen zur Schule: Lernauswirkungen	ST75	Erfahrungen im Lösen von Aufgaben zur Raumgeometrie bzw. elementarer Zahlentheorie
ST104	Problemlöse-vignette: Fahrkartenkauf	ST89	Allgemeine Einstellungen zur Schule: Lernaktivitäten	ST76	Erfahrungen im Lösen von Problemen mit Realkontexten
ST53	Mathematikbezogene Lernstrategien	ST91	Wahrgenommene Kontrolle über die Anstrengungen in der Schule	ST42	Mathematikbezogene Ängstlichkeit Mathematikbezogenes Selbstkonzept
ST55	Zusatzunterricht	ST29	Freude und Interesse an Mathematik Mathematik-bezogene instrumentelle Motivation	ST77	Unterstützung durch die Lehrperson im Mathematikunterricht
ST57	Allgemeiner Zeitaufwand für die Schule	ST35	Mathematikbezogene soziale Normen	ST79	Lehrerverhalten: Lehrersteuerung im Mathematikunterricht Lehrerverhalten: Rückmeldung im Mathematikunterricht Lehrerverhalten: Schülerorientierung im Mathematikunterricht
ST61	Häufigkeit einfacher mathematischer Anwendungsaufgaben Häufigkeit innermathematischer Aufgaben	ST37	Mathematikbezogene Selbstwirksamkeitserwartung	ST80	Kognitive Aktivierung im Mathematikunterricht

(Fortsetzung)

Tab. 4.1 (Fortsetzung)

Form A		Form B		Form C	
Item	Kapitel	Item	Kapitel	Item	Kapitel
ST62	Vertrautheit mathematischer Begriffe	ST43	Wahrgenommene Kontrolle in Mathematik	ST81	Disziplin im Klassenzimmer im Mathematikunterricht
ST69	Dauer einer Unterrichtsstunde in verschiedenen Schulfächern	ST44	Mathematikbezogene Misserfolgsattribution	ST82	Vignette Unterstützung durch die Lehrperson im Mathematikunterricht
ST70	Anzahl der Unterrichtsstunden in verschiedenen Schulfächern	ST46	Gewissenhafte Arbeitshaltung in Mathematik	ST83	Unterstützung durch den Mathematiklehrer
ST71	Anzahl der Unterrichtsstunden in einer Schulwoche	ST48	Intentionen, sich mit Mathematik auseinanderzusetzen	ST84	Vignette Klassenführung im Mathematikunterricht
ST72	Klassengröße im Deutschunterricht	ST49	Beschäftigung mit Mathematik	ST85	Klassenführung im Mathematikunterricht
ST73	Häufigkeit im Umgang mit Textaufgaben	ST93	Ausdauer	ST86	Lehrer-Schüler-Beziehung
ST74	Erfahrungen im Lösen von linearen Gleichungen und beim Quader	ST94	Offenheit	ST87	Gefühl der Zugehörigkeit
ST75	Erfahrungen im Lösen von Aufgaben zur Raumgeometrie bzw. elementarer Zahlentheorie	ST96	Problemlösevignette: Handy SMS	ST88	Allgemeine Einstellungen zur Schule: Lernauswirkungen
ST76	Erfahrungen im Lösen von Problemen mit Realkontexten	ST101	Problemlösevignette: Weg zum Zoo Problemlösevignette: Fahrkartenkauf	ST91	Wahrgenommene Kontrolle über die Anstrengungen in der Schule

ST: Frage aus dem Schülerfragebogen

Tab. 4.2 Indizes im Datensatz (vgl. Mang et al. 2018)

Indexkürzel	Indexbeschreibung	Indexausprägung
FAMSTRUC	Index der Familienstruktur	1 = Familie mit einem Elternteil 2 = Familie mit beiden Elternteilen 3 = Andere Zusammensetzung)
MISCED	Index des Bildungsabschlusses der Mutter	ISCED 0 bis ISCED 6
FISCED	Index des Bildungsabschlusses des Vaters	ISCED 0 bis ISCED 6
HISCED	Index des höchsten Bildungsabschlusses der Eltern	ISCED 0 bis ISCED 6
PARED	Index des höchsten Bildungsabschlusses der Eltern in Ausbildungsjahren	HISCED 0 bis HISCED 6
HISEI	Index der höchsten beruflichen Stellung der Eltern	Stetige Skala nach Ganzeboom und Treiman (2012)
ESCS	Sozioökonomischer und soziokultureller Status der Eltern (Economic, Social and Cultural Status)	z-standardisiert
IMMIG	Index des Zuwanderungshintergrunds	1 = Ohne Zuwanderungshintergrund (Mindestens ein Elternteil ist im Inland geboren) 2 = Zweite Generation (Beide Elternteile im Ausland geboren, Jugendliche/r im Inland geboren) 3 = Erste Generation (Beide Elternteile und Jugendliche/r im Ausland geboren)
HEDRES	Index der Bildungsressourcen im Elternhaus	KTT (auf Grundlage der IRT)
CULTPOSS	Index der Kulturgüter	KTT (auf Grundlage der IRT)
ICTRES	Index Informations- und Technologiegüter	z-standardisiert
HOMEPOS	Index der Ausstattung des Elternhauses	z-standardisiert
WEALTH	Index des Wohlstands der Familie	z-standardisiert
INTMAT	Freude und Interesse an Mathematik (Interest in and enjoyment of mathematics)	KTT (auf Grundlage der IRT)
INSTMOT	Mathematikbezogene instrumentelle Motivation (Instrumental motivation to learn mathematics) Datenquelle Internationaler Fragebogen für	KTT (auf Grundlage der IRT)
SUBNORM	Mathematikbezogene soziale Normen (Subjective Norms in Mathematics)	KTT (auf Grundlage der IRT)
MATHEFF	Mathematikbezogene Selbstwirksamkeitserwartung (Mathematics self-efficacy)	KTT (auf Grundlage der IRT)
ANXMAT	Mathematikbezogene Ängstlichkeit (Mathematics anxiety)	KTT (auf Grundlage der IRT)

(Fortsetzung)

Tab. 4.2 (Fortsetzung)

Indexkürzel	Indexbeschreibung	Indexausprägung
SCMAT	Mathematikbezogenes Selbstkonzept (Mathematics self-concept)	KTT (auf Grundlage der IRT)
FAILMAT	Mathematikbezogene Misserfolgsattribution (Attributions to Failure in Mathematics)	KTT (auf Grundlage der IRT)
MATWKETH	Gewissenhafte Arbeitshaltung in Mathematik (Mathematics Work Ethic)	KTT (auf Grundlage der IRT)
MATINTFC	Mathematikbezogene Intentionen (Mathematics Intentions)	KTT (auf Grundlage der IRT)
MATBEH	Beschäftigung mit Mathematik (Mathematics Behaviour)	KTT (auf Grundlage der IRT)
CSTRAT	Mathematikbezogene Lernstrategien (Learning Strategies)	KTT (auf Grundlage der IRT)
EXPUREM	Häufigkeit innermathematischer Aufgaben (Experience with Pure Maths Tasks at School)	KTT (auf Grundlage der IRT)
FAMCON	Vertrautheit mit mathematischen Begriffen (Familiarity with Mathematical Concepts)	KTT (auf Grundlage der IRT)
TEACHSUP	Unterstützung durch die Lehrperson im Mathematikunterricht (Teacher support in the mathematics classroom)	KTT (auf Grundlage der IRT)
TCHBEHTD	Lehrersteuerung im Mathematikunterricht (Teacher Behaviour: Teacher-Directed Instruction)	KTT (auf Grundlage der IRT)
TCHBEHFA	– Rückmeldung im Mathematikunterricht (Teacher Behaviour: Formative Assessment)	KTT (auf Grundlage der IRT)
TCHBEHSO	Schülerorientierung im Mathematikunterricht (Teacher Behaviour: Student Orientation)	KTT (auf Grundlage der IRT)
COGACT	Kognitive Aktivierung im Mathematikunterricht (Cognitive Activation)	KTT (auf Grundlage der IRT)
DISCLIMA	Disziplin in Klassenzimmer im Mathematikunterricht (Disciplinary climate in the mathematics classroom)	KTT (auf Grundlage der IRT)
MTSUP	Unterstützung durch den Mathematiklehrer (Teacher Support)	KTT (auf Grundlage der IRT)
CLSMAN	Klassenführung im Mathematikunterricht (Classroom Management)	KTT (auf Grundlage der IRT)
STUDREL	Lehrer-Schüler-Beziehung (Teacher-Student Relation)	KTT (auf Grundlage der IRT)
BELONG	Gefühl der Zugehörigkeit zur eigenen Schule (Sense of Belonging to School)	KTT (auf Grundlage der IRT)
ATSCHL	Allgemeine Einstellungen zur Schule: Lernauswirkungen (Attitudes towards School: Learning Outcomes)	KTT (auf Grundlage der IRT)

(Fortsetzung)

Tab. 4.2 (Fortsetzung)

Indexkürzel	Indexbeschreibung	Indexausprägung
ATTLNACT	Allgemeine Einstellungen zur Schule: Lernaktivitäten (Attitudes towards School: Learning Activities)	KTT (auf Grundlage der IRT)
PERSEV	Ausdauer beim Problemlösen (Perseverance)	KTT (auf Grundlage der IRT)
OPENPS	Offenheit für Problemlösen (Openness for Problem Solving)	KTT (auf Grundlage der IRT)
ICTHOME	Verfügbarkeit von ICT zu Hause (ICT Availability at Home)	KTT (auf Grundlage der IRT)
ICTSCH	Verfügbarkeit von ICT in der Schule (ICT Availability at School)	KTT (auf Grundlage der IRT)
ENTUSE	ICT Nutzung zu Hause zur Unterhaltung (ICT Entertainment Use)	KTT (auf Grundlage der IRT)
HOMSCH	ICT Nutzung zu Hause für schulbezogene Aufgaben (ICT Use at Home for School-related Tasks)	KTT (auf Grundlage der IRT)
USESCH	ICT Nutzung in der Schule (Use of ICT at School)	KTT (auf Grundlage der IRT)
USEMATH	ICT Nutzung im Mathematikunterricht (Use of ICT in Mathematics Lessons)	KTT (auf Grundlage der IRT)
ICTATTPOS	Einstellung gegenüber Computern (Attitudes towards computers)	KTT (auf Grundlage der IRT)
ICTATTNEG	– Einstellung gegenüber Computern – Einschränkungen des Computers als Lerninstrument in der Schule (Attitudes towards computers – Limitations of the computer as tool for school learning)	KTT (auf Grundlage der IRT)

IRT: Item Response Theory

Literatur

Ganzeboom, H. B. G., & Treiman, D. (2012). *International stratification and mobility file: Conversion tools*. Department of Social Research Methodology. http://www.harryganzeboom.nl/ismf/index.htm. Zugegriffen am 24.07.2017.

Mang, J., Ustjanzew, N., Schiepe-Tiska, A., Prenzel, M., Sälzer, C., Müller, K., & González Rodríguez, E. (2018). *PISA 2012 Skalenhandbuch. Dokumentation der Erhebungsinstrumente*. Münster: Waxmann.

Überblick – Ergebnisse aus PISA 2012 zum komplexen Problemlösen

In modernen Gesellschaften scheint das ganze Leben eine Art Problemlösen zu sein. Veränderungen der Umwelt und Technologien bedeuten, dass sich auch der Inhalt von anwendbarem Wissen rapide verändert. Anpassung, Lernen, es wagen, neue Dinge auszuprobieren und immer bereit zu sein, aus seinen Fehlern zu lernen, sind Schlüssel zu Resilienz und Erfolg in einer nicht vorhersagbaren Welt.

In einem kurzen Überblick werden im Folgenden die Ergebnisse des computergestützten PISA 2012 Assessments der Problemlösefähigkeit, an etwa 85.000 Schülern aus 44 Ländern und Ökonomien, dargestellt.

5.1 Überblick zur Ausprägung der Problemlösefähigkeit

Abb. 5.1 bietet einen Überblick über die Ergebnisse in der ersten computerbasierten Erhebung der Problemlösekompetenz in PISA 2012 im internationalen Vergleich.

Schülerinnen und Schüler aus Singapur und Korea erzielten ein höheres Ergebnis als die Teilnehmer aller anderen teilnehmenden Nationen.

Vier weitere ostasiatische Partnerökonomien erreichten ebenfalls zwischen 530 und 540 Punkte in der PISA Problemlöseskala: Macao-China ($\bar{x}$ = 540), Hong Kong-China ($\bar{x}$ = 540, Shanghai-China ($\bar{x}$ = 536) und Chinesisch-Taipei ($\bar{x}$ = 534).

Kanada, Australien, Finnland, England (UK), Estonia, Frankreich, Niederlande, Italien, Tschechische Republik, Deutschland, Vereinigte Staaten von Amerika und Belgien lagen alle über dem OECD Durchschnitt, aber unter den zuerst genannten Staaten (siehe Abb. 5.1).

© Springer Fachmedien Wiesbaden GmbH, ein Teil von Springer Nature 2020
U. Kipman, *Komplexes Problemlösen*, https://doi.org/10.1007/978-3-658-30826-1_5

| | Performance in problem solving | | | | Relative performance in problem solving, compared with students around the world with similar performance | Performance in problem solving, by process | | Performance in problem solving, by nature of the problem situation | |
| | Mean score in PISA 2012 | Share of low achievers (below Level 2) | Share of top performers (Level 5 or 6) | Gender difference (boys - girls) | | Solution rate on tasks measuring acquisition of knowledge | Solution rate on tasks measuring utilisation of knowledge | Solution rate on items referring to a static problem situation | Solution rate on items referring to an interactive problem situation |
	Mean score	%	%	Score dif.	Score dif.	Percent correct	Percent correct	Percent correct	Percent correct
OECD average	500	21,4	11,4	7	-7	45,5	46,4	47,1	43,8
Singapore	562	8,0	29,3	9	2	62,0	55,4	59,8	57,5
Korea	561	6,9	27,6	13	14	62,8	54,5	58,9	57,7
Japan	552	7,1	22,3	19	11	59,1	56,3	58,7	55,9
Macao-China	540	7,5	16,6	10	8	58,3	51,3	57,0	51,7
Hong Kong-China	540	10,4	19,3	13	-16	57,7	51,1	56,1	52,2
Shanghai-China	536	10,6	18,3	25	-51	56,9	49,8	56,7	50,3
Chinese Taipei	534	11,6	18,3	12	-9	56,9	50,1	56,3	50,1
Canada	526	14,7	17,5	5	0	52,6	52,1	52,7	50,5
Australia	523	15,5	16,7	2	7	52,3	51,5	52,8	49,9
Finland	523	14,3	15,0	-6	-8	50,2	51,0	52,1	47,7
England (United Kingdom)	517	16,4	14,3	6	8	49,6	49,1	49,5	47,9
Estonia	515	15,1	11,8	5	-15	46,8	49,5	49,7	45,6
France	511	16,5	12,0	5	5	49,6	49,4	50,3	47,6
Netherlands	511	18,5	13,6	5	-16	48,2	49,7	50,4	46,5
Italy	510	16,4	10,8	18	10	49,5	48,0	49,5	46,8
Czech Republic	509	18,4	11,9	8	1	45,0	46,9	46,2	44,4
Germany	509	19,2	12,8	7	-12	47,5	49,5	49,4	46,3
United States	508	18,2	11,6	3	10	46,5	47,1	46,6	45,9
Belgium	508	20,8	14,4	8	-10	47,0	47,5	48,3	45,4
Austria	506	18,4	10,9	12	-5	45,7	47,4	48,3	43,0
Norway	503	21,3	13,1	-3	1	47,7	48,1	49,4	44,5
Ireland	498	20,3	9,4	5	-18	44,6	45,5	44,4	44,6
Denmark	497	20,4	8,7	10	-11	44,2	48,1	47,9	42,3
Portugal	494	20,6	7,4	16	-3	41,6	45,7	44,0	42,0
Sweden	491	23,5	8,8	-4	-1	45,2	44,6	47,7	41,6
Russian Federation	489	22,1	7,3	8	-4	40,4	43,8	43,8	39,7
Slovak Republic	483	26,1	7,8	22	-5	40,5	43,2	44,2	38,8
Poland	481	25,7	6,9	0	-44	41,3	43,7	44,1	39,7
Spain	477	28,5	7,8	2	-20	40,0	42,3	42,3	39,8
Slovenia	476	28,5	6,6	-4	-34	37,8	42,3	42,9	36,7
Serbia	473	28,5	4,7	15	11	37,7	40,7	40,3	36,8
Croatia	466	32,3	4,7	15	-22	35,2	40,5	39,3	35,6
Hungary	459	35,0	5,6	3	-34	35,2	37,6	38,2	33,9
Turkey	454	35,8	2,2	15	-14	32,8	36,0	35,8	32,7
Israel	454	38,9	8,8	6	-28	38,7	37,0	39,7	35,6
Chile	448	38,3	2,1	13	1	30,9	35,2	34,9	31,8
Cyprus [1,2]	445	40,4	3,6	-9	-12	33,6	34,8	37,0	31,4
Brazil	428	47,3	1,8	22	7	28,0	32,0	29,8	29,1
Malaysia	422	50,5	0,9	8	-14	29,1	29,3	30,1	27,4
United Arab Emirates	411	54,8	2,5	-26	-43	28,4	29,0	29,9	27,1
Montenegro	407	56,8	0,8	-6	-24	25,6	30,0	30,3	25,1
Uruguay	403	57,9	1,2	11	-27	24,8	27,9	27,5	24,8
Bulgaria	402	56,7	1,6	-17	-54	23,7	26,7	28,4	22,3
Colombia	399	61,5	1,2	31	-7	21,8	27,7	26,3	23,7

Abb. 5.1   Überblick über die internationalen Ergebnisse in der ersten computerbasierten Erhebung der Problemlösekompetenz in PISA 2012. (Quelle: OECD 2014, S. 17)

5.2   Top-Performer

Innerhalb der OECD-Länder gehören 11,4 % der 15-jährigen Schülerinnen und Schüler zu den Top-Performern im Problemlösen. Kriterium für eine herausragende Leistung stellt das Erreichen der Level 5 oder 6 beim Problemlösen dar. Schülerinnen und Schüler, die diese Stufen erreichen, sind in der Lage, Szenarien mit komplexen Problemen systematisch zu erkunden, Lösungen in mehreren Schritten zu generieren und alle gegebenen Bedingungen mit einzubeziehen und ihre Pläne aufgrund von Feedback anzupassen. In Singapur, Korea und Japan erreichte mehr als einer von fünf Schülern bzw. Schülerinnen dieses Ergebnis, während in Hong Kong-China (19,3 %), Chinesisch-Taipei und Shanghai-China (18,3 %), Kanada (17,5 %) und Australien (16,7 %) mehr als eine/einer von sechs Schülerinnen/Schülern Stufe 5 oder höher erreichte. Im Vergleich dazu, besaßen weniger als 2 % der Schülerinnen und Schüler aus Montenegro, Malaysia, Kolumbien, Uruguay, Bulgarien und Brasilien eine Problemlösefähigkeit auf Niveau der Stufe 5 oder 6, eine Performanz weit unter dem OECD Durchschnitt.

5.3   Vergleich verschiedener Leistungsbereiche

In Australien, Brasilien, Italien, Japan, Korea, Macao-China, Serbien, England (UK) und den Vereinigten Nationen waren die Schülerinnen und Schüler durchschnittlich signifikant besser im Problemlösen im Vergleich zu deren Leistung in Mathematik, Lesen und Naturwissenschaften.

Dabei zeigten sich Schülerinnen und Schüler in Australien, England (UK) und den Vereinigten Staaten von Amerika, die zu den Top-Performern in Mathematik gehörten, signifikant besser beim Lösen von komplexen Problemen, während in den Ländern Italien, Japan und Korea besonders Schülerinnen und Schüler mit mittlerer oder niedriger Leistung in Mathematik, eine hohe Problemlösefähigkeit besaßen.

5.4   Problemlösefähigkeit – Aneignung, Verständnis, Repräsentation und Formulierung von neuem Wissen sowie Nutzung des Alten

Hier erzielten die Länder Hong Kong-China, Korea, Macao-China, Shanghai-China, Singapur und Chinesisch Taipei die besten Ergebnisse. Einige dieser ranghöchsten Länder schnitten besonders gut, bzw. besser als erwartet ab in Aufgaben, die die Aneignung von neuem Wissen, also Bereiche wie „Erkunden und Verstehen" und „Repräsentieren und Formulieren", verlangen. Eine relativ schwache Leistung hingegen zeigten diese Staaten in Aufgaben, die nur die Nutzung von Wissen, wie „Planen und Ausführen" beinhalteten. Bei interaktiven Problemen, also der aktiven Sammlung von Informationen, die zum Lösen des Problems gebraucht werden, zeigten Schüler aus Brasilien, Irland, Korea und den Vereinigten Staaten von Amerika die besten Ergebnisse, im Vergleich zu statischen Problemen, bei denen bereits alle Informationen gegeben waren.

5.5   Berufsvorbereitende Schülerprogramme und Problemlösefähigkeit

In Malaysia, Shanghai-China und der Türkei besuchte mehr als einer von acht Schülerinnen und Schülern ein berufsvorbereitendes Programm und diese Schülerinnen und Schüler zeigten ebenfalls signifikant bessere Leistungen beim Lösen von Problemen als Schülerinnen und Schüler, die vergleichbare Ergebnisse in Mathematik, Lesen und Naturwissenschaften erzielten, aber in anderen, allgemeinen Schülerprogrammen waren. Diese Korrelationen lassen sich in zweierlei Hinsicht interpretieren. Auf der einen Seite könnten die berufsvorbereitenden Schülerprogramme die Teilnehmer bzw. Teil-

nehmerinnen besser auf die Lösung von komplexen, real existenten Problemen in ungewohnten Kontexten vorbereiten. Auf der anderen Seite könnten die unerwartet guten
Ergebnisse beim Problemlösen auch indizieren, dass diese Programme die Problemlösefähigkeit der Teilnehmer nicht durch die in der Schule üblichen akademischen Kernbe-
reiche trainieren.

5.6   Geschlechtsunterschiede beim Lösen komplexer Probleme

Im Durchschnitt erzielten in 23 Ländern Jungen ein besseres Ergebnis, in 5 Ländern zeigten sich die Mädchen besser im Lösen komplexer Probleme und in 16 weiteren Nationen
konnten keine signifikanten Geschlechtsunterschiede der Problemlösefähigkeit gefunden werden.

Insgesamt lassen sich Geschlechtsunterschiede häufiger bei Top-Performern feststel-
len. Im Durchschnitt aller OECD-Länder kommen im Verhältnis 3/2, drei leistungsstarke
Jungen auf etwa zwei „top-performing"-Mädchen. In Kroatien, Italien und Slowenien,
finden sich Jungen und Mädchen gleichhäufig unter den leistungsschwachen Schülern,
während die Wahrscheinlichkeit für einen Jungen, eine hohe Problemlösefähigkeit zu zeigen, mehr als doppelt so hoch ist, wie die eines Mädchens. In keinem Land gab es unter
den Top-Performern mehr Mädchen als Jungen. Mädchen scheinen in den Bereichen Planen und Ausführen, also beim statischen Anwenden von Wissen, stärker als beim abstrakten Repräsentieren und Formulieren zu sein und damit evtl. größere Schwierigkeiten beim
Wissenserwerb haben.

5.7   Auswirkungen des sozioökonomischen Status auf
die Problemlösefähigkeit

Die Fähigkeit, komplexe Probleme zu lösen, scheint im Allgemeinen weniger vom sozioökonomischen Status beeinflusst zu sein als beispielsweise die Leistung in Mathematik, beim
Lesen und in Naturwissenschaften. So schneiden Schülerinnen und Schüler aus schwierige-
ren sozioökonomischen Verhältnissen beim Problemlösen mit höherer Wahrscheinlichkeit
besser ab als erwartet, als dies in Mathematik der Fall ist. Möglicherweise bieten diverse so-
ziale und kulturelle Kontexte der Schülerinnen und Schüler mit niedrigem sozioökonomi-
schem Status Möglichkeiten, diese Fähigkeit auch außerschulisch zu trainieren.

Nicht zuletzt ist hierfür auch die Qualität der Schule entscheidend. Ein ungerechter Zugang zu guten Schulen bedeutet für benachteiligte Kinder meist auch grundsätzlich
schlechtere Leistungen in allen erfassten Wissensbereichen, inklusive der Problemlösefähigkeit, als sie Kinder aus nicht benachteiligten Familien zeigen.

5.8 Intranationale Unterschiede im Problemlösen

In Malaysia, Shanghai-China und der Türkei besucht mindestens jeder achte Schüler eine berufsbildende Schule. Diese Schülerinnen und Schüler zeigen im Durchschnitt eine signifikant bessere Leistung im Bereich des Problemlösens als Schüler mit vergleichbaren Leistungen in Mathematik, Lesen und Naturwissenschaften, die sich jedoch in allgemeinen Schulen befinden.

In den OECD-Ländern gibt es durchschnittlich drei Jungen mit der besten Leistung pro zwei Mädchen mit der besten Leistung im Bereich Problemlösen. In Kroatien, Italien und der Slowakischen Republik sind Jungen und Mädchen mit der gleichen Wahrscheinlichkeit leistungsschwach, Jungen erbringen aber mehr als doppelt so oft Spitzenleistungen. In keinem anderen Land gibt es mehr Mädchen als Jungen unter den Top-Performern beim Problemlösen.

Mädchen haben ihre Stärken offenbar eher bei Aufgaben zum „Planen und Ausführen", bei denen die Anwendung von Wissen geprüft wird. Sie sind dafür leistungsschwächer in der Ausführung der abstrakteren „Darstellen und Formulieren"-Aufgaben, die sich darauf beziehen, wie Schülerinnen und Schüler Wissen erwerben. Dies gilt insbesondere für Mädchen in Hong Kong-China, Korea und China-Taipei.

Der sozioökonomische Status hat einen geringeren Einfluss auf die Leistung beim Problemlösen als auf die Leistung in Mathematik, Lesen oder Naturwissenschaften.

Wird zu Hause kein Computer genutzt, kommt es in 29 der 33 getesteten Länder und Wirtschaftssystemen zu einer negativen Korrelation mit der Problemlöseleistung, auch nach Berücksichtigung des sozioökonomischen Status. Eine ähnlich starke Beziehung wird auch zwischen mangelnder Computernutzung zu Hause und der erfassten Leistung in Mathematik und Lesen beobachtet.

5.9 Leistungsunterschiede beschränken sich auf die Problemlösefähigkeit

Die Gesamtvarianz in der Problemlösekompetenz kann auf zwei Komponenten zurückgeführt werden: Eine Komponente kann ebenso in Mathematik, Lesen und Naturwissenschaften beobachtet werden (ca. zwei Drittel); die andere beschränkt sich einzig auf die Problemlösefähigkeit (ca. ein Drittel) und soll im Folgenden näher betrachtet werden (siehe Abb. 5.2).

Welcher Anteil der Leistungsvarianz, die sich auf das Problemlösen beschränkt, liegt zwischen den Schulen und welcher Teil hängt mit Unterschieden zwischen Schülerinnen und Schülern zusammen, die dieselbe Schule besuchen? Abb. 5.2 zeigt, dass im Durchschnitt ein ähnlicher Anteil – etwa ein Drittel – der schulinternen und schulübergreifenden Unterschiede der Problemlöseleistung nicht durch die jeweiligen inner- und intraschulischen Unterschiede in der Mathematikleistung aufgeklärt werden kann.

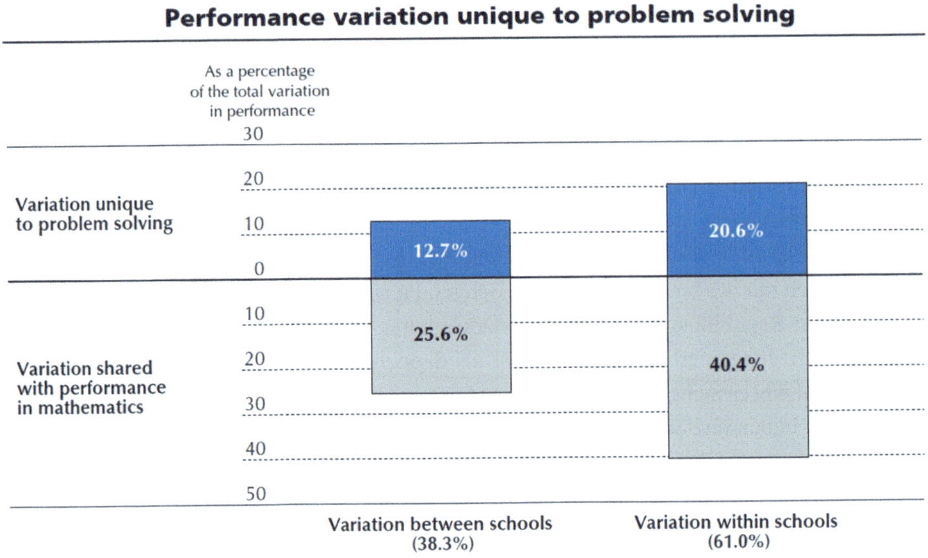

Performance variation unique to problem solving

As a percentage
of the total variation
in performance

30		
20		
Variation unique to problem solving — 10	12.7%	20.6%
0		
10	25.6%	
Variation shared with performance in mathematics — 20		40.4%
30		
40		
50		
	Variation between schools (38.3%)	Variation within schools (61.0%)

Abb. 5.2 Varianzanalteil der Kompetenzbereiche (OECD 2014)

Es gibt auch Unterschiede in den Schulrankings von Problemlöseleistung und Mathematikleistung. Dabei hängt zwischen Schulen mit ähnlichen Ergebnissen in Mathematik ein großer Teil der interschulischen Differenzen der Problemlöseleistungen vermutlich damit zusammen, inwieweit Problemlösefähigkeiten in den jeweiligen Schulen gefördert werden.

In ähnlicher Weise spiegeln Unterschiede zwischen den Schülerinnen und Schülern nur teilweise die allgemeinen akademischen Fähigkeiten wider. Soweit Leistungsunterschiede beim Problemlösen nur dort auftreten, haben sie auch andere Ursachen als Leistungsunterschiede in Schulfächern.

Literatur

OECD. (2014). *PISA 2012 results: Creative problem solving: Students' skills in tackling real-life problems* (Bd. V). Paris: OECD

Analysen zu möglichen Einflussfaktoren auf die Leistung beim komplexen Problemlösen im Ländervergleich

6

6.1 Annahmen

Mögliche Einflussfaktoren auf das erfolgreiche komplexe Problemlösen könnten bei Analyse der PISA Daten aus 2012 aus dem Komplex *Familiensituation*, aus dem Komplex *Lernen in Mathematik*, aus dem Komplex *Erfahrungen mit dem Problemlösen* oder aus dem Komplex *„ICT-Verfügbarkeit"*. Die Berufsorientierung und Bildungsaspirationen dürften – wenn vorhanden – Folge einer guten Problemlösefähigkeit sein und weniger Einflussgröße. Vorab werden bereits vorhandene Forschungsergebnisse zusammengestellt, auf welchen die späteren Analysen letztlich basieren.

6.1.1 Familie und Lebenssituation

Der sozioökonomische Status ist regelmäßig mit den verschiedensten Kompetenzen konfundiert, man geht davon aus, dass Kinder aus höher situierten Familien besser gefördert sind und daher auch bessere (Schul-)Leistungen erbringen. Überlegungen und auch Ergebnisse zur positiven Beziehung zwischen dem sozioökonomischen Hintergrund und der Problemlöseleistung bzw. der Leistung in Mathematik ergeben sich aus den PISA-Ergebnissen (2003, 2006, 2009) zur Mathematik und zum Problemlösen (Schwantner 2013 oder Haider und Reiter 2004) sowie beispielsweise aus den Studien von Bos et al. (2003), Rost und Wessel (1994) oder Schwippert (2002).

6.1.2 Lernen in Mathematik

Ein zweiter wesentlicher Faktor im Hinblick auf das erfolgreiche komplexe Problemlösen könnte die Art des Unterrichts sein. Auch dazu wurde geforscht. Es ergab sich in allen

© Springer Fachmedien Wiesbaden GmbH, ein Teil von Springer Nature 2020
U. Kipman, *Komplexes Problemlösen*, https://doi.org/10.1007/978-3-658-30826-1_6

Studien, dass vor allem durch das Tun – und dazu korrespondierend weitere kognitive Prozesse – die Problemlösekompetenzen verbessert bzw. geübt werden können. Nachfolgend werden die Forschungsergebnisse der letzten Jahrzehnte zum Themenkomplex Lernen in Mathematik und Problemlösen überblicksartig zusammengestellt.

Kinder sollen eine aktive Rolle darin haben, ähnliche Probleme wie die, die sie lösen können, zu konstruieren (Bosma und Resing 2006; Kohnstamm 2014). Sie sollen Materialen verwenden können, um besser zu verstehen und zu lernen (Day und Goldstone 2012), und es soll die Möglichkeit zum „high road transfer" und zum „low road transfer" gegeben sein (Salomon und Perkins 1998).[1]

Wenn Kinder eigene Erfahrungen machen, fällt ihnen der Transfer leichter und sie können ihre Problemlösestrategien ausbauen (Haglund et al. 2012; Kim et al. 2012; Pittman 1999; Siegler 2006). Um den Fortschritt beim induktiven Denken zu prüfen, eignet sich am besten ein Test-Training-Test-Format (z. B. Bethge et al. 1982; Budoff 1987; Ferrara et al. 1986; Resing 1993; Resing und Elliott 2011; Tzuriel 2013). In der Trainingsphase muss den Kindern Feedback gegeben werden (Elliott et al. 2010; Grigorenko und Sternberg 1998; Haywood und Lidz 2007). Dieses sogenannte dynamische Testen hat die Verbesserung der Kinder im Fokus (Grigorenko 2009; Jeltova et al. 2011; Resing 2013).

Verschiedenste Studien haben ergeben, dass der Lernerfolg signifikant steigt, wenn Trainingserfahrungen gemacht werden können (Resing 2013; Resing et al. 2015; Tunteler et al. 2008). Es hat sich auch bewährt, die Erklärungen und Strategien der Problemlöser zu dokumentieren, um Fehlschlüsse im Rahmen des Feedbacks besprechen zu können (Church 1999; Siegler und Stern 1998).

Bei Kindern im Alter von fünf Jahren und älter hat die Forschung gezeigt, dass eine Kombination aus Beobachtung der Kinder und Dokumentation der Erklärungen hilft, die Lösungsstrategien zu beeinflussen. Das hat sich in der Arithmetik (Siegler und Stern 1998), beim Lesen (Farrington-Flint et al. 2008), aber auch beim Problemlösen gezeigt (Resing et al. 2012; Stevenson et al. 2013). Man weiß, dass Kinder, die Transferleistungen zeigen, gute Problemlöser werden (Siegler 2006) und dass die optimale Strategie sowie das optimale Training (Resing et al. 2012) zu optimalen Leistungen bei Problemlöseaufgaben (Siegler und Svetina 2002) führen.

Butts et al. analysierten in einem Artikel (Butts et al. 1993), ob handlungsorientierter Unterricht für sich allein ausreichend ist. Es zeigte sich, dass dies nur dann der Fall ist, wenn zuvor Annahmen oder Hypothesen gebildet und begründet werden.

Dazu passend soll an dieser Stelle auch der Vorschlag des Bundesinstituts für Bildungsforschung, Innovation und Entwicklung (2013) und von Bruder und Collet (2011) angeführt werden:

Laut dem Bundesinstitut für Bildungsforschung, Innovation und Entwicklung (BIFIE 2013) sollte man folgende Rahmen- und Lernbedingungen als Voraussetzung zum guten Problemlösen schaffen:

---

[1] High Road Transfer erfordert Abstraktion auf hohem Niveau von einem Kontext in einen anderen Kontext. Man braucht ein Schema oder ein Regelwerk, um diesen Transfer zu meistern. Low Road Transfer ist der Transfer in ein nahes Gebiet, die Lösungsstrategie muss variiert werden.

Die Lehrperson sollte den Schülern eine problemhaltige Situation anbieten und ausreichend erklären. Wichtig ist, dass die Vorkenntnisse berücksichtigt und nur mittelschwere Aufgaben gestellt werden. Mithilfe von schriftlichen Informationen und unterschiedlichen Materialien kann man die Klärung der Aufgabe unterstützen. Dies kann in Einzel- oder Kleingruppen oder mit der ganzen Klasse erfolgen. In der nächsten Phase geht es darum, dass das Kind das Problem erkennt. Dieses Problem kann entweder genau definiert oder offen gestellt sein. Danach sollen die Schüler selbst eigene Fragestellungen entwickeln. Die Lehrperson kann eine minimale Hilfe im Sinne des Coachings anbieten. Damit sich die Schüler auf einen Lösungsprozess einlassen können, muss man ihnen genügend Zeit zum Forschen und kreativen Arbeiten geben, auch wenn sich dadurch Irrwege ergeben. Es ist wichtig, dass man eine Fehlerkultur aufbaut. In dieser Phase entwickelt jedes Kind eigenständige Lösungswege, die notiert und innerhalb der Klasse diskutiert werden sollen. Die Lehrperson sollte sich während des ganzen Prozesses im Hintergrund halten und keine Lösungswege vorgeben. In der letzten Phase stellen die Schüler ihre erarbeiteten Ergebnisse vor. Die Lösungswege werden reflektiert und gegebenenfalls vervollständigt. Dabei sollte man speziell auf die unterschiedlichen Wege des Denkens und die Problemlöseprozesse der einzelnen Schüler eingehen. So entwickeln sie ein Vertrauen in ihre eigene Leistungsfähigkeit.

Laut Bruder und Collet (2011) ist es wichtig, dass unterschiedliche Lösungswege zugelassen und ermöglicht werden. Die Ziele der Aufgaben sollte man möglichst transparent gestalten, damit die Schüler motiviert arbeiten. Als Lehrperson sollte man wissen, welches Ausgangsniveau erforderlich ist, damit gestellte Probleme erfolgreich bearbeitet werden können. Des Weiteren ist es wichtig, dass man in der Klasse eine problemlösefreundliche Lernatmosphäre vorfindet, in welcher gemachte Fehler als Lernanlässe gesehen werden. Weitere wichtige Rahmenbedingungen zum Lösen von Problemen sind die Förderung der Anstrengungsbereitschaft und motivationsfördernde Aufgabenarrangements. Durch all diese Rahmen- und Lernbedingungen sollten die Schüler die Gelegenheit erhalten, dass sie erfolgreich Problemlöseaufgaben lösen können und wollen (Bruder und Collet 2011).

Methodisch ist lt. Bruder und Collet (2011) die Förderung der Problemlösekompetenzen insbesondere in einem Unterricht zu verwirklichen, der Entdeckungen (spielerisches, handlungsorientiertes Lernen) zulässt und in dem die Lehrkraft dem Prinzip der minimalen Hilfe folgt. Die Auswahl geeigneter Aufgabenstellungen ist hier entscheidend und sollte sich auch an der Entwicklung der Kinder orientieren, den Schülern soll lediglich ein Mindestmaß denkstrategischer Unterstützung angeboten werden, um zu gewährleisten, dass die Schüler ihren eigenen Lösungsweg beschreiten. Im Sinne einer didaktischen Stufung im problemorientierten Unterricht werden folgende Lernschritte für die Unterrichtspraxis unterschieden:

1. Reflexion über Lösungen: Durch regelmäßige Gespräche über Lösungswege gewöhnen sich die Schüler an heuristische Methoden und Techniken. Sie sollen die Lösungen anderer nachvollziehen, Fehler in eigenen und anderen Lösungen erkennen und weiterführende Strategien entwickeln.
2. Bewusst machen heuristischer Hilfsmittel und Strategien: Bei der Bearbeitung markanter Beispiele lernen die Schüler bewusst Problemlösehilfsmittel/-strategien kennen und auszuwählen.

3. Vertiefung und Übung zu heuristischen Hilfsmitteln/Strategien: Bereitstellung von Beispielen mit unterschiedlicher Schwierigkeit zur selbstständigen Bearbeitung.
4. Reflexion und Dokumentation des eigenen Problemlösemodells.

Die Schüler müssen deshalb die Möglichkeit haben, sich über die (mathematische) Problemsituation zu unterhalten und ihre Ideen sowie Lösungswege auszutauschen und zu besprechen. Ein wesentlicher Teil des Unterrichts ist noch der Schluss, bei dem die Lernenden ihre Ergebnisse präsentieren (BIFIE 2013) und es müssen Aufgaben gestellt werden, die die Eigenaktivität und Selbstständigkeit der Schüler fördern. Dazu ist eine Fehlerkultur notwendig, die es zulässt, Fehler zu thematisieren und darüber zu diskutieren.

Im Unterricht kann das Problemlösen-Lernen demnach so gelingen: Zu Beginn soll die Lehrperson den Schülern eine problemhaltige Situation anbieten. Dabei wird der Sachverhalt durch die Lehrperson genügend geklärt. Es werden unterschiedliche Materialien sowie schriftlich fixierte Informationen als Unterstützung herbeigezogen. Die Klärung kann entweder mit der ganzen Klasse, in Kleingruppen oder aber auch als Einzelarbeit stattfinden. Im nächsten Schritt geht es um das Erkennen eines Problems. Dieses Problem kann entweder genau definiert sein, es kann aber auch offen sein. Wenn Letzteres der Fall ist, sollen die Schüler eigene Fragestellungen erstellen. Bevor sich die Lernenden auf den Lösungsprozess einlassen, muss der Themenbereich beziehungsweise die Problemstellung genau geklärt sein. Auch wenn sich aus der Sicht der Lehrperson viele Irrwege ergeben, soll den Schülern viel Zeit zum kreativen Bearbeiten und zum Explorieren gegeben werden. Daraus entstehen viele Lösungsansätze, die diskutiert werden können. Jedes Kind entscheidet sich für einen Lösungsweg und notiert diesen. Die Lehrperson steht in diesem Prozess im Hintergrund, das heißt, es werden keine Lösungsstrategien angeboten. So werden Problemlöseansätze zugelassen. Zum Schluss werden die Arbeitsergebnisse von den Schülern vorgestellt. Des Weiteren werden die Vorgehensweisen erklärt, reflektiert und vervollständigt. Dabei sollen vor allem die Problemlösekompetenzen sowie die verschiedenen Denkwege der Schüler hervorgehoben werden (BIFIE 2013).

Gürtler et al. (2003, S. 223) halten fest, dass vor allem selbstreguliertes Lernen zu einer höheren Motivation hinsichtlich des Problemlösens führen kann, weswegen es sinnvoll ist, diese Unterrichtsstrategie zu fördern. „Das Zusammenwirken von Zielsetzung und situativen, personalen und aufgabenspezifischen Merkmalen hat einen Einfluss auf Motivation und Emotionen des Schülers" (Gürtler et al. 2003, S. 225). Weiterhin muss angemerkt werden, dass eine große Methodenbewusstheit der Schüler dabei helfen kann, Defizite beim Problemlösen auszugleichen. Die Aneignung von Lösungsverfahren durch Schüler wirkt sich auch positiv auf das Problemlösen aus (Gürtler et al. 2003).

Problemlösen kann nach Salner-Gridling (2009) durch offene Unterrichtsformen umgesetzt und gefördert werden. Sie hält fest, dass dadurch selbstständiges Lernen angeregt und Gelerntes auf diese Weise umgesetzt und geübt werden kann. Sie erläutert weiter, dass Jugendliche in der heutigen Zeit die Möglichkeit brauchen, selbst Anforderungen zu bewältigen. „Das bestärkt sie in ihrem Selbstbewusstsein und ermöglicht die Erfahrung der Selbstwirksamkeit" (Salner-Gridling 2009, S. 84). Das selbstständige Arbeiten von

Schülern und das Erstellen von eigenen Lernprodukten etc. spornen die Lernenden an und führen folglich zu Motivation. Um ein Gelingen der Lernprodukte zu gewährleisten, bedarf es natürlich verschiedener Voraussetzungen, wie z. B. Flexibilität, Kreativität, Ausdauer. Diese Fertigkeiten werden aber durch problem- und anwendungsorientiertes Lernen zugleich gefördert (Salner-Gridling 2009).

6.1.3 Erfahrungen mit dem Problemlösen

In verschiedenen Studien wurden Experten mit Novizen verglichen. Es ergab sich, dass Experten schneller lösen als Novizen, wenn sie dazu aufgefordert werden, ansonsten benötigen sie zur Lösung gleich viel Zeit (Chi et al. 1981), und dass Experten genauer arbeiten als Novizen, wenn es nicht um Entscheidungen unter Unsicherheit geht (Johnson 1988).

Strategieunterschiede konnten nicht beobachtet werden (Chi et al. 1981), interessanterweise zeigten sich aber bei sogenannten Präexperten abweichende Strategien (Jeffries et al. 1981). Experten haben eine bessere Metakognition (Larkin 1983) und können die Schwierigkeit von Problemstellungen besser einschätzen (Chi 1997). Auch Unterschiede in der Orientierung konnten beobachtet werden: Experten orientieren sich eher an Tiefenmerkmalen, Novizen an Oberflächenmerkmalen (Chi et al. 1981). Auch zeigten sich Unterschiede im episodischen Gedächtnis zugunsten der Experten (de Groot 1965), es scheint – einfach gesagt –, als ob Experten mehr Andockstellen im Gehirn hätten, an welche sie neue Informationen andocken können (Schachspieler können sich Stellungen schneller merken als „schachfremde Personen", jedoch nur, wenn es sich um sinnvolle Stellungen handelt).

Auch bei Gedächtnisaufgaben zeigten sich Unterschiede in der Wiedergabe derart, dass Experten semantische Beziehungen stärker berücksichtigten (Chase und Simon 1973; Reitman 1976). Ein weiterer Unterschied besteht in den sogenannten Chunks, was so viel heißt wie, Experten können effektiver codieren (Chase und Ericsson 1981).

6.2 Allgemeines zur Auswertung und Interpretation der PISA-Daten

Nach der obigen Übersicht zum Typ der Problemlöseaufgaben sind hier – bevor die Problemlösekompetenzen der österreichischen Schüler im Ländervergleich und im Trend dargestellt werden – einige wichtige Informationen zur Analyse von PISA-Daten zusammengestellt.

6.2.1 Metrik

Der Punktmittelwert wurde im Jahr 2003 auf 500 Punkte (=OECD-Schnitt) geankert und eine Standardabweichung von 100 festgesetzt, d. h., es wurde eine Metrik erstellt, in der

68 % der Schüler zwischen 400 und 600 Punkten (MW ± 1 SD) erreichen und 95 % der Schüler im Bereich zwischen 300 und 700 Punkten (MW ± 2 SD) liegen. Länder mit einem Mittelwert rund um 500 Punkte liegen damit im OECD-Schnitt.

(Um zu prüfen, ob ein Land im OECD-Schnitt liegt, wird die Mittelwertdifferenz zwischen dem jeweiligen Land und dem OECD-Schnitt durch den gemeinsamen Standardfehler dividiert und geprüft, ob der sich ergebende Kennwert den Schwellenwert von 1,96 übersteigt. Wenn dies der Fall ist, ist das jeweilige Land über oder unter dem OECD-Schnitt, wenn dies nicht der Fall ist, ist der Wert des Landes mit dem OECD-Schnitt vergleichbar. Eine Bonferroni-Korrektur[2] wird – wie auch international üblich – nicht durchgeführt.)

Immer wieder taucht die Frage auf, warum nicht auf Länderebene skaliert wird, denn eine Skalierung auf Länderebene hätte in allen Fällen einen besseren Model Fit zur Folge:

Für Analysen innerhalb Österreichs wäre es sinnvoll, länderspezifisch zu skalieren (die Ergebnisse wären dann noch aussagekräftiger). Vergleiche zwischen den Ländern wären mit einer länderspezifischen Skalierung allerdings schwerer zu interpretieren. Geht man nach dem Fit, so würden sich in allen Fällen mit der länderspezifischen Skalierung (Effekte innerhalb eines Landes sind in Summe = 0) „bessere" oder zumindest gleich gute Ergebnisse für Österreichanalysen erzeugen lassen. Stellt man die Interpretierbarkeit der Ergebnisse im Ländervergleich in den Vordergrund, ist die übliche Skalierung über alle Länder (Effekte über alle Länder aufsummiert = 0) die bessere Lösung. Wenn man also *nur* für Österreich das Verhalten von Subpopulationen untersuchen möchte, dann wäre natürlich eine bessere Passung durch eine nationale Skalierung gegeben. Bei Abweichung von der internationalen Metrik ist dann wiederum diskussionswürdig, ob sich die Interpretation der Skala zu stark ändert.

6.2.2   Zuteilung zu den Kompetenzstufen

Die Schüler werden einem bestimmten Level (einer sogenannten Kompetenzstufe) zugeordnet. Dabei wird die kontinuierliche PISA-Skala an bestimmten Punkten geteilt und aus der inhaltlich abstrakten Fähigkeitsskala werden Kompetenzbereiche gebildet, die anhand typischer Aufgabenmerkmale charakterisiert werden. Die Schüler werden entsprechend dem jeweils erreichten Score einer Kompetenzstufe zugeordnet.

Dieser Idee unterliegt das Rasch-Modell (bzw. bei PISA 2015 ein 3-PL-Modell[3]), das davon ausgeht, dass Schüler, die zum Beispiel auf Level 5 zugeordnet sind, auch Aufgaben der Levels 4, 3, 2 und 1 lösen.

---

[2] Das wäre denkbar, weil es sich um Mehrfachvergleiche handelt.

[3] Das verwendete Rasch-Modell gibt jeder Lösung (egal ob die Aufgabe schwer oder leicht ist) einen Punkt, die Punkte werden aufsummiert und ergeben den Gesamtwert für den Schüler. Die Schwierigkeit ist im Modell implizit enthalten, da man davon ausgeht, dass Schüler auf einem höheren Level alle Aufgaben bis zu diesem Level lösen können (problematisch ist das Modell beispielsweise

Die Levels im Bereich Problemlösen werden nachfolgend beschrieben.

6.2.2.1   Level 1

Schüler auf Level 1 können Problemstellungen nur bedingt beschreiben und das auch nur dann, wenn sie bereits zuvor mit sehr ähnlichen Problemstellungen konfrontiert waren. Basierend auf Beobachtungen können sie einfache Dinge beschreiben und vorhersagen. Wenn einfache Bedingungen vorliegen und die Lösung maximal zwei Schritte erfordert, können sie lösen. Wenn die Lösung ein Vorausplanen oder das Setzen von Unterzielen erfordert, sind sie nicht in der Lage, zu lösen.

Aufgaben, die Level-1-Schüler lösen können, sind zum Beispiel einen Netzplan lesen und einen günstigen Treffpunkt für drei Personen finden. Sie lösen also sogenannte statische Probleme, bei denen alle Informationen am Anfang schon gegeben sind.

Der Problemlöseprozess auf Level 1 besteht aus den Komponenten „monitoring" und „reflecting".

Abb. 6.1 enthält eine Beispielaufgabe für eine Level-1-Zuordnung.

Julio lives in Silver, Maria lives in Lincoln and Don lives in Nobel. They want to meet in a suburb on the map. No-one wants to travel for more than 15 min.

Where could they meet?

6.2.2.2   Level 2

Schüler, die Level 2 zugeordnet werden, können ein unbekanntes Szenario untersuchen und einen kleinen Teil davon verstehen. Sie versuchen, zu lösen, aber sind nur teilweise erfolgreich. Sie können einfache Hypothesen überprüfen und Probleme mit spezifischen Fragestellungen lösen. Sie können vorausplanen, aber immer nur ein Unterziel nach dem anderen abarbeiten, ohne weiter vorauszudenken. Das Endziel haben sie im Blick.

Sie lösen Aufgaben, bei denen zum Beispiel die kürzeste Strecke zwischen zwei Punkten auf einer Landkarte zu finden ist. Auch hier sind alle Informationen schon in der Aufgabe enthalten.

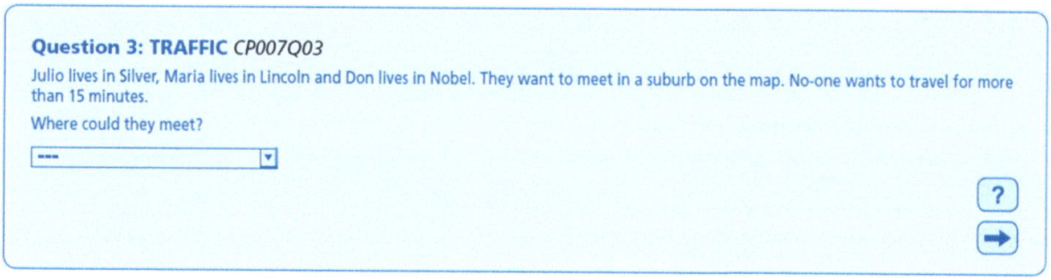

Question 3: TRAFFIC *CP007Q03*

Julio lives in Silver, Maria lives in Lincoln and Don lives in Nobel. They want to meet in a suburb on the map. No-one wants to travel for more than 15 minutes.

Where could they meet?

[---- ▾]

[?]

[➡]

Abb. 6.1 Level-1-Aufgabe (OECD 2014b, S. 41)

---

dann, wenn Schüler nur schwere Aufgaben lösen und die leichten Aufgaben auslassen („slipping"), da sie dann in der Leistung unterschätzt werden). Bei PISA 2015 wurde das Modell umgestellt, weshalb die Trenddaten nicht mehr direkt vergleichbar sind.

Der Problemlöseprozess auf diesem Level besteht aus dem Planen und Ausführen, indem ein Ziel und Unterziele zu definieren sind. Es muss ein Plan gemacht werden, um die Unterziele zu erreichen, und der Plan muss sodann auch ausgeführt werden.

Abb. 6.2 zeigt eine Beispielaufgabe für eine Level-2-Zuordnung.

Maria wants to travel from Diamond to Einstein. The quickest route takes 31 min. Highlight this route.

6.2.2.3 Level 3

Schüler auf Level 3 können ein Problemlöseszenario explorieren und einfache Zusammenhänge herausfinden. Sie können zum Beispiel mehrere Lösungen im Hinblick auf die Passung zu verschiedenen Anfangsbedingungen miteinander vergleichen. Sie können auch eine Variable konstant halten und andere variieren, um den Effekt systematisch zu untersuchen. Sie probieren – wenn nötig – Alternativlösungen.

Sie lösen zum Beispiel Aufgaben, bei denen ein Klimagerät eingestellt werden muss, indem man drei Schalter verschieden miteinander kombiniert und herausfinden soll, welche Kombinationen sich auf die Feuchtigkeit und welche sich auf die Temperatur auswirken. Es wird der Zusammenhang zwischen drei Inputvariablen und zwei Outputvariablen hergestellt.

Es muss eine kohärente mentale Repräsentation hergestellt werden, indem relevante Informationen mental organisiert werden und mit früheren Informationen in Verbindung gebracht werden.

In Abb. 6.3 ist eine Beispielaufgabe für eine Level-3-Zuordnung dargestellt.

> **Question 2: TRAFFIC** *CP007Q02*
> Maria wants to travel from Diamond to Einstein. The quickest route takes 31 minutes.
> Highlight this route.
>
> [?]
> [→]

Abb. 6.2 Level-2-Aufgabe (OECD 2014b, S. 41)

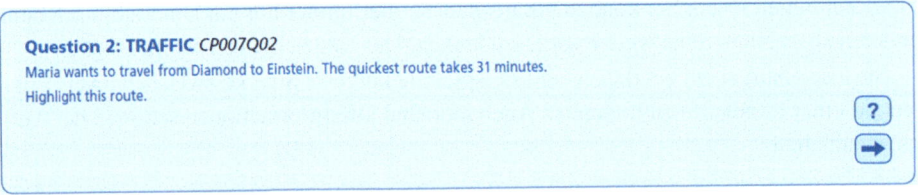

Abb. 6.3 Level-3-Aufgabe (OECD 2014b, S. 37)

6.2.2.4 Level 4

Auf Level 4 können die Schüler vorausplanen und ihr Verhalten an den Prozess anpassen. Sie probieren systematisch alle Möglichkeiten aus und überprüfen, ob mehrere Bedingungen erfüllt sind. Sie können Hypothesen formulieren und sie systematisch überprüfen.

Sie können zum Beispiel eine fehlprogrammierte Fahrkartenmaschine bedienen, indem sie mehrere Schritte setzen, um den Programmierfehler zu entdecken. Das Ziel muss bei jedem Schritt im Auge behalten werden.

Abb. 6.4 zeigt eine Beispielaufgabe für eine Level-4-Zuordnung.

6.2.2.5 Level 5

Auf Level 5 sind die Schüler imstande, eine komplexe Problemsituation zu verstehen. Sie denken voraus, um die beste Strategie zu finden und alle Voraussetzungen zu erfüllen. Sie passen ihre Pläne an und gehen zurück, wenn sich unerwartete Schwierigkeiten zeigen.

Sie vergleichen beispielsweise Ticketpreise bei einer fehlprogrammierten Fahrkartenmaschine, bevor sie eine Auswahl treffen, und nehmen schlussendlich das billigste Ticket. Es muss eine mentale Repräsentation gebildet werden und diese muss ständig angepasst werden.

Abb. 6.5 enthält eine Beispielaufgabe für eine Level-5-Zuordnung.

6.2.2.6 Level 6

Schüler, die komplette und kohärente Modelle bilden können und damit Problemstellungen effektiv lösen, werden Level 6 zugeordnet. Sie können Informationen verschiedenster Formate zusammenstellen und verbinden und ihre Strategie schnell anpassen. Sie sind

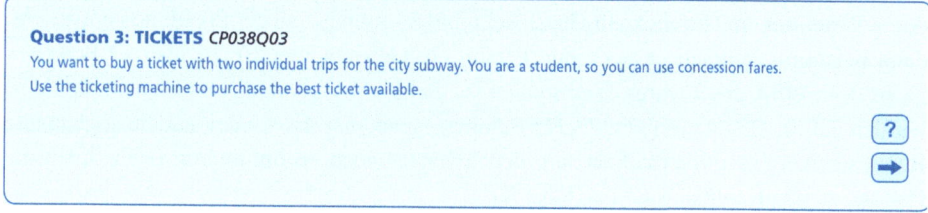

Abb. 6.4 Level-4-Aufgabe (OECD 2014b, S. 39)

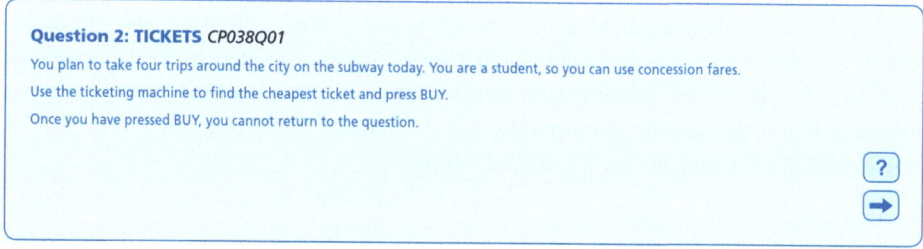

Abb. 6.5 Level-5-Aufgabe (OECD 2014b, S. 39)

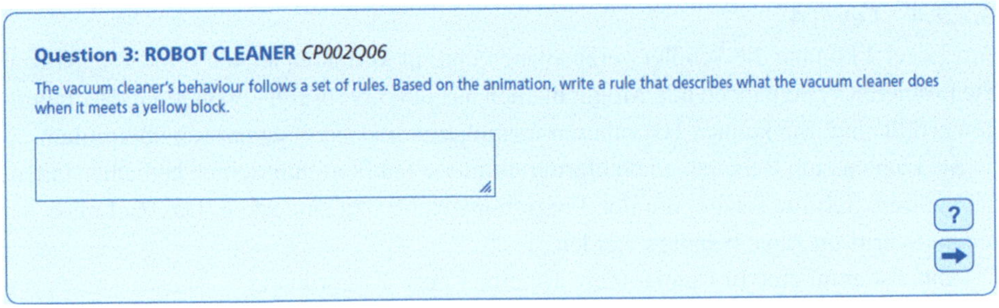

Question 3: ROBOT CLEANER *CP002Q06*

The vacuum cleaner's behaviour follows a set of rules. Based on the animation, write a rule that describes what the vacuum cleaner does when it meets a yellow block.

Abb. 6.6 Level-6-Aufgabe (OECD 2014b, S. 42)

flexibel, machen mehrstufige Pläne und überwachen den Prozess ständig, um ihn gegebenenfalls anpassen zu können. Sie modifizieren ihre Strategien und beachten dabei alle Gegebenheiten.

Sie können zum Beispiel den Programmiercode einer Roboterputzmaschine herausfinden und beschreiben, wie sich der Roboter in einer bestimmten Situation (Hindernis) verhalten wird.

Abb. 6.6 zeigt eine Beispielaufgabe für eine Level-6-Zuordnung.

6.2.3 Die Gewichtung bei PISA

Die Stichprobe wurde auf die Populationsgröße nach den Merkmalen Geschlecht und Stratum gewichtet. Das Prinzip soll hier kurz erklärt werden: Angenommen, ein Land hat 85.000 Schüler im PISA-Alter (15 und 16 Jahre) und es wurden 8500 Schüler getestet, deren Verteilung im Hinblick auf Geschlecht und Stratum genau der Population entspricht, dann bekommt (einfach gesagt) jede Person ein Gewicht von 10 (ist also 10 Personen „wert"). In PISA 2012 waren Daten von 4755 Schülern vorhanden und brauchbar,[4] diese wurden auf die Population von 82.225 Schülern gewichtet. Es werden zudem sogenannte Replicate Weights mitverrechnet, um den Schätzer noch zu optimieren (siehe dazu die Passage zu den Replicates und zu Fays K).

Nachstehend (für Interessierte) eine ausführlichere Beschreibung zur Idee der Gewichtung:

Eine Zufallsstichprobe wählt jedes Mitglied der Population mit gleicher Wahrscheinlichkeit aus. Die Wahrscheinlichkeit, gezogen zu werden, ist n/N. Zieht man aus 400 Schülern 40 zufällig heraus, so hat jeder Schüler eine Chance von $40/400 = 0,1$ gezogen zu werden, sprich die Wahrscheinlichkeit, ausgewählt zu werden, liegt bei 10 %. Jeder gezogene Schüler repräsentiert in diesem Design 10 Schüler, daher bekommt jeder Schüler in diesem Fall ein Gewicht von 10 ($40 * 10 = 400$).

---

[4] Schüler mit Beeinträchtigungen werden im Nachhinein ausgeschlossen.

Angenommen, die 400 Schüler sind auf 10 Schulen gleichmäßig verteilt. Es werden 4 Schulen gezogen und daraus jeweils 10 Schüler. Die Wahrscheinlichkeit, für jede Schule gezogen zu werden, ist $4/10 = 0,4$. Innerhalb jeder Schule ist die Wahrscheinlichkeit für einen Schüler $10/40 = 0,25$, d. h., gesamt gesehen ist die Wahrscheinlichkeit, gezogen zu werden, bei $0,4 * 0,25 = 0,10$ (10 %). Das Gewicht wäre in diesem Fall $1/0,1 = 10$.

Abb. 6.7 soll den Sachverhalt veranschaulichen.

In der Praxis sind die Schulen nicht gleich groß, würde man so vorgehen, wäre die Wahrscheinlichkeit, gezogen zu werden, für einen Schüler in einer kleinen Schule größer als für einen Schüler in einer großen Schule.

Abb. 6.8 veranschaulicht den Sachverhalt.

Summiert man die Gewichte auf, so ergibt sich nicht die Gesamtpopulation. Wählt man in diesem Beispiel die vier kleinen Schulen, so ergibt die Summe der Gewichte 190, wählt man die vier größten Schulen, so ergibt sich eine Summe von 662,5. Um dieses Problem zu umgehen, werden die Schulen in Abhängigkeit ihrer Größe ausgewählt, größere Schulen werden wahrscheinlicher gewählt als kleine Schulen, die einzelnen Schüler haben dort wiederum eine kleinere Wahrscheinlichkeit, ausgewählt zu werden. Die Wahrscheinlichkeit für eine Schule,

Schule	Schulgröße	W-keit Schule	Schulgewicht	W-keit Schüler	Schülergewicht	Schüler w-keit	Schülergewicht	Summe
1	40	0,4	2,5	0,25	4	0,1	10	100
2	40	0,4	2,5	0,25	4	0,1	10	100
3	40	0,4	2,5	0,25	4	0,1	10	100
4	40	0,4	2,5	0,25	4	0,1	10	100
5	40	0,4	2,5	0,25	4	0,1	10	100
6	40	0,4	2,5	0,25	4	0,1	10	100
7	40	0,4	2,5	0,25	4	0,1	10	100
8	40	0,4	2,5	0,25	4	0,1	10	100
9	40	0,4	2,5	0,25	4	0,1	10	100
10	40	0,4	2,5	0,25	4	0,1	10	100

Abb. 6.7 Gewichtung – vereinfachte Darstellung (gleich große Schulen) (eigene Darstellung)

Schule	Schulgröße	W-keit Schule	Schulgewicht	W-keit Schüler	Schülergewicht	Schüler w-keit	Schülergewicht	Summe
1	10	0,4	2,5					
2	15	0,4	2,5	0,66	1,5	0,27	3,75	37,5
3	20	0,4	2,5					
4	25	0,4	2,5					
5	30	0,4	2,5	0,33	3	0,13	7,5	75
6	35	0,4	2,5					
7	40	0,4	2,5	0,25	4	0,1	10	100
8	45	0,4	2,5					
9	80	0,4	2,5					
10	100	0,4	2,5	0,10	10	0,04	25	250

Abb. 6.8 Gewichtung bei PISA mit verschieden großen Schulen. (eigene Darstellung)

ausgewählt zu werden, berechnet man, indem man die Schulgröße mit der Anzahl der auszu-
wählenden Schulen multipliziert und durch die Anzahl der Schüler dividiert. Die Wahrscheinlichkeit für einen Schüler, ausgewählt zu werden, ist das Produkt aus Schul- und Schülerwahr-
scheinlichkeit bzw. -gewichten. Hier wäre die Wahrscheinlichkeit für Schule 9 dann
$80*4/400=0,8$, die Wahrscheinlichkeit für den Schüler $10/80=0,125$. Das Gewicht wäre
dann $0,8*0,125=0,1$. Das hat zur Folge, dass die Summe der Gewichte am Ende 400 ergäbe,
selbst wenn nur die kleinsten oder nur die größten Schulen ausgewählt werden, jedoch wäre
die Summe der Schulgewichte nicht gleich der Anzahl der Schulen. Daher sortiert man nach
Größe, dividiert die Schüleranzahl durch die Schulanzahl. Man wählt eine Zufallszahl zwischen 0 und 1 und multipliziert mit der Stichprobengröße und wählt dann die erste Schule mit
der Schüler-ID aus, dann addiert man die Stichprobengröße und wählt wieder.

Bei PISA wird mit einer BRR-Methode zudem der Schätzer optimiert:

BRR wählt zufällig eine Schule aus jedem Stratum, setzt deren Gewicht auf null und ver-
doppelt die Gewichte der anderen Schulen. Die Anzahl der Replicates ist dann zumindest so
groß wie die Anzahl der Strata. Die Statistik wird wieder über die gesamte Stichprobe und
über die einzelnen Replicates berechnet. Außergewöhnlich ist bei PISA, dass anstatt mit
(üblicherweise) 0 oder 2 mit $k=0,5$ (PISA) gerechnet wird (also eine Schule wird im Stratum mit 0,5 multipliziert, die andere mit 1,5; diese Prozedur wird mit „Fays K" bezeichnet).

6.2.4   Die Plausible Values bei PISA

Für jeden Schüler werden für jede Domäne fünf Plausible Values (PVs, bei PISA 2015
sind es zehn Plausible Values) verrechnet. Es handelt sich um fünf (zehn) erwartungstreue
Schätzer für die Kompetenz im Bereich Problemlösen. Die Prozeduren werden mit jedem
einzelnen PV gerechnet und das Ergebnis am Ende gemittelt, wenn also z. B. der Einfluss
des Sozialstatus auf die Problemlösekompetenz per Regression ermittelt wird, wird für
jeden PV eine Regressionsgleichung aufgestellt und der entsprechende Betakoeffizient
berechnet. Am Ende werden die Betakoeffizienten dann gemittelt. Für jeden Schüler werden also mithilfe von Zufallszahlen fünf (zehn) beispielhafte Fähigkeitsvektoren ausge-
lost, wobei die Auslosung so gesteuert wird, dass bei Mittelung über eine hinreichend
große Population die gemessenen Antwortmuster reproduziert werden. Alle weiterführen-
den Analysen, die auf diesem Datensatz aufbauen, zieht man sinnvollerweise fünfmal
(zehnmal) mit je einer Instanz des Fähigkeitsvektors pro Schüler durch; durch Vergleich
der fünf (zehn) numerischen Endergebnisse kann man am Ende beurteilen, welche Unsicherheit durch die Verwendung von Zufallszahlen verursacht wird.

6.2.5   Die Standardfehlerberechnung bei PISA

In den Datensätzen finden sich Punktschätzer, die mit einem Standardfehler behaftet sind.
Mit Hilfe des Standardfehlers lässt sich ein Konfidenzintervall berechnen, in dem sich der

tatsächliche Populationswert mit 99 %-iger bzw. 95 %-iger Sicherheit befindet. Aufgrund der großen Stichproben werden bereits oft sehr kleine Unterschiede signifikant, weshalb bei PISA die praktische Relevanz mit angegeben wird. Werte unter 0,20 sind praktisch nicht relevant, Werte über 0,20 gelten als praktisch relevant.

Aufgrund der Klumpung der PISA-Stichprobe (es handelt sich bei PISA nicht um eine einfache Zufallsstichprobe, sondern um eine Klumpenstichprobe, da die Schulen zufällig gezogen werden[5] und aus den Schulen dann jeweils rund 30 Schüler ausgewählt werden) vergrößert sich der Standardfehler für die inferenzstatistischen Analysen. Die Schüler sind kurz gesagt in Schulen genested (geklumpt), was zu berücksichtigen ist. Der Standardfehler ist bei PISA in etwa dreimal so hoch wie er im Normalfall bei einer Berechnung (Standardabweichung durch die Wurzel aus der Stichprobengröße) wäre, man sagt auch, dass der „Designeffekt" bei 3 liegt.

Für Interessierte hier eine ausführlichere Beschreibung:

Der Nachteil der Klumpenauswahl besteht darin, dass Schätzungen der Populationsparameter höhere Standardfehler aufweisen als Schätzungen auf der Basis einer einfachen Zufallsstichprobe gleichen Umfangs. Man nennt dies allgemein den „Designeffekt" (abgekürzt: „deft").

Der Designeffekt ist definiert als das Verhältnis des Standardfehlers (SE) einer Stichprobenkenngröße eines gegebenen Stichprobenplans zum Standardfehler einer Stichprobenkenngröße einer einfachen Zufallsstichprobe.

Die Folge eines Designeffekts größer als 1,0 ist eine Vergrößerung der Konfidenzintervalle um diesen Faktor. Will man z. B. das 95 %-Konfidenzintervall eines Mittelwerts berechnen, so ergibt sich dies für eine einfache Zufallsstichprobe wie in Abb. 6.9 dargestellt.

Bei einem Designeffekt ungleich 1 ergibt sich das 95 %-Konfidenzintervall wie in Abb. 6.10 dargestellt.

Bei Klumpenstichproben ist der Designeffekt immer größer als 1, entsprechend sind die Konfidenzintervalle auf der Basis von Klumpenstichproben größer als die Konfidenzintervalle einfacher Zufallsstichproben gleichen Umfangs. Der Designeffekt wird deshalb auch als „Klumpeneffekt" bezeichnet. Die Größe des Standardfehlers bei Schät-

Abb. 6.9 Formel zum Designeffekt gleich 1 (eigene Darstellung)

$$y + 1{,}96 * \sqrt{\frac{s^2}{n}}$$

Abb. 6.10 Designeffekt ungleich 1 (eigene Darstellung)

$$y + 1{,}96 * Designeffekt * \sqrt{\frac{s^2}{n}}$$

---

[5]Wobei kleinere Schulen aber aus der möglichen Stichprobe von vornherein herausfallen, da die Wahrscheinlichkeit für den einzelnen Schüler dann zu groß wäre.

zungen aufgrund von Klumpenstichproben und damit die Größe des Designeffekts hängen von der Homogenität der Klumpen und der Anzahl der Elemente pro Klumpen ab: Je homogener die Klumpen und je mehr Elemente pro Klumpen, desto größer wird der Standardfehler und damit der Designeffekt (je ähnlicher die Personen innerhalb des Klumpens im Vergleich zu den Personen zwischen den Klumpen sind, desto größer wird der Effekt).

Die Homogenität der Klumpen wird mit dem sogenannten Intraklassenkorrelationskoeffizienten wiedergegeben. Um das lange Wort „Intraklassenkorrelationskoeffizienten" zu vermeiden, wird in der Regel entweder die Abkürzung ICC („intraclass correlation coefficient") oder der griechische Buchstabe Rho verwendet. Sind jeweils alle Elemente innerhalb der Klumpen in Hinsicht auf ein Merkmal gleich, so sind die Klumpen vollständig homogen. In Hinsicht auf dieses Merkmal gibt es dann keine Varianz innerhalb der Klumpen. In diesem Fall erreicht Rho sein Maximum von 1. Entspricht jeder Klumpen einer einfachen Zufallsstichprobe aus der Grundgesamtheit, dann erreicht Rho den Wert 0.

Wie bereits erwähnt, sollen – aufgrund des Aufbaus und der Fragestellung der nachfolgenden Studien – die Ergebnisse aus 2012 und nicht die aus 2015 berichtet werden, da im Jahr 2012 die individuelle Problemlösekompetenz im Vordergrund stand und 2015 das gemeinschaftliche Problemlösen. Für Interessierte sind die Ergebnisse aus 2015 teilweise in Fußnoten kurz zusammengestellt.

6.2.6   Population

Um Unterschiede zwischen Ländern analysieren zu können, müssen die Stichproben untereinander vergleichbar sein. Die definierte Grundgesamtheit umfasst die beschulte Schülerpopulation jener, die zum Testzeitpunkt zumindest 15 Jahre und 3 Monate, maximal 16 Jahre und 2 Monate alt sind und zumindest die 7. Schulstufe besuchen. Die Out-of-School-Population, also jene Schülerinnen und Schüler, die keine Schule mehr besuchen, liegt in Österreich bei rund 5 %.

6.2.7   Stichprobenziehung

Die PISA-Stichprobenziehung verläuft in zwei Schritten. Zuerst werden Schulen gezogen und dann werden innerhalb dieser Schulen Schülerinnen und Schüler gezogen, die sich selbstverständlich in verschiedenen Klassen und Schulstufen befinden (können). Die Schulen werden innerhalb der Strata (damit ist gemeint zum Beispiel Berufsschulen kaufmännisch, Berufsschulen landwirtschaftlich, Pflichtschulen, …) nach Typ, Bundesland und Mädchenanteil sortiert, danach wird eine Schule gezogen und aus dieser maximal 36 Schülerinnen und Schüler.

6.2.8 Stichprobengröße

Die Stichproben umfassen 10 % der Population, aber per Definition mindestens 5250 Schülerinnen und Schüler aus mindestens 150 Schulen.

6.2.9 Testdurchführung

Die Testsitzungen sind standardisiert. Die Schülerinnen und Schüler arbeiten zweimal 60 Minuten am Test und füllen danach den Kontextfragebogen aus. Die offenen Antworten werden auf der Basis von Coding-Guides codiert. Die Daten werden dann eingelesen, zusammengespielt, bereinigt und gelabelt.

6.2.10 Auswertung

Die Auswertung der PISA-Daten muss mithilfe spezieller Programme durchgeführt werden, da im Datensatz nicht nur Gewichte zu finden sind, sondern auch Replicates (siehe Gewichtung), die mitverrechnet werden müssen. Die Standardfehlerschätzung ist mit einem herkömmlichen Programm nicht möglich, da diese Programme üblicherweise von Zufallsstichproben ausgehen, was bei PISA nicht der Fall ist. Die IEA (*International Association for the Evaluation* of Educational Achievement) stellt zur Analyse von internationalen Datensätzen kostenlos ein Programm (IDB Analyzer) zur Verfügung, das es erlaubt, Daten der OECD-large-scale-Erhebungen wie PISA eine davon ist zu analysieren. Mit diesem Programm wurden die PISA-Daten analysiert. Der IDB-Analyzer erlaubt es, im inferenzstatistischen Bereich Regressionen und Korrelationen zu berechnen, zudem wirft er Standardfehler aus, mit denen Trendanalysen und Ländervergleiche gemacht werden können.

Nachfolgend werden alle Items aus dem internationalen PISA-Fragebogen im Hinblick auf die Leistungen beim komplexen Problemlösen analysiert. Sofern Indexvariablen existieren, werden auch diese in Beziehung zur Leistung im Test zum komplexen Problemlösen gesetzt.

Für die Analysen wurden Deutschland und Österreich ausgewählt sowie das beste (Korea) und das schwächste (Chile) OECD-Land beim komplexen Problemlösen.

Migration wurde nicht mit untersucht, da in Korea und Chile der Migrationsanteil unter einem Prozent liegt. Für Österreich und Deutschland ist der Wert von 16,5 % und 13,4 % vergleichbar.

6.3   Kindergartenbesuch

Die Schülerinnen und Schüler wurden gefragt, ob sie im Kindergarten waren und wenn ja, wie lange (ein Jahr oder kürzer vs. länger als ein Jahr).

6.3.1   Deskriptive Daten

In Österreich, Deutschland und Korea ist der Anteil jener Schülerinnen und Schüler, die nicht im Kindergarten waren mit 1,8 % (Österreich), 3,3 % (Deutschland) und 4,5 % (Korea) gering. In Chile geben 9,2 % der Jugendlichen an, nicht im Kindergarten gewesen zu sein. Der Anteil jener Schülerinnen und Schüler, die den Kindergarten für maximal ein Jahr besucht haben, ist in den drei Ländern Österreich, Deutschland und Korea wiederum ähnlich mit 10,5 %, 11,5 % und 12,6 %; in Chile sind es mehr als die Hälfte aller Schülerinnen und Schüler (56,5 %). Mehr als ein Jahr lang im Kindergarten waren in Österreich 87,7 %, in Chile 34,3 %, in Deutschland 85,2 % und in Korea 82,9 % der Schülerinnen und Schüler.

6.3.2   Inferenzstatistische Analysen

In Chile zeigt sich ein signifikanter und praktisch relevanter Vorsprung derjenigen Kinder, die den Kindergarten besucht haben, im Vergleich zu jenen, die den Kindergarten nicht besucht haben (+47,44 Punkte zwischen Kindern, die nicht im Kindergarten waren und denen, die maximal ein Jahr dort verbracht haben ($\beta= 0,27$) und +55,54 Punkte zwischen jenen, die nicht dort waren und jenen, die mehr als ein Jahr dort verbracht haben ($\beta= 0,31$), siehe Tab. 9.1). In Österreich ist der Unterschied zwischen jenen, die nicht im Kindergarten waren und jenen, die mehr als ein Jahr dort waren, signifikant und praktisch relevant (+ 71,98 Punkte, $\beta= 0,25$). Für Deutschland und Korea zeigen sich keine praktisch relevanten Punktunterschiede.

Die Punktunterschiede zwischen jenen Jugendlichen, die maximal ein Jahr im Kindergarten waren und jenen, die mehr als ein Jahr dort waren, sind in keinem der untersuchten Länder von praktischer Bedeutung ($\beta \leq 0,18$).

6.4   Familie und Eltern

6.4.1   Sozialstatus (HISEI)

Im PISA-Datensatz finden sich zwei Variablen, die Informationen zur Elternbildung und zum Beruf der Eltern enthalten. Die Variable HISEI (Highest parental occupational status) beschreibt die höchste berufliche Stellung der Eltern.

6.4.1.1   Deskriptive Analysen

Der HISEI beträgt in Österreich im Durchschnitt 48,92 Punkte (SD = 20,90), in Deutschland liegt er bei 50,91 (SD = 20,63), im besten OECD-Land Korea liegt er bei 53,38 (SD = 18,08) und im schwächsten OECD-Land Chile liegt er bei 40,84 (SD = 21,43).

Um eine Idee davon zu bekommen, was ein Sprung von 10 (H)ISEI-Punkten praktisch bedeutet, werden nachstehend die Codes für einige bekannte Berufe angeführt: Hilfsarbeiter haben beispielsweise einen HISEI-Wert von 20, Fensterputzer von 23, Schuhputzer von 28, Sprengmeister von 30, Physiker von 69, Statistiker von 71, Biowissenschaftler von 78 und Juristen sowie Mediziner von 85.[6]

6.4.1.2 Inferenzstatistische Analysen

Die Korrelation mit der Leistung beim komplexen Problemlösen liegt für Österreich bei 0,31, für Chile bei 0,34, für Deutschland bei 0,34 und für Korea bei 0,16 und ist in allen drei der vier untersuchten Länder von praktischer Relevanz (β < 0,20).

Sieht man sich die Punktunterschiede im Hinblick auf die Leistung im komplexen Problemlösen für Österreich an, zeigt sich für Österreich eine signifikante (z = 13,22, p < 0,01) und praktisch relevante Leistungssteigerung von rund 14 Punkten bei einer Veränderung um 10 HISEI-Punkte (β= 0,31, siehe Tab. 9.134).

Im Vergleichsland Deutschland verhält es sich ähnlich, es zeigt sich ein Anstieg von 16 Punkten pro 10 HISEI-Punkten, auch hier ist der Anstieg signifikant und praktisch relevant (z = 15,36, p < 0,01, β= 0,34).

Das schwächste OECD-Land Chile weist eine ähnliche Datenstruktur auf (+13,4 Punkte, z = 13,64, p > 0,01, β= 0,34), das beste OECD-Land Korea zeigt einen deutlich flacheren und signifikanten aber praktisch nicht mehr relevanten Anstieg (+8,2 Punkte, z = 7,59, p < 0,01, β= 0,16).

Aufgrund der Ergebnisse wurden diese Analysen für alle OECD Länder durchgeführt. Nur Japan, Korea und Kanada haben einen β-Wert von weniger als 0,20, was dadurch bedingt sein könnte, dass diese Länder einen sehr hohen Mittelwert beim Problemlösen haben und daher keine derartige Steigung in Verbindung mit dem HISEI verzeichnen könnten.

6.4.2 Elternbildung (HISCED und PARED)

6.4.2.1 Deskriptive Analysen

Die Variable HISCED beschreibt die höchste Ausbildung der Eltern. In Österreich haben 48 % der Eltern ein Ausbildungsniveau von zumindest 5B („vocational tertiary"), damit ist eine 2–4-jährige berufsbildende mittlere Schule gemeint, in Deutschland sind es 50,5 % und in Korea 56,7 %. In Chile ist der Prozentsatz mit 35 % geringer als in den anderen untersuchten Ländern. Keinen Schulabschluss oder nur maximal einen Volksschulabschluss bei beiden Eltern gibt es in Österreich bei 1,2 % der Schülerinnen und Schüler, in Chile bei 5,4 % der Schülerinnen und Schüler, in Deutschland bei 1,5 % der Schülerinnen und Schüler und in Korea bei 0,8 % der Schülerinnen und Schüler.

---

[6] https://www.gesis.org/missy/files/documents/MZ/isco_isei.pdf.

Die Variable PARED beschreibt die Höchste Ausbildung der Eltern in Jahren. Der Wert beträgt in Österreich 13,75 Jahre (SD = 2,42), in Chile 12,55 Jahre (SD = 3,62), in Deutschland 14,19 Jahre (SD = 3,29) und in Korea 14,01 Jahre (SD = 2,20).

6.4.2.2 Inferenzstatistische Analysen

Es zeigt sich in drei von vier Ländern ein signifikanter und praktisch relevanter Punktanstieg mit der Erhöhung des Index zur Elternbildung (HISCED) um durchschnittlich 15,26 Punkte in Österreich (β= 0,21, siehe Tab. 9.133), 18,50 Punkte in Chile (β= 0,33), 14,33 Punkte in Deutschland (β= 0,23) und 13,88 Punkte in Korea (β= 0,18).

Der Punktunterschied zwischen Schülerinnen und Schülern, von welchen kein Elternteil eine abgeschlossene Schulausbildung hat, ist für Österreich, Chile und Deutschland ab ISCED-Level 3A von praktischer Bedeutung, selbiges zeigt sich bei der Referenz zu ISCED-1. Auch hier zeigt sich ein praktisch relevanter Unterschied ab ISCED-Level 3A. Bei einer Referenz von ISCED-Level 2 zeigen sich für Österreich Unterschiede ab ISCED 3A, in den drei anderen untersuchten Ländern ab ISCED-Level 5A (höhere Schule abgeschlossen). Bei einer Referenz von ISCED-Level 3B und 3C zeigen sich praktisch relevante Unterschiede zur höchsten Kategorie in allen vier untersuchten Ländern (β ≥ 0,28).

Die Punktunterschiede für die höchste elterliche Ausbildung in Jahren (PARED) bewegen sich zwischen 6,67 Punkten in Deutschland und 7,58 Punkten in Österreich pro Jahr. Sie sind in Österreich, Chile und Deutschland von praktischer Relevanz (β ≥ 0,20, siehe Tab. 9.139), in Korea nicht (β= 0,18).

6.4.3 Familienstruktur

6.4.3.1 Deskriptive Analysen

Es wurde erhoben, ob die Schülerinnen von einem Alleinerzieher/einer Alleinerzieherin erzogen werden (13,5 % in Österreich, 13,6 % in Deutschland, 8,8 % in Korea und 22,7 % in Chile) oder mit beiden Elternteilen im selben Haushalt leben (86,0 % in Österreich, 85,8 % in Deutschland, 89,9 % in Korea und 73,0 % in Chile[7]).

6.4.3.2 Inferenzstatistische Analysen

Der Punktunterschied zwischen Jugendlichen, die bei einem alleinerziehenden Elternteil aufwachsen und jenen, die mit beiden Eltern gemeinsam im Haushalt leben beträgt für Österreich 12,45 Punkte, was einen praktisch nicht relevanten Unterschied darstellt (β= 0,05, siehe Tab. 9.131). Ähnlich verhält es sich in Deutschland (β= 0,03) sowie im besten und schwächsten OECD-Land mit maximal 15,19 Punkten Unterschied (β= 0,05 und β= 0,08).

---

[7] Es gibt zusätzlich die Antwortkategorie „andere", weshalb sich die Werte nicht auf 100 % aufsummieren.

6.4.4 Häusliche Besitztümer

6.4.4.1 Schreibtisch

Die Schülerinnen und Schüler gaben im Kontextfragebogen an, ob sie zu Hause einen Schreibtisch zum Lernen haben (dichotomes Antwortformat).

In Österreich ist dies bei 96,6 % der Jugendlichen der Fall, in Deutschland bei 96,8 %, in Korea bei 96,3 % und in Chile bei 71,3 % der Schülerinnen und Schüler.

Der Punktunterschied zwischen jenen, die angeben, einen Schreibtisch zum Lernen zu haben und jenen, die diese Fragen mit „nein" beantworten, beträgt in Österreich 37,53 Punkte und ist signifikant zugunsten jener Schülerinnen und Schüler, die angeben, einen Schreibtisch zur Verfügung zu haben ($z = 3,58$, $p < 0,01$). Der Unterschied ist praktisch nicht relevant ($\beta = 0,07$, siehe Tab. 9.3).

Ebenso praktisch nicht relevant zeigt sich das Ergebnis für Deutschland ($\beta = 0,08$), Chile und Korea ($\beta = 0,03$ und $\beta = 0,13$).

6.4.4.2 Eigenes Zimmer

Auch der Unterschied zwischen Schülerinnen und Schülern, die kein bzw. ein eigenes Zimmer haben (91,5 % in Österreich, 93,7 % in Deutschland, 78,4 % in Korea und 78,7 % in Chile), ist im Hinblick auf die Problemlöseleistung in Österreich mit 30,87 Punkten zugunsten jener, die angeben, ein eigenes Zimmer zu haben, statistisch signifikant ($z = 3,65$, $p > 0,01$) aber praktisch nicht relevant ($\beta = 0,09$, siehe Tab. 9.4).

Ganz ähnliche Ergebnisse zeigen sich im Nachbarland Deutschland sowie im besten und schwächsten OECD-Land ($0,04 < \beta < 0,15$).

6.4.4.3 Platz zum Lernen

Auch was einen ruhigen Platz zum Lernen betrifft, zeigen sich signifikante aber praktisch nicht relevante Unterschiede ($z \geq 3,00$, $p < 0,01$, $\beta \leq 0,08$, siehe Tab. 9.5) zwischen den Schülerinnen und Schülern, die diese Frage mit „ja" beantworten (96,6 % in Österreich, 96,6 % in Deutschland, 81,8 % in Korea und 81,7 % in Korea) und jenen, die das verneinen.

6.4.4.4 Eigener Computer zum Lernen

Auf die Frage, ob die Schülerinnen und Schüler einen Computer zum Lernen haben, antworten 98,3 % der österreichischen Schülerinnen und Schüler mit „ja" (ähnlich hohe Werte zeigen sich in Deutschland mit 98,2 %, in Korea mit 94,5 % und in Chile mit 85,8 %). Der signifikante Unterschied bei den Punkten zum komplexen Problemlösen beträgt für Österreich 47,38 Punkte ($z = 3,56$, $p < 0,01$), ist aber praktisch nicht relevant ($\beta = 0,07$, siehe Tab. 9.6).

In Deutschland zeigt sich ein höherer Punktunterschied (96,70 Punkte), der allerdings genauso wenig wie in Österreich von praktischer Bedeutung ist ($\beta = 0,13$). Interessant ist das Ergebnis aus Chile ($\beta = 0,24$), wo sich ein signifikanter und praktisch relevanter Unterschied zugunsten jener Schülerinnen und Schüler zeigt, die einen Computer zum Lernen besitzen (59,09 Punkte, $z = 10,03$, $p < 0,01$).

6.4.4.5 Software

Österreichische Schülerinnen und Schüler, die Lernsoftware benutzen (in Österreich 47,3 %, in Deutschland 51,4 %, in Korea 54,9 % und in Chile 30,7 %), sind beim komplexen Problemlösen signifikant besser als Schülerinnen und Schüler, die keine Lernsoftware benutzen ($z \geq 2,00$), der Unterschied beträgt maximal 20,81 Punkte, ist praktisch nicht relevant ($\beta \leq 0,12$, siehe Tab. 9.7).

6.4.4.6 Internetanschluss

Die Schülerinnen und Schüler gaben auch an, ob sie über einen Internetanschluss verfügen. Diese Frage wurde von 98,8 % der österreichischen Schülerinnen und Schüler, von 98,6 % der deutschen Schülerinnen und Schüler, von 97,2 % der koreanischen Schülerinnen und Schüler und von 76,3 % der chilenischen Schülerinnen und Schüler mit „ja" beantwortet. Schülerinnen und Schüler, die angeben, einen Internetanschluss zu haben, sind in allen vier analysierten Ländern signifikant besser beim komplexen Problemlösen als Schülerinnen und Schüler, die angeben, über keinen Internetanschluss zu verfügen. Der signifikante Punktunterschied beträgt für Österreich 63,89 Punkte ($z = 3,99$, $p < 0,01$), für Deutschland 109,59 Punkte ($z = 6,89$, $p < 0,01$), für Korea 63,60 Punkte ($z = 5,70$, $p < 0,01$) und für Chile 46,14 Punkte ($z = 8,56$, $p < 0,01$), ist aber nur in Chile praktisch relevant ($\beta = 0,23$, siehe Tab. 9.8).

6.4.4.7 Klassische Literatur

Auf die Frage, ob man über klassische Literatur verfügt (Goethe o. ä.) antworteten 39,9 % der österreichischen Schülerinnen und Schüler mit „ja". Der Prozentwert ist ähnlich in Deutschland (44,8 %) und Chile (39,2 %), aber deutlich höher in Korea (80,9 %). Beim komplexen Problemlösen zeigt sich für Österreich ein signifikanter und praktisch relevanter Unterschied (51,20 Punkte) zugunsten jener, die angeben, klassische Literatur zu Hause zu besitzen ($z = 12,06$, $p < 0,01$, $\beta = 0,27$, siehe Tab. 9.9). Für Chile und Deutschland zeigt sich ein ähnliches Bild (Punktunterschied 38,91 bzw. 60,30 Punkte, $z = 11,85$ bzw. 17,23, $p < 0,01$, $\beta = 0,2$ und $\beta = 0,31$), in Korea ist der Unterschied mit 38,31 Punkten ebenfalls signifikant ($z = 11,85$, $p < 0,01$), aber praktisch nur geringfügig relevant ($\beta = 0,17$).

Kontrolliert man den sozioökonomischen Status (die Korrelation zwischen der Variable Literatur und der Variable HISEI beträgt in Österreich 0,38, in Chile 0,27, in Deutschland 0,37 und in Korea 0,17), verringert sich der Punktunterschied auf in Österreich immer noch signifikante, aber praktisch nicht mehr relevante 33,67 Punkte ($z = 8,37$, $p < 0,01$, $\beta = 0,18$). Ein ähnliches Bild zeigt sich für Chile (24,47 Punkte, $\beta = 0,14$). In Deutschland bleibt der Punktunterschied mit 42,14 Punkten auch nach Kontrolle des sozioökonomischen Status signifikant und praktisch relevant ($\beta = 0,22$).

6.4.4.8 Gedichte

Die Schülerinnen und Schüler gaben auch an, ob sie Bücher mit Gedichten zu Hause haben (56,5 % in Österreich; 57,8 % in Deutschland; 53,9 % in Chile und 63,1 % in Korea) oder nicht. Der Punktunterschied ist für alle Länder signifikant und beträgt in Österreich

27,33 Punkte zugunsten jener, die angeben, Gedichtbücher zu Hause zu haben (z = 7,43, p < 0,01), die praktische Relevanz ist in allen Ländern gering (Österreich und Deutschland: β= 0,15; Chile: β= 0,00; Korea: β= 0,18, siehe Tab. 9.10).

6.4.4.9 Technische Nachschlagewerke

Auf die Frage, ob technische Nachschlagewerke im Haushalt vorhanden sind, antworteten 77,5 % der österreichischen Schülerinnen und Schüler, 88,1 % der Schülerinnen und Schüler in Chile, 88,8 % der Schülerinnen und Schüler in Deutschland und 90,2 % der Schülerinnen und Schüler in Korea mit „ja". Der Unterschied ist in Österreich und Deutschland von praktischer Relevanz (β= 0,20 bzw. β= 0,22, siehe Tab. 9.11) und beträgt 38,70 Punkte bzw. 49,66 Punkte zugunsten dieser Gruppe (z ≥ 10,36, p < 0,01).

6.4.4.10 Wörterbuch

Die Schülerinnen und Schüler gaben zudem an, ob sie über ein Wörterbuch verfügen (98,3 % der österreichischen, 98,2 % der chilenischen, 97,1 % der deutschen und 97 % der koreanischen Schülerinnen und Schüler bejahen dies). Dieser Unterschied ist in Österreich mit 78,95 Punkten signifikant (z = 5,30, p < 0,01), aber praktisch von geringer Relevanz (β= 0,11, siehe Tab. 9.12). Selbiges gilt für Deutschland (β= 0,14), Chile (β= 0,07) und Korea (β= 0,14).

6.4.4.11 Geschirrspüler

Die Schülerinnen und Schüler gaben zudem an, ob sie zu Hause einen Geschirrspüler haben oder nicht. Dies wurde von 94 % der österreichischen, 64,7 % der chilenischen, 92,6 % der deutschen und 29,1 % der koreanischen Schülerinnen und Schüler bejaht. Diejenigen, die diese Frage mit „ja" beantworteten haben gegenüber jenen, die diese Frage verneinten, in drei Ländern einen signifikanten aber praktisch nicht relevanten Punktevorsprung beim komplexen Problemlösen (z ≥ 4,15, p < 0,01, β ≤ 0,11, siehe Tab. 9.13), in Korea gibt es keinen signifikanten Unterschied (z = 0,83, p > 0,05).

Die Schülerinnen und Schüler beantworteten zusätzlich drei länderspezifische Fragen, die keinen Vergleich zulassen, da die Länder unterschiedliche Dinge gewählt haben, Item 1 wurde beispielsweise von Österreich mit „Laptop" belegt, von Chile mit „Kabelfernsehen" von Deutschland mit „Spielekonsole" und von Korea mit „Klimaanlage".

6.4.4.12 Weitere häusliche Besitztümer

Die Schülerinnen und Schüler gaben zudem an, wie viele Handys, Fernseher, PCs, Autos und Badezimmer sie zu Hause haben. Die Mittelwerte liegen für Handys zwischen 2,81 in Chile und 2,82 in Österreich, für Fernseher zwischen 1,51 in Korea und 2,43 in Chile, für die PCs zwischen 1,50 in Korea und 2,38 in Deutschland, für die Autos zwischen 0,82 in Chile und 1,79 in Österreich und für die Bäder zwischen 1,31 in Chile und 1,62 in Deutschland.

Die Zusammenhänge sind in Österreich mit Werten zwischen −0,09 (Fernseher) und 0,18 (PC) zwar fast alle signifikant (Ausnahme Handys), aber praktisch in keinem Fall von Relevanz (β < 0,18, siehe Tab. 9.14). Ähnliches zeigt sich für Deutschland (β ≤ 0,19) und

Korea ($\beta \leq 0,12$). In Chile zeigt sich ein signifikanter und praktisch relevanter positiver Zusammenhang zwischen den Leistungen beim komplexen Problemlösen und der Anzahl an PCs im Haushalt, der Anzahl der Autos (siehe Tab. 9.15) und der Anzahl der Badezimmer ($\beta \geq 0,20$, siehe Tab. 9.16).

In einem kombinierten Modell für Österreich bleibt der Einfluss der Variablen Fernseher, Computer und Badezimmer signifikant ($z > 3,97$, $p < 0,01$), wobei die Anzahl der PCs relativ gesehen den größten Einfluss hat (+22,31 Punkte pro PC in der Familie) und der zweitgrößte Einfluss jener der Anzahl der Fernseher ist (−18,92 Punkte pro Fernseher mehr in der Familie).

6.4.4.13 Bücher zu Hause

Die Schülerinnen und Schüler wurden zu den Büchern zu Hause befragt (ein Indikator für die Bildung der Eltern).

Es wurden mehrere Kategorien angeboten: 0–10 Bücher (Kategorie 1), 11–25 Bücher (Kategorie 2), 26–100 Bücher (Kategorie 3), 101–200 Bücher (Kategorie 4), 201 bis 500 Bücher (Kategorie 5) und 500 und mehr Bücher (Kategorie 6).

Die Zusammenhänge sind in allen vier untersuchten Ländern signifikant und praktisch relevant (Österreich: $\beta= 0,38$, Chile: $\beta= 0,30$, Deutschland: $\beta= 0,39$, Korea: $\beta= 0,37$, siehe Tab. 9.17).

Die Unterschiede zwischen Kindern mit 0–10 Büchern und Schülerinnen und Schülern, die mehr als 26 Bücher zu Hause haben, sind alle signifikant und ab Kategorie 3 auch praktisch relevant, was die Leistung beim komplexen Problemlösen betrifft, d. h. der Unterschied zwischen Schülerinnen und Schülern, die mehr als 25 Bücher zu Hause haben und jenen, die weniger als 10 Bücher zu Hause haben, ist von praktischer Relevanz ($\beta \geq 0,20$).

Sieht man sich die Kategorie 11–25 Bücher als Referenzkategorie an, so zeigen sich auch hier zu allen anderen Kategorien signifikante Unterschiede in allen untersuchten Ländern. In Österreich ist jeder der Unterschiede auch praktisch relevant ($\beta \geq 0,22$), in Deutschland alle beginnend mit Kategorie 4 (101–200 Bücher) ($\beta \geq 0,29$) und in Korea für die beiden Kategorien 5 und 6 ($\beta \geq 0,25$).

In Chile zeigen sich keine praktisch relevanten Unterschiede zwischen den Kategorien mit der Referenzkategorie 11–25 Bücher.

6.4.5 Indexvariablen

Überprüft wurden auch die Indexvariablen, die aus den oben analysierten Items gebildet wurden. Sie sind mit „Reichtum" („Wealth"), „Kulturelle Besitztümer" („Cultpos"), „Häusliche Lernressourcen" („Hedres") und „Häusliche Besitztümer" („Homepos") bezeichnet und fassen verschiedene Items, wie in Abb. 6.11 dargestellt, zusammen, die oben bereits einzeln analysiert wurden. Die Indexvariablen wurden auf der Grundlage eines IRT-Modells gebildet.

Description	Item is used to measure index				
	HOMEPOS	WEALTH	CULTPOSS	HEDRES	ICTRES
A desk to study at	X			X	
A room of your own	X	X			
A quiet place to study	X			X	
A computer you can use for school work	X			X	
Educational software	X			X	X
A link to the Internet	X	X			X
Classic literature (e.g. <Shakespeare>)	X		X		
Books of poetry	X		X		
Works of art (e.g. paintings)	X		X		
Books to help with your school work	X			X	
<Technical reference books>	X			X	
A dictionary	X			X	
Books on art, music, or design	X		X		
<Country-specific wealth item 1>	X	X			
<Country-specific wealth item 2>	X	X			
<Country-specific wealth item 3>	X	X			
Televisions	X	X			
Cars	X	X			
Rooms with a bath or shower	X	X			
<Cell phones> with Internet access (e.g. smartphones)	X	X			X
Computers (desktop computer, portable laptop, or notebook)	X	X			X
<Tablet computers> (e.g. <iPad®>, <BlackBerry® PlayBook™>)	X	X			X
E-book readers (e.g. <KindleTM>, <Kobo>, <Bookeen>)	X	X			X
Musical instruments (e.g. guitar, piano)	X		X		
How many books are there in your home?	X				

Abb. 6.11 Indexvariablen zum Komplex Familie (entnommen aus OECD 2014a, S. 316)

Zudem wurde ein Index mit dem Namen ESCS gebildet, er umfasst den sozioökonomischen Status, die Elternbildung und die häuslichen Besitztümer (OECD 2014a, S. 352):

$$\frac{\beta 1 HISEI + \beta 2 PARED + \beta 3 HOMPOS}{\varepsilon}$$

6.4.5.1 Wohlstandsgüter in der Familie (Wealth)

Die Variable „Wealth" hat in den vier untersuchten Ländern einen Mittelwert zwischen z = −0,70 in Korea und 0,28 in Österreich. In Korea und Chile ist der Wert kleiner als 0, in Deutschland und Österreich ist er größer als 0.

Der Einfluss der „Wealth"-Variable auf die Leistung beim komplexen Problemlösen ist in Österreich, Deutschland und Korea nicht von praktischer Bedeutung (Punktunterschied ≤ 14,28 Punkte, β ≤ 0,11, siehe Tab. 9.142), nur in Chile zeigt sich ein signifikanter und praktisch relevanter positiver Einfluss auf die Testleistung (+ 28,76 Punkte, β= 0,34).

6.4.5.2 Kulturelle Besitztümer

Der Werte der Variable zu den kulturellen Besitztümern beträgt −0,21 in Chile, 0,06 in Österreich, 0,10 in Deutschland und 0,27 in Korea.

Die kulturellen Besitztümer der Familie stehen in einem praktisch relevanten und positiven Zusammenhang mit der Testleistung in drei der vier untersuchten Länder (Österreich: β= 0,23, Deutschland: β= 0,25, Korea: β= 0,20, siehe Tab. 9.123). Der Punktgewinn beträgt für Österreich 21,94 Punkte, für Chile 13,67 Punkte, für Deutschland 24,80 Punkte und für Korea 18,62 Punkte ($z \geq 8,85$, $p < 0,01$).

6.4.5.3   Häusliche Lernressourcen

Der Wert der Variable „Home Educational Resources" bewegt sich zwischen −0,49 in Chile und 0,20 in Deutschland. In Korea und Chile ist der Wert negativ (−0,49 und −0,09), in Österreich und Deutschland positiv (0,04 und 0,20). Der Einfluss der „Home Educational Resources" ist in Österreich mit 19,09 Punkten Veränderung pro Standardabweichung in der Variable signifikant ($z = 8,84$, $p < 0,01$), jedoch praktisch von geringer Bedeutung (β= 0,18, siehe Tab. 9.132). Ähnliches zeigt sich in Korea (+ 17,16 Punkte; β= 0,18). In Chile und Deutschland zeigt sich ein praktisch relevanter Einfluss der häuslichen Lernressourcen auf die Leistung beim komplexen Problemlösen (β= 0,22 und β= 0,25), pro Standardabweichung steigt die Leistung um 18,62 bzw. 28,24 Punkte.

6.4.5.4   Häusliche Besitztümer

Der Index „Home Possessions" wurde ebenfalls im Hinblick auf die Leistung beim komplexen Problemlösen untersucht. Die Werte sind für Korea (−0,34) und Chile (−0,65) negativ, für Österreich (0,21) und Deutschland (0,26) positiv. Der Unterschied beträgt für Österreich 26,31 Punkte pro Standardabweichung in der Variable HOMEPOS ($z = 12,48$, $p < 0,01$) und ist von praktischer Relevanz (β= 0,24, siehe Tab. 9.135). Auch in den anderen drei analysierten Ländern zeigt sich ein signifikanter und praktisch relevanter Einfluss der häuslichen Besitztümer auf die Leistung beim komplexen Problemlösen (+30,00, $z = 15,57$, β= 0,36 in Chile; +32,34, $z = 12,13$, β= 0,27 in Deutschland; +24,24, $z = 8,32$, β= 0,20 in Korea).

6.4.5.5   Economic, social and cultural status

Der Index „ESCS" (Economic, social and cultural status) ist in Chile negativ (−0,58), in den drei anderen untersuchten Ländern positiv (Korea: 0,01, Österreich: 0,08, Deutschland: 0,19) und hat einen positiven, praktisch relevanten und signifikanten Einfluss auf die Leistung beim komplexen Problemlösen in allen vier untersuchten Ländern ($\beta \geq 0,23$, siehe Tab. 9.126).

Die Punktunterschiede betragen in Korea 28,40 Punkte (β= 0,23), in Chile 30,37 Punkte (β= 0,40), in Österreich 36,11 Punkte (β= 0,33) und in Deutschland 37,33 Punkte (β= 0,36) ($z \geq 9,56$, $p < 0,01$).

6.5   Zusammenfassung

In den Abb. 6.12 und 6.13 sind die praktisch relevanten Ergebnisse im Hinblick auf den Punktgewinn pro Kategorie (kategoriale Variablen) bzw. pro Standardabweichung (kontinulierliche Variablen) dargestellt.

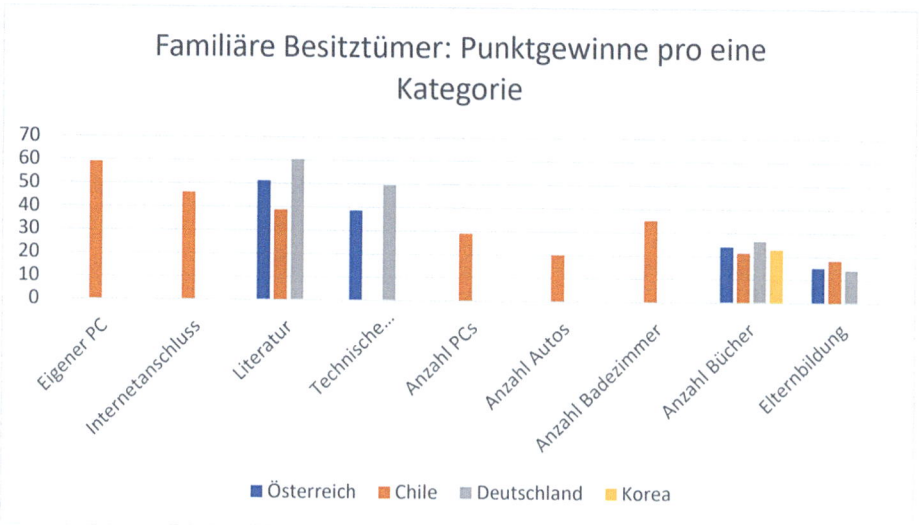

Abb. 6.12   Punktgewinne pro Kategorie (Einzelitems: Familie und Eltern)

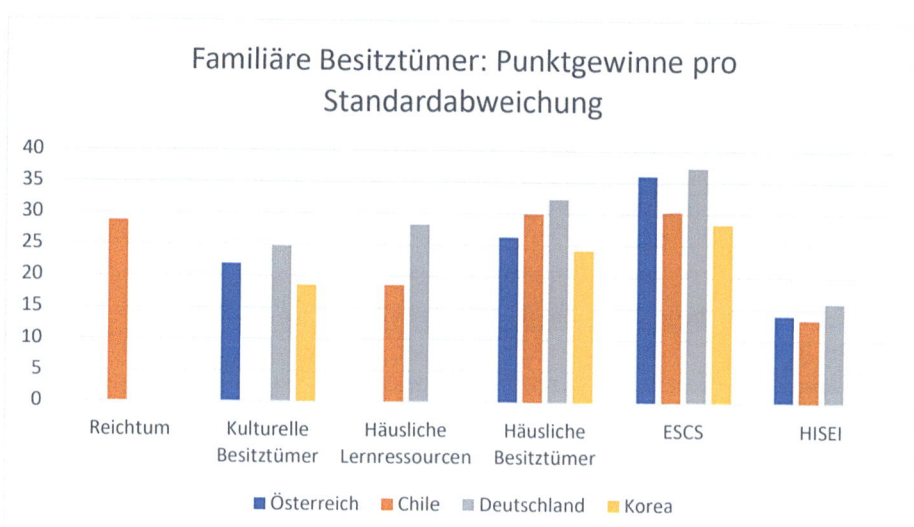

Abb. 6.13   Punktgewinne pro Standardabweichung (Indexvariablen: Familie und Eltern)

6.6   ICT

Das Themengebiet „Kommunikationstechnologie" wurde in PISA 2012 mit einem Fragenblock abgedeckt.

6.6.1   Kommunikationstechnologie zu Hause

Die Schülerinnen und Schüler wurden gefragt, ob sie bestimmte Dinge zu Hause verfügbar haben. Sie gaben bei jedem einzelnen Item an, ob sie diese zu Hause haben und auch benutzen, ob sie sie nur zu Hause haben, aber nicht benutzen oder ob sie diese Dinge zu Hause nicht zur Verfügung haben. Es wurde immer mit der Kategorie „ja und ich benutze es auch" verglichen.

6.6.1.1   Computer
Einen Computer benutzen 86,4 % der österreichischen, 58,4 % der chilenischen, 83,8 % der deutschen und 72,3 % der koreanischen Schülerinnen und Schüler zu Hause. Keinen Computer haben in Korea, Deutschland und Österreich zwischen 5 % und 8 % der Schülerinnen und Schüler, in Chile sind es 26,5 %.

Es zeigen sich keine praktisch relevanten Punktunterschiede in den vier untersuchten Ländern zwischen jenen, die einen Computer zu Hause zur Verfügung haben und jenen, die keinen zur Verfügung haben bzw. nicht damit arbeiten.

6.6.1.2   Laptop/Notebook
Einen Laptop/Notebook haben 31,5 % der koreanischen Schülerinnen und Schüler, 65,2 % der chilenischen, 80,8 % der deutschen und 84,2 % der österreichischen Schülerinnen und Schüler zu Hause und benutzen es auch.

Praktisch relevante Punktunterschiede finden sich in drei der vier untersuchten Länder nicht. In Chile ist der Punktunterschied von 38,53 Punkten zwischen jenen, die einen Laptop zu Hause haben und auch benutzen und jenen, die keinen Laptop zu Hause haben, signifikant und praktisch relevant ($\beta= 0{,}20$).

6.6.1.3   Tablet
Ein Tablet zu Hause haben zwischen 13,6% der Schülerinnen und Schüler in Korea und 23,8% in Österreich.

Hier zeigen sich keine praktisch relevanten Punktunterschiede in den vier untersuchten Ländern zwischen jenen, die ein Tablet zu Hause zur Verfügung haben und jenen, die keines zur Verfügung haben bzw. nicht damit arbeiten ($\beta \leq 0{,}16$).

6.6.1.4   Internetanschluss
Einen Internetanschluss haben in Österreich und Deutschland rund 98 % der Schülerinnen und Schüler, in Korea sind es rund 91 %. Deutlich geringer ist der Prozentsatz in Chile, wo 76,1 % der Schülerinnen und Schüler einen Internetanschluss haben.

Hier zeigen sich keine praktisch relevanten Punktunterschiede in drei der vier untersuchten Länder. In Chile ist der Punktunterschied von 44,63 Punkten zwischen jenen, die einen Internetanschluss zu Hause haben und auch benutzen und jenen, die keinen Internetanschluss zu Hause haben, signifikant und praktisch relevant ($\beta= 0{,}21$).

6.6.1.5 Spielekonsole

Eine Spielekonsole haben in Österreich und Deutschland rund zwei Drittel der Schülerinnen und Schüler in Verwendung, in Korea sind es knapp 24 % und in Chile sind es 38,5 %.

Hier zeigen sich keine praktisch relevanten Punktunterschiede in den vier untersuchten Ländern zwischen jenen, die eine Spielekonsole zu Hause zur Verfügung haben und jenen, die keine zur Verfügung haben bzw. nicht damit spielen ($\beta \leq 0,14$).

6.6.1.6 Handy

Ein Handy mit oder ohne Internetzugang haben in Österreich 81,1 % der Schülerinnen und Schüler und benutzen es auch, in Chile 62,7 % (53,5 % mit Internet), in Deutschland 64,8 % und in Korea 87 %.

Hier zeigen sich keine praktisch relevanten Punktunterschiede in den vier untersuchten Ländern zwischen jenen, die ein Handy zu Hause zur Verfügung haben und jenen, die keines zur Verfügung haben bzw. es nicht benutzen, unabhängig davon, ob es eines mit oder ohne Internetzugang ist ($\beta \leq 0,12$).

6.6.1.7 Mp3/Mp4/I-Pad

Auf die Frage, ob sie einen MP3-Player oder einen MP4-Player bzw. einen I-Pod zu Hause haben und es benutzen, antworten 83,2 % der deutschen, 76,6 % der österreichischen, 74 % der koreanischen und 63,8 % der chilenischen Schülerinnen und Schüler mit „ja".

Hier zeigen sich keine praktisch relevanten Punktunterschiede in den vier untersuchten Ländern zwischen jenen, die einen MP3/MP4-Player oder einen i-Pad zu Hause zur Verfügung haben und jenen, die keinen zur Verfügung haben bzw. dort nicht damit arbeiten ($\beta \leq 0,09$).

6.6.1.8 Drucker

Einen Drucker haben und benutzen 91,2 % der österreichischen, 54,5 % der chilenischen, 89,6 % der deutschen und 72,6 % der koreanischen Schülerinnen und Schüler.

Hier zeigen sich keine praktisch relevanten Punktunterschiede in drei der vier untersuchten Länder. In Chile ist der Punktunterschied von 43,91 Punkten zwischen jenen, die einen Drucker zu Hause haben und auch benutzen und jenen, die keinen Drucker zu Hause haben, signifikant und praktisch relevant ($\beta = 0,23$).

6.6.1.9 USB-Stick

Einen USB-Stick haben rund 94 % der österreichischen und deutschen Schülerinnen und Schüler zur Verfügung, rund 80 % der Schülerinnen und Schüler in Chile und rund 73 % der koreanischen Schülerinnen und Schüler.

Die Verfügbarkeit eines USB-Sticks zu Hause hat in Chile einen signifikanten und praktisch relevanten Einfluss auf die Testleistung ($-51,95$ Punkte, $\beta = 0,20$). In den anderen untersuchten Ländern zeigt sich zwar ein signifikanter aber praktisch nicht relevanter Punktunterschied ($\beta < 0,20$).

6.6.1.10   E-Book

Einen E-Book-Reader sind die Prozentwerte der Schülerinnen und Schüler, die einen zu Hause haben und benutzen, mit maximal 13 % in Deutschland eher gering und über die Länder vergleichbar (9 %, 8 % und 12 %).

Beim E-Book zeigen in Chile sich signifikante und praktisch relevante Unterschiede zwischen jenen, die einen E-Book-Reader in der Schule haben und jenen, die keinen in der Schule haben ($\beta \geq 0{,}20$).

6.6.1.11   Indexvariable – Verfügbarkeit von ICT zu Hause (ICTHOME)

Es wurde eine Indexvariable zur Verfügbarkeit von ICT zu Hause (ICTHOME) gebildet. Der Wert ist für Chile und Korea ähnlich ($-0{,}50$ und $-0{,}47$), genauso wie für Österreich und Deutschland ($0{,}31$ und $0{,}32$).

Diese hat in Österreich und Deutschland einen praktisch nicht relevanten, aber signifikanten negativen Einfluss auf die Leistung im komplexen Problemlösen (Österreich: $-7{,}60$ Punkte, $z = 3{,}07$, $p < 0{,}01$, $\beta = 0{,}06$; Deutschland: $-15{,}93$ Punkte, $z = 6{,}67$, $p < 0{,}01$, $\beta = 0{,}14$). In Korea ist der Einfluss positiv und signifikant ($+8{,}24$ Punkte, $z = 3{,}26$, $p < 0{,}01$, $\beta = 0{,}07$), ebenso wie in Chile, wo er zur Signifikanz auch eine praktische Relevanz zeigt ($+17{,}67$ Punkte, $z = 8{,}02$, $p < 0{,}01$, $\beta = 0{,}21$).

6.6.2   Kommunikationstechnologie in der Schule

6.6.2.1   Computer

In der Schule ist für knapp 80 % der österreichischen, 54,3 % der chilenischen, 66,8 % der deutschen und 38,6 % der koreanischen Schülerinnen und Schüler ein PC vorhanden, der auch benutzt wird.

Hier zeigen sich keine praktisch relevanten Punktunterschiede in den vier untersuchten Ländern zwischen jenen, die einen Computer in der Schule zur Verfügung haben und jenen, die keinen zur Verfügung haben bzw. dort nicht damit arbeiten ($\beta \leq 0{,}15$).

6.6.2.2   Laptop/Notebook

Ein Laptop/ein Notebook haben in Österreich 18,5 % der Schülerinnen und Schüler zur Verfügung, in Chile sind es 21,1 %, in Deutschland 19,1 % und in Korea 8,7 %.

Es zeigen sich keine praktisch relevanten Punktunterschiede in den vier untersuchten Ländern zwischen jenen, die ein Laptop in der Schule zur Verfügung haben und jenen, die kein Laptop/Notebook zur Verfügung haben bzw. keines dort benutzen ($\beta \leq 0{,}14$).

6.6.2.3   Tablet

Ein Tablet steht maximal 6 % der Schülerinnen und Schüler in den untersuchten Ländern zur Verfügung. In Korea sind es mit 2,4 % am wenigsten, in Deutschland mit 5,9 % am meisten Jugendliche, die in der Schule ein Tablet zur Verfügung haben und dort benutzen.

Es zeigen sich keine praktisch relevanten Punktunterschiede in den vier untersuchten Ländern zwischen jenen, die ein Tablet in der Schule zur Verfügung haben und jenen, die kein Tablet zur Verfügung haben bzw. keines dort benutzen ($\beta \leq 0{,}18$).

6.6.2.4   Internetanschluss

Internet wird von 47,7 % der koreanischen, 63,2 % der chilenischen, 65,6 % der deutschen und 79,3 % der österreichischen Schülerinnen und Schüler in der Schule benutzt.

Auch hier zeigen sich keine praktisch relevanten Punktunterschiede in den vier untersuchten Ländern zwischen jenen, die Internet in der Schule zur Verfügung haben und jenen, die kein Internet zur Verfügung haben bzw. keines dort benutzen ($\beta \leq 0{,}12$).

6.6.2.5   Drucker

Ein Drucker steht 29,4 % der koreanischen, 47,2 % der chilenischen, 60,5 % der deutschen und 77,3 % der österreichischen Schülerinnen und Schüler in der Schule zur Verfügung und wird auch benutzt.

Es zeigen sich keine praktisch relevanten Punktunterschiede in den vier untersuchten Ländern zwischen jenen, die einen Drucker in der Schule zur Verfügung haben und jenen, die keinen Drucker zur Verfügung haben bzw. dort nicht benutzen ($\beta \leq 0{,}13$).

6.6.2.6   USB-Stick

Ein USB-Stick steht zwischen 16,7 % (Korea) und 37 % (Deutschland) der Schülerinnen und Schüler in der Schule zur Verfügung und wird auch von den Jugendlichen benutzt.

Es zeigen sich keine praktisch relevanten Punktunterschiede in den vier untersuchten Ländern zwischen jenen, die einen USB-Stick in der Schule zur Verfügung haben und jenen, die keinen zur Verfügung haben bzw. dort nicht benutzen ($\beta \leq 0{,}16$).

6.6.2.7   E-Book

E-Book Reader stehen nur einem geringen Prozentsatz der Jugendlichen in der Schule zur Verfügung, in Korea und Chile sind es knapp 2 %, in Österreich sind es 3 % und in Deutschland sind es 7 %.

Beim E-Book zeigen sich signifikante und praktisch relevante Unterschiede zwischen jenen, die einen E-Book-Reader in der Schule haben und jenen, die keinen in der Schule haben. Die Unterschiede bewegen sich zwischen 44,57 Punkten in Chile und 111,89 Punkten in Deutschland ($\beta \geq 0{,}21$).

6.6.2.8   Indexvariable – ICT-Verwendung in der Schule (ICTSCH)

Es wurde eine Indexvariable zur ICT-Verwendung in der Schule gebildet (ICTSCH). Der Wert der Variable ist in Chile, Korea und Deutschland negativ ($-0{,}12$, $-0{,}36$ und $-0{,}13$), in Österreich positiv (0,10).

Die Verfügbarkeit von ICT in der Schule hat in Österreich und Deutschland einen praktisch nicht relevanten ($\beta = 0{,}10$ bzw. $\beta = 0{,}13$), aber signifikant negativen Einfluss auf die Leistung beim komplexen Problemlösen ($-11{,}62 / -14{,}11$ Punkte, $z = 4{,}09 / z = 5{,}19$, $p < 0{,}01$). In Chile und Korea zeigt sich kein signifikanter Einfluss der ICT-Verfügbarkeit in der Schule auf die Leistung beim komplexen Problemlösen.

6.6.3 Eigene Computernutzung

Die Schülerinnen und Schüler wurden befragt, wie alt sie waren, als sie zum ersten Mal einen Computer benutzt haben, wie alt sie waren, als sie das erste Mal Internet verwendet haben, wie lange sie das Internet in der Schule normalerweise verwenden, wie lange sie es außerhalb der Schule an Wochentagen und am Wochenende normalerweise verwenden.

Die Zusammenhänge mit dem Alter bei der ersten Computernutzung sind in allen vier untersuchten Ländern negativ, was bedeutet, dass eine frühe Computernutzung mit einem besseren Testergebnis einhergeht, aber praktisch nicht von Relevanz ist ($\beta \leq 0{,}19$).

Die erste Verwendung des Internets korreliert in allen vier untersuchten Ländern negativ mit der Testleistung beim komplexen Problemlösen, die praktische Relevanz ist in allen vier Ländern als gering einzustufen ($\beta \leq 0{,}14$).

Bei der Verwendung des Internets in der Schule zeigt sich ein ähnliches Bild, der Zusammenhang ist in allen Ländern negativ aber praktisch nicht relevant ($\beta \leq 0{,}15$).

Die Verwendung des Internets außerhalb der Schule an Wochentagen ist genauso wie die Verwendung des Internets außerhalb der Schule an Wochenenden mit Korrelationen von maximal $r = -0{,}11$ bzw. $r = -0{,}15$ ebenfalls nicht von praktischer Bedeutung.

6.6.4 Computernutzung außerhalb der Schule

Die Schülerinnen und Schüler wurden gefragt, wie oft sie außerhalb der Schule den Computer für diverse Aktivitäten nutzen, zum Beispiel für Spiele im Einzelspielermodus, für E-Mails, für Videoschauen, zudem wurde gefragt, ob sie den PC zu Hause für schulische Angelegenheiten nutzen, wie zum Beispiel Hausaufgabe machen oder Unterlagen austauschen mit anderen Jugendlichen.

6.6.4.1 Einzelitemanalyse

Es zeigt sich für Chile ein signifikanter und praktisch relevanter Zusammenhang mit der Teilnahme an sozialen Netzwerken ($\beta= 0{,}21$, siehe Tab. 9.113) und für Österreich und Deutschland ein praktisch relevanter negativer Zusammenhang mit der Antwort „eigene Inhalte hinaufladen" ($\beta = -0{,}24$ bzw. $\beta = -0{,}23$, siehe Tab. 9.114). Bei den Fragen zur Nutzung für schulische Angelegenheiten zeigen sich keine praktisch relevanten Zusammenhänge.

6.6.4.2 Indexvariablen ICT-Nutzung zur Unterhaltung (ENTUSE)

Die Indexvariable „Entertainment Use" (ENTUSE) ist in allen vier untersuchten Ländern negativ und bewegt sich zwischen $-0{,}71$ in Korea und $-0{,}06$ in Österreich. Er wurde aus den folgenden Variablen gebildet:

Die Benutzung von ICT zur Unterhaltung hat in Österreich und Korea keinen signifikanten und daher ohnehin praktisch nicht relevanten negativen Einfluss auf die Leistung beim komplexen Problemlösen ($-4{,}38$ Punkte/$-3{,}18$ Punkte, $z = 1{,}77$/$z = 1{,}35$, $p > 0{,}05$, $\beta = 0{,}04$/$\beta= 0{,}03$, siehe Tab. 9.125). In Deutschland und Chile sind die Punktunterschiede signifikant aber praktisch nicht relevant ($\beta \leq 0{,}17$).

6.6.4.3 Indexvariable ICT-Nutzung für schulbezogene Tätigkeiten (HOMESCH)

Es wurde zudem eine Indexvariable „Use at-Home for school related tasks" gebildet (HOMSCH). Der Wert ist in Korea am geringsten (−0,49), gefolgt von Deutschland (−0,13), Österreich (−0,01) und Chile (0,18).

Die Benutzung von ICT zu Hause für Schulaufgaben hat in Österreich mit +13,58 Punkten pro Standardabweichung einen positiven und signifikanten Einfluss auf die Leistung beim komplexen Problemlösen (z = 5,34, p < 0,01), der jedoch praktisch nicht relevant ist (β= 0,14). Ähnliches zeigt sich für Chile (+6,89 Punkte; z = 3,54, p < 0,01, β= 0,07) und Korea (+13,87 Punkte; z = 6,02, p < 0,01, β= 0,14). In Deutschland ist der Einfluss nicht signifikant (+1,07 Punkte; z = 0,42, p > 0,05, β= 0,01).

6.6.5 Computernutzung in der Schule

Die Schülerinnen und Schüler gaben an, ob sie den Computer in der Schule zum Beispiel für Computersimulationen benutzen, zum Üben der Fremdsprachen oder zum Verschicken von E-Mails.

6.6.5.1 Einzelitemanalyse

Bei keinem Item ergab sich ein positiver und praktisch relevanter Zusammenhang mit der Leistung beim komplexen Problemlösen.

6.6.5.2 Indexvariable ICT-Nutzung in der Schule

Es wurde ein Index „Use of ICT at school" gebildet (USESCH). Korea hat den geringsten Wert mit −1,01, gefolgt von Deutschland mit −0,33, Österreich mit 0,09 und Chile mit 0,14.

Die Verwendung von ICT in der Schule hat – berechnet mit dieser Variablen – einen negativen, signifikanten aber praktisch nicht relevanten Einfluss auf die Leistung beim komplexen Problemlösen (Österreich: −11,27 Punkte, z = 4,21, p < 0,01, β= 0,10; Chile: −10,91 Punkte, z = 5,05, p < 0,01, β= 0,11; Deutschland: −15,17 Punkte, z = 5,82, p < 0,01, β= 0,13; Korea: −8,10 Punkte, z = 2,38, p < 0,05, β= 0,08).

6.6.6 Computernutzung im Mathematikunterricht

Die Schülerinnen und Schüler gaben an, ob der Computer im Mathematikunterricht dazu benutzt wurde, einen Graphen zu zeichnen, geometrische Figuren darzustellen oder Histogramme zu zeichnen.

6.6.6.1 Einzelitemanalyse

In keinem Land zeigt sich ein praktisch relevanter Einfluss der Aktivitäten mit dem Computer und der Leistung beim komplexen Problemlösen. Positive und praktisch relevante Zusammenhänge zeigen sich bei keinem einzigen Item.

6.6.6.2 Indexvariable ICT-Nutzung im Mathematikunterricht

Es wurde eine Indexvariable gebildet (USEMATH). Die Indexvariable ist in Deutschland, Chile und Korea negativ ($-0,17$, $-0,08$ und $-0,38$), in Österreich positiv ($0,01$).

Die Verwendung von ICT im Mathematikunterricht steht in Österreich, Deutschland und Korea ebenfalls signifikant, aber praktisch nicht relevant, mit der Leistung beim komplexen Problemlösen in Verbindung (Österreich: $-8,52$ Punkte, $z = 3,34$, $p < 0,01$, $\beta = 0,08$; Deutschland: $-15,58$ Punkte, $z = 5,45$, $p < 0,01$, $\beta = 0,14$; Korea: $-16,50$ Punkte, $z = 6,74$, $p < 0,01$, $\beta = 0,15$). In Chile zeigt sich ein signifikanter negativer Zusammenhang mit praktischer Relevanz ($-18,63$ Punkte, $z = 10,40$, $p < 0,01$, $\beta = 0,21$).

6.6.7 Einstellung zu Computern

Die Schülerinnen und Schüler wurden zu ihrer Einstellung, was Computer betrifft, befragt, ob sie den PC nützlich finden, ob sie das Internet als großartige Informationsquelle erleben oder auch, ob sie den PC als mühsam empfinden.

6.6.7.1 Einzelitemanalyse

In Österreich zeigen zwei der drei Items, die eine negative Einstellung abfragen, einen signifikanten und praktisch relevanten Zusammenhang mit der Leistung beim komplexen Problemlösen, nämlich die Ansicht, dass das Internet ungeeignet sei für schulische Aufgaben ($-25,79$ Punkte; $r = 0,23$, siehe Tab. 9.115) und dass Informationen aus dem Internet unzuverlässig seien ($-30,36$ Punkte; $r = 0,27$, siehe Tab. 9.116). Dieses Item steht auch bei den Schülerinnen und Schülern aus Chile in negativem Zusammenhang mit der Leistung ($-19,31$ Punkte; $r = 0,20$). Für Korea zeigt sich ein positiver praktisch relevanter Zusammenhang ($+22,58$ Punkte, $r = -0,20$) mit einer positiven Einstellung („großartige Informationsquelle").

6.6.7.2 Indexvariablen Einstellung zu ICT (ICTATTNEG und ICTATTPOS)

Es wurden zwei Indexvariablen gebildet: ICTATTNEG und ICTATTPOS. Die Indizes sind für Chile beide positiv ($0,12$ und $0,56$), für Korea beide negativ ($-0,15$ und $-0,92$). In Deutschland und Österreich ist der Index zur negativen Einstellung negativ ($-0,20$ und $-0,22$), der Index zur positiven Einstellung positiv ($0,02$ und $0,07$).

Eine negative Einstellung zu Computern hängt in Österreich signifikant und negativ mit der Leistung beim komplexen Problemlösen zusammen, pro Standardabweichung sinkt der Wert um praktisch relevante $23,07$ Punkte ($z = 11,60$, $p < 0,01$, $\beta = 0,25$, siehe Tab. 9.136), in Deutschland sinkt er um $17,76$ Punkte ($z = 10,06$, $p < 0,01$, $\beta = 0,19$), in Chile um praktisch relevante $17,57$ Punkte ($z = 11,29$, $p < 0,01$, $\beta = 0,20$) und in Korea um nicht-signifikante $1,40$ Punkte ($p < 0,05$).

Eine positive Einstellung zum ICT in der Schule hat in Österreich, Deutschland und Korea einen positiven und signifikanten, aber praktisch nicht relevanten Einfluss auf die Leistung im komplexen Problemlösen ($z < 2,57$, $p < 0,05$, $\beta \leq 0,17$), in Chile zeigt sich kein signifikanter Einfluss ($z = 1,56$, $p > 0,05$).

6.6.8 Zusammenfassung

In den Abb. 6.14 und 6.15 sind die praktisch relevanten Ergebnisse im Hinblick auf den Punktgewinn pro Kategorie (kategoriale Variablen) bzw. pro Standardabweichung (kontinuierliche Indexvariablen) dargestellt.

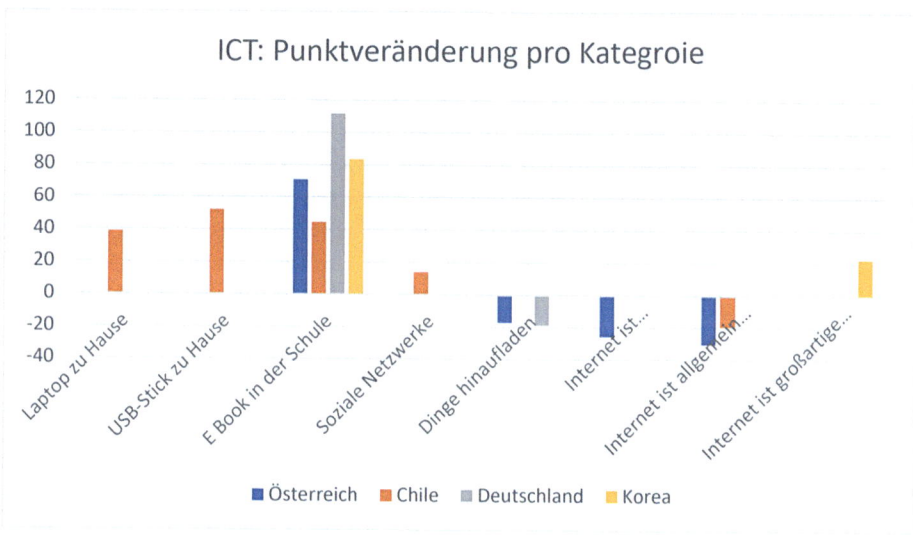

Abb. 6.14 Punktgewinne pro Kategorie (Einzelitems: ICT-Nutzung)

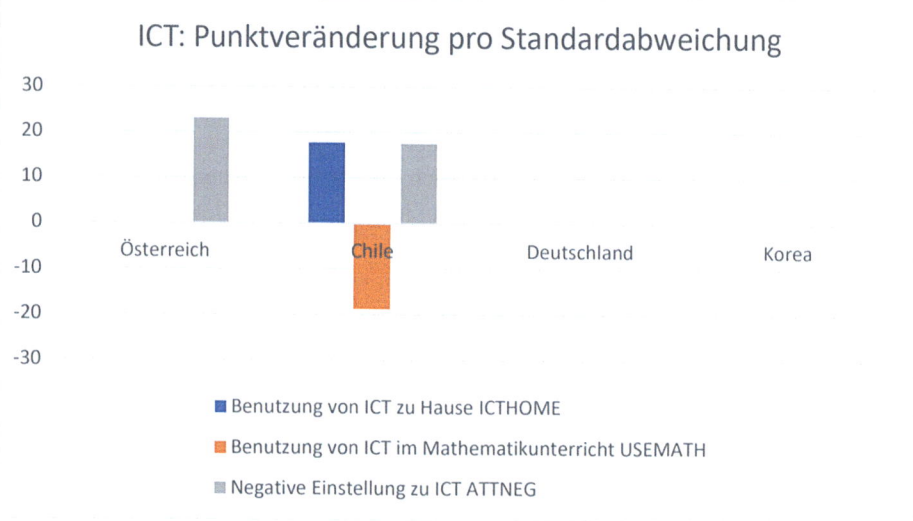

Abb. 6.15 Punktgewinne pro Standardabweichung (Indexvariablen: ICT-Nutzung)

6.7   Erfahrungen in Mathematik

6.7.1   Einzelitemanalyse

Die Schülerinnen und Schüler beantworteten Fragen, wie oft bestimmte Dinge im Mathematikunterricht vorkommen, wie zum Beispiel, dass der Lehrer zusätzliche Hilfe gibt, wenn Schüler sie benötigen, dass der Lehrer es so lange erklärt, bis alle es verstanden haben oder ähnliches.

Das Item zur inneren Differenzierung („der Lehrer gibt Schülern mit Lernschwierigkeiten und Schülern, die schneller vorankommen, unterschiedliche Aufgaben") zeigt einen praktisch relevanten und negativen Zusammenhang mit der Problemlösekompetenz in drei Ländern (Österreich, Deutschland und Korea) mit Punktunterschieden zwischen −25,75 Punkten in Korea und −27,35 Punkten in Deutschland pro Kategorie, ebenso die Frage nach einem Wochenplan („Projektaufgaben, an denen wir mindestens eine Woche arbeiten müssen") mit Punktveränderungen von −20,57 Punkten in Deutschland, −21,83 Punkten in Korea und −26,3 Punkten in Österreich pro Kategorie. Die Hilfe bei der Planung von Unterricht steht ebenfalls in zwei Ländern (Österreich und Deutschland) in einem negativen und praktisch relevanten Zusammenhang mit der Leistung im Test (−29,79 Punkte in Österreich und −29,84 Punkte in Deutschland). In Korea zeigt sich ein relevanter Zusammenhang bei der Frage, ob die Schüler gut arbeiten können. Je besser sie arbeiten können, desto höher die Leistung beim komplexen Problemlösen (r = 0,20, siehe Tab. 9.99).

6.7.2   Indexvariablen zum Unterricht

Es wurden die Indexvariablen Teacher Support (TEACHSUP), Teacher Directed Instruction (TCHBEHTD), Student Orientation (TCHBEHSO), Formative Assessment (TCHBEHFA), Cognitive Activation (COGACT) und Disciplinary Climate (DISCLIMA) gebildet.

Der Index zur Unterstützung durch den Lehrer ist in Chile positiv (0,41), in den anderen drei untersuchten Ländern negativ (Österreich: −0,46; Deutschland: −0,31 und Korea: −0,25). Ähnlich verhält es sich beim Index zum lehrerzentrierten Unterricht (Österreich: −0,10, Chile: 0,37, Deutschland: −0,05 und Korea: −0,31).

Die Schülerorientierung ist in Chile am höchsten mit 0,36, gefolgt von Deutschland mit −0,05, Korea mit −0,17 und Österreich mit −0,27.

Die Indexvariable zur Rückmeldung im Mathematikunterricht ist in Chile am höchsten mit 0,22, gefolgt von Österreich mit 0,05, Deutschland mit −0,09 und Korea mit −0,77.

Der Index zur kognitiven Aktivierung ist in Korea am geringsten mit −0,73, gefolgt von Österreich mit −0,10, Deutschland mit 0,02 und Chile mit 0,22.

Das disziplinäre Klima ist in Chile mit −0,25 am schlechtesten, gefolgt von Deutschland mit −0,02. In Korea und Österreich ist es vergleichbar (Korea: 0,19; Österreich: 0,21).

Der Index zur Unterstützung durch den Lehrer zeigt keinen praktisch relevanten Einfluss auf die Leistung beim komplexen Problemlösen ($\beta \leq 0{,}13$, siehe Tab. 9.141) mit Punktunterschieden von maximal 13,86 Punkten.

Der Index, der die kognitive Aktivierung der Schülerinnen und Schüler abfragt, steht in keinem praktisch relevanten Zusammenhang mit der Leistung beim Test zum komplexen Problemlösen ($\beta \leq 0{,}08$).

Beim Index zum disziplinären Klima zeigt sich in Korea ein signifikanter Zusammenhang ($\beta = 0{,}20$, siehe Tab. 9.124), je besser die Disziplin, desto besser die Leistungen im Test zum komplexen Problemlösen, die Punktveränderung beträgt durchschnittlich 20,97 Punkte pro Kategorie.

Zwei der drei Indizes zum Lehrerverhalten stehen in keinem praktisch relevanten Zusammenhang mit der Leistung, der Index zur Schülerorientierung (Wochenplan, Innere Differenzierung, Kleingruppenarbeit …) korreliert in allen vier untersuchten Ländern negativ mit der Leistung beim komplexen Problemlösen ($\beta \leq -0{,}21$) und Punktveränderungen von $-18{,}76$ Punkten in Chile und $-26{,}18$ Punkten in Deutschland (siehe Tab. 9.96, 9.97, 9.98 und 9.140).

6.7.3 Zusammenfassung

In den Abb. 6.16 und 6.17 sind die Ergebnisse grafisch zusammengestellt. Alle praktisch relevanten Punktveränderungen sind dargestellt.

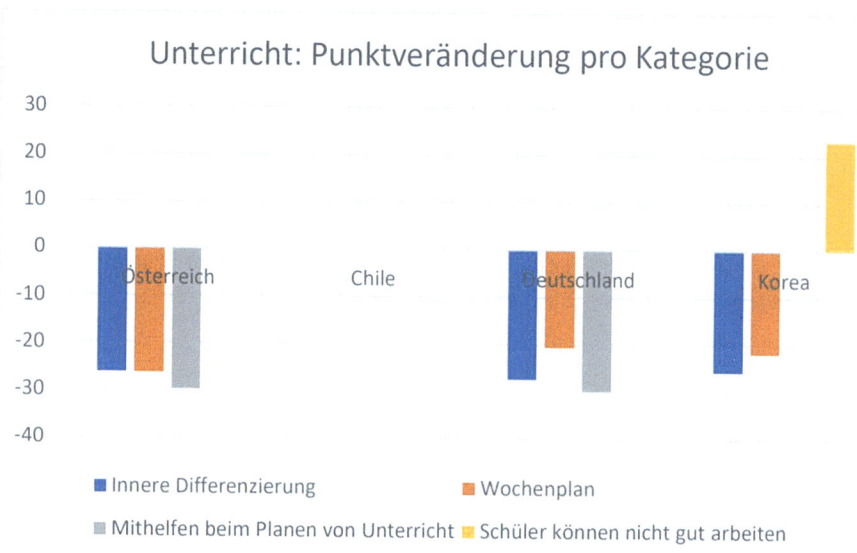

Abb. 6.16 Punktgewinne pro Kategorie (Einzelitems: Erfahrungen in Mathematik)

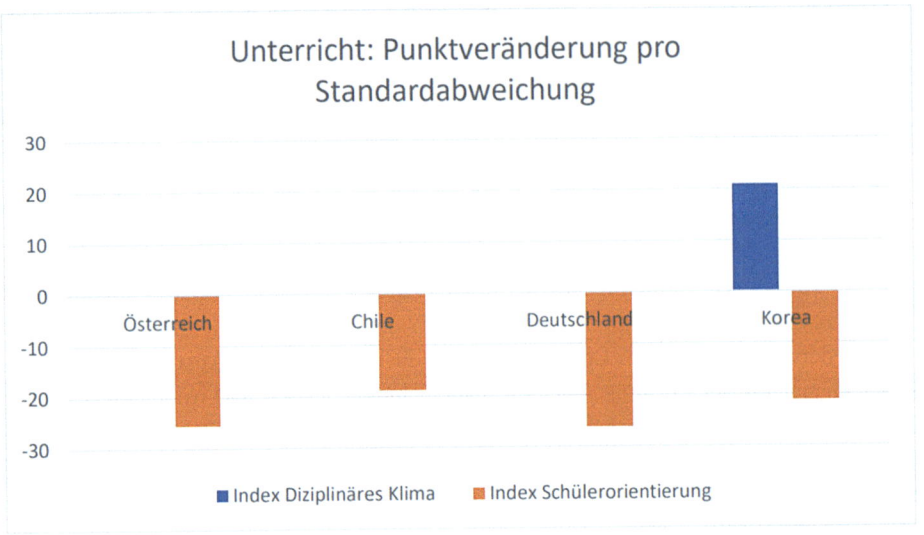

Abb. 6.17 Punktgewinne pro Standardabweichung (Indexvariablen: Erfahrungen in Mathematik)

6.8   Gute Lehrer

Die Schülerinnen und Schüler sollten nach Beispielen beurteilen, ob ein Lehrer gut ist oder nicht.

6.8.1   Einzelitemanalyse

Es wurden drei Lehrer präsentiert, einer, der jeden zweiten Tag eine Hausaufgabe gibt und vor den Prüfungen eine Rückmeldung gibt einer, der wöchentlich eine Hausaufgabe gibt und vor den Prüfungen eine Rückmeldung gibt und einer der wöchentlich eine Hausaufgabe gibt und vor den Prüfungen keine Rückmeldung gibt. Je eher die Schülerinnen und Schüler Lehrer Nummer 3 als schlecht einschätzten, desto höher waren die Leistungen beim Problemlösen in Österreich (+22,65 Punkte; r = 0,21; siehe Tab. 9.100) und Chile (+20,88 Punkte; r = 0,25).

Es wurden zu einem späteren Zeitpunkt wieder drei Lehrer präsentiert, einer, dessen Unterricht oft gestört wird und der fünf Minuten vor Unterrichtsbeginn kommt, einen, dessen Klasse ruhig ist und der rechtzeitig zum Unterricht kommt und einen, dessen Klasse stört und der oft fünf Minuten zu spät zum Unterricht kommt.

Je eher die Schülerinnen und Schüler Lehrer Nummer 3 als schlecht einschätzten, desto höher waren die Leistungen beim Problemlösen in Österreich (r = 0,20), Chile (r = 0,25), Deutschland (r = 0,25) und Korea (r = 0,21), die Punktunterschiede bewegen sich zwischen 21,71 Punkten (Österreich) und 29,44 Punkten (Deutschland, siehe Tab. 9.101).

Zudem sollten die Schüler angeben, ob der Lehrer ihnen sagt, dass sie hart arbeiten müssen, ob er zusätzliche Hilfe anbietet und ähnliches. Hier zeigen sich keine praktisch relevanten Zusammenhänge mit der CPS-Leistung.

6.8.2 Indexvariablen zur Lehrerunterstützung und zum Klassenmanagement (MTSUP und CLSMAN)

Es wurden die Indexvariablen *mathematics teacher support* (MTSUP) und *classroom management* (CLSMAN) gebildet.

Der Index zur Lehrerunterstützung in Mathematik ist in Chile am höchsten mit 0,24, gefolgt von Korea mit −0,25, Deutschland mit −0,40 und Österreich mit −0,49.

Der Index zum Klassenmanagement ist in Österreich am höchsten (0,01), gefolgt von Chile und Deutschland (beide: −0,04), am geringsten ist er in Korea mit −0,26.

Der Index „Classroom-Management" korreliert in keinem Land praktisch relevant mit der Leistung beim komplexen Problemlösen (β ≤ 0,16), ebenso wenig wie der Index zur Unterstützung (β ≤ 0,14).

6.8.3 Zusammenfassung

Abb. 6.18 zeigt eine Übersicht über alle praktisch relevanten Punktveränderungen.

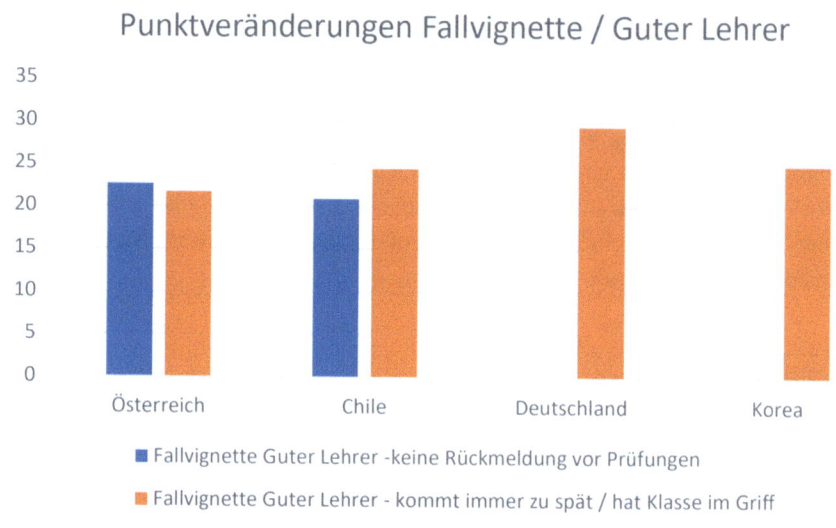

Abb. 6.18 Punktgewinne pro Kategorie (Einzelitems: Gute Lehrer)

6.9   Verhältnis zwischen Schülern und Lehrern

Die Schülerinnen und Schüler gaben an, wie sie sich von den Lehrerinnen und Lehrern angenommen fühlen, ob sie gut auskommen, ob sie das Gefühl haben, die Lehrerinnen und Lehrer interessieren sich für sie oder ob sie sich fair behandelt fühlen.

6.9.1   Einzelitemanalyse

Hier zeigen sich keine praktisch relevanten Zusammenhänge mit den Leistungen beim komplexen Problemlösen.

6.9.2   Indexvariable Lehrer-Schüler-Beziehung

Es wurde ein Index „STUDREL" gebildet. Der geringste Wert findet sich in Deutschland ($-0,22$), gefolgt von Österreich ($-0,14$), Korea ($-0,12$) und Chile ($0,19$). Es zeigen sich keine praktisch relevanten Zusammenhänge zwischen der Indexvariable zur Schüler-Lehrer-Beziehung und der Leistung beim CPS-Test ($\beta \leq 0,14$).

6.10   Angst vor Mathematik/Selbstkonzept in Mathematik

Die Schülerinnen und Schüler wurden auch zum Thema „Matheangst" befragt, ob sie angespannt oder nervös sind, wenn sie Hausaufgaben in Mathematik machen oder Aufgaben lösen (siehe Tab. 9.38, 9.40 und 9.43), ob sie sich Sorgen machen, dass der Unterricht zu schwer ist (siehe Tab. 9.36) oder sie schlechte Noten bekommen könnten (siehe Tab. 9.45) oder ob sie ihre Leistungen in Mathematik als nicht gut einschätzen (siehe Tab. 9.37). Sie wurden hingegen auch gefragt, ob sie in Mathematik gute Noten bekommen (siehe Tab. 9.39), in der Lage sind, schnell zu lernen (siehe Tab. 9.41), Mathematik zu einem ihrer besten Fächer zählt (siehe Tab. 9.42) oder ob sie auch die schwierigsten Aufgaben verstehen könnten (siehe Tab. 9.44).

6.10.1 Einzelitemanalyse

Praktisch relevante Zusammenhänge zeigen sich in allen vier Ländern für das Item „ich bin einfach nicht gut in Mathematik", in drei von vier Ländern zeigt sich ein praktisch relevanter und negativer Zusammenhang mit der Frage „bin angespannt, wenn ich Mathematikhausaufgaben machen muss", „ich fühle mich beim Lösen von Mathematikaufgaben hilflos" und ein praktisch relevanter und positiver Zusammenhang mit dem Item „in

Mathematik bekomme ich gute Noten" und mit dem Item „in Mathematik verstehe ich sogar die schwierigsten Aufgaben". Das Item „mache mir Sorgen" korreliert praktisch relevant und negativ in zwei der vier Länder, die Items „lerne schnell" und „Mathematik ist eines meiner besten Fächer" korrelieren in zwei der vier Länder positiv und praktisch relevant mit der Leistung beim Problemlösen. Die Punktunterschiede bewegen sich zwischen −29,32 und 27,05 bzw. −31,36 Punkten und 31,17 Punkten.

6.10.2 Indexvariablen zur Angst in Mathematik (ANXMAT) und zum Selbstkonzept in Mathematik (SCMAT)

Die Indexvariable „ANXMAT" zeigt für Österreich (r = −0,26, siehe Tab. 9.122), Chile (r = −0,28) und Deutschland (r = −0,31) praktisch relevante und negative Zusammenhänge mit der Leistung beim Problemlösetest. Er ist in Deutschland am geringsten (−0,28), gefolgt von Österreich (−0,23), Korea (0,31) und Chile (0,42).

Aus den Items wurde ein zweiter Index mit dem Titel Selbstkonzept (SCMATH) gebildet, hier zeigt sich in allen vier untersuchten Ländern ein positiver und praktisch relevanter Zusammenhang mit der Leistung beim komplexen Problemlösen (Österreich: β= 0,26; Chile: β= 0,33; Deutschland: β= 0,33 und Korea: β= 0,37, siehe Tab. 9.120). Das Selbstkonzept der Schülerinnen und Schüler ist in Korea am geringsten (−0,38), gefolgt von Chile (−0,17), Österreich (0,02) und Deutschland (0,11).

Die Punktunterschiede für diese beiden Indizes bewegen sich zwischen −31,36 Punkten und 31,17 Punkten.

6.10.3 Zusammenfassung

Die Abb. 6.19 und 6.20 enthalten eine grafische Übersicht zu den praktisch relevanten Punktveränderungen nach Einzelitems und nach Indexvariablen.

6.11 Zugehörigkeitsgefühl

Die Schülerinnen und Schüler wurden gefragt, ob sie sich beliebt fühlen in der Schule, ob sie dort glücklich sind, ob sie zufrieden mit der Schule sind und Ähnliches.

6.11.1 Einzelitemanalyse

Bei keinem Item zeigt sich ein praktisch relevanter Zusammenhang mit der Leistung im Test.

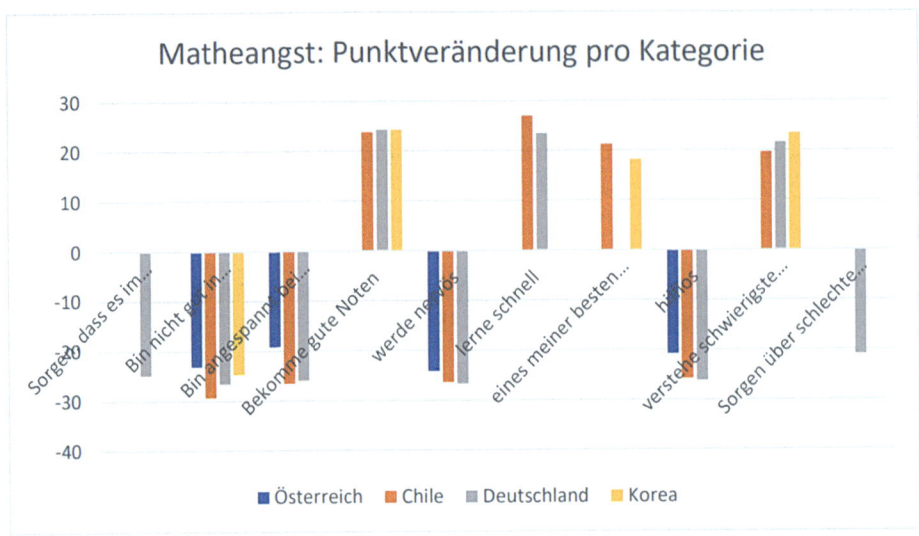

Abb. 6.19 Punktgewinne pro Kategorie (Einzelitems: Matheangst und Matheselbstkonzept)

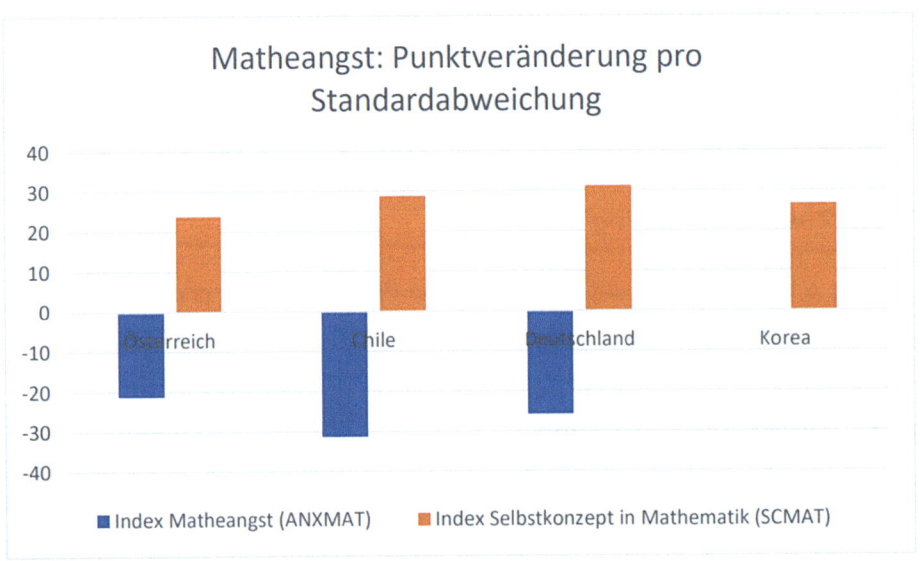

Abb. 6.20 Punktgewinne pro Standardabweichung (Indexvariablen: Matheangst und Mathe-selbstkonzept)

6.11.2 Index zum Zugehörigkeitsgefühl (BELONG)

Dementsprechend ist auch der Index zum Zugehörigkeitsgefühl (BELONG) nicht in einem praktisch relevanten Zusammenhang mit der Leistung beim komplexen Problemlösen (β ≤ 0,14). In Korea ist der Wert am geringsten mit −0,32, gefolgt von Chile mit 0,13, Deutschland mit 0,27 und Österreich mit 0,55.

6.12 Einstellung zur Schule

Die Schülerinnen und Schüler wurden auch zu ihrer Einstellung der Schule gegenüber befragt, ob sie die Schule für Zeitverschwendung halten, ob sie Dinge gelernt haben, die ihnen im Beruf nützlich sein können oder ob sie denken, dass es wichtig sei, sich anzustrengen.

6.12.1 Einzelitemanalyse

Das Item „mich anzustrengen, wird mir den Zugang zu einer guten Universität/FH/PH o. ä. ermöglichen" steht in drei der vier untersuchten Länder in einem positiven und praktisch relevanten Zusammenhang mit der Leistung beim komplexen Problemlösen (r = 0,22 in Österreich, r = 0,24 in Deutschland und r = 0,22 in Korea, siehe Tab. 9.102). Die Punktunterschiede bewegen sich zwischen 26,82 Punkten in Österreich und 31,09 Punkten in Korea.

6.12.2 Indizes – Einstellung zur Schule (ATTLNACT und ATTSCHL)

Der Index „*Attitude towards School – Learning Activities*" (ATTLNACT) hat keinen praktisch relevanten Zusammenhang mit der Leistung beim komplexen Problemlösen (β ≤ 0,19). Der Index ist in Korea negativ (−0,38), in den anderen drei untersuchten Ländern positiv (Deutschland: 0,10, Österreich: 0,14, Chile: 0,37).

Der Index „*Attitude towards School – Learning Outcomes*" (ATTSCHL) hat ebenso keinen praktisch relevanten Zusammenhang mit der Leistung beim komplexen Problemlösen (β ≤ 0,09). Der Index ist in Deutschland und Korea negativ (−0,06 und −0,28), in Österreich und Chile positiv (0,28 und 0,29).

6.12.3 Zusammenfassung

Abb. 6.21 enthält eine Zusammenstellung der Punktgewinne für den Fragenblock „Einstellung zur Schule".

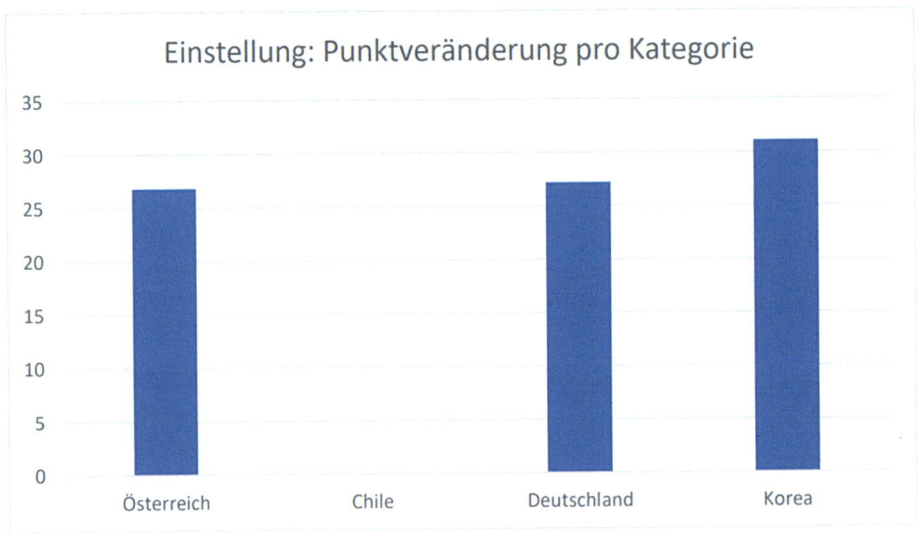

Abb. 6.21 Punktgewinne pro Kategorie (Einzelitems: Einstellung zur Schule)

6.13   Lernen in Mathematik

Die Schülerinnen und Schüler beantworteten Fragen zu ihren Ansichten was Mathematik betrifft. Sie gaben an, ob sie Bücher über Mathematik mögen (siehe Tab. 9.18), ob sie glauben, dass es sich lohnt, sich in Mathematik anzustrengen (siehe Tab. 9.19), ob sie sich auf Mathematikstunden freuen (siehe Tab. 9.20), ob sie Spaß an Mathematik haben (siehe Tab. 9.21), ob sie glauben, dass Mathematik die Karrierechancen erhöht (siehe Tab. 9.22), ob sie sich für Dinge interessieren, die mit Mathematik in Verbindung stehen (siehe Tab. 9.23), ob sie es als wichtiges Fach einschätzen (siehe Tab. 9.24) und ob sie davon ausgehen, dass ihnen das Wissen aus dem Unterricht in Mathematik helfen wird, einen Job zu finden (siehe Tab. 9.25).

6.13.1 Einzelitemanalyse

Die Zusammenhänge bewegen sich für Österreich zwischen $-0,06$ und $0,12$ und sind somit alle praktisch nicht relevant ($\beta \leq 0,10$), ähnlich ist es für Deutschland ($\beta \leq 0,14$) und Chile ($\beta \leq 0,17$). In Korea zeigen sich praktisch relevante Zusammenhänge für alle Items mit Punktzuwächsen von $18,8$ bis $28,23$ Punkten pro Kategorie ($\beta \geq 0,20$), ausgenommen der Frage, ob sich die Schülerinnen und Schüler auf den Mathematikunterricht freuen ($\beta = 0,16$).

6.13.2 Indexvariablen Interesse an Mathematik (INTMAT) und Instrumentelle Motivation (INSTMOT)

Der Index „Interesse an Mathematik" (INTMAT) umfasst vier Items aus diesem Fragenblock, die anderen vier Items werden zum Index Instrumentelle Motivation (INSTMOT) zusammengefasst. Das Interesse ist in Chile am höchsten (0,28), gefolgt von Deutschland (−0,11), Korea (−0,20) und Österreich (−0,35). Die instrumentelle Motivation ist in Chile am höchsten (0,32), gefolgt von Deutschland (−0,13), Korea (−0,39) und Österreich (−0,41).

Das Interesse an Mathematik steht in allen vier untersuchten Ländern in einem praktisch relevanten und signifikanten Zusammenhang mit der Leistung beim Test zum komplexen Problemlösen mit Punktzuwächsen zwischen 19,91 Punkten in Österreich und 22,64 Punkten in Deutschland ($\beta \geq 0{,}21$, siehe Tab. 9.118). Die instrumentelle Motivation hat ebenfalls einen positiven Einfluss auf die Leistung, wenngleich nur in einem Land (Korea) auch praktisch von Bedeutung (+20,10 Punkte; $\beta = 0{,}21$, siehe Tab. 9.117).

6.13.3 Zusammenfassung

Abb. 6.22 und 6.23 zeigen praktisch relevante Punktveränderungen grafisch.

6.14   Freunde und Eltern

Die Schülerinnen und Schüler gaben zusätzlich an, ob ihre Freunde gut sind in Mathematik (siehe Tab. 9.26), ob sie eifrig arbeiten (siehe Tab. 9.27), Freude haben am Fach (siehe Tab. 9.28) und ob die Eltern denken, Mathematik sei wichtig für den Schüler (siehe Tab. 9.29), für dessen berufliche Laufbahn und ob die Eltern Mathematik mögen.

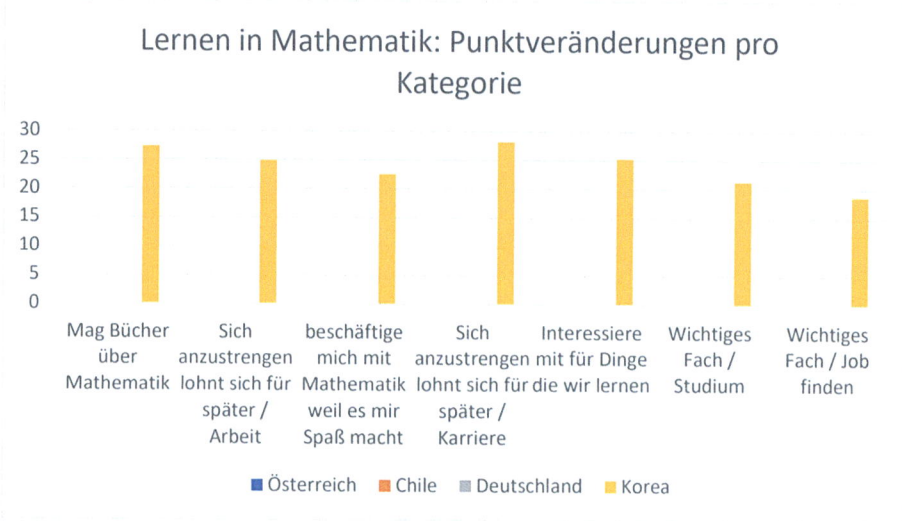

Abb. 6.22 Punktgewinne pro Kategorie (Einzelitems: Lernen in Mathematik)

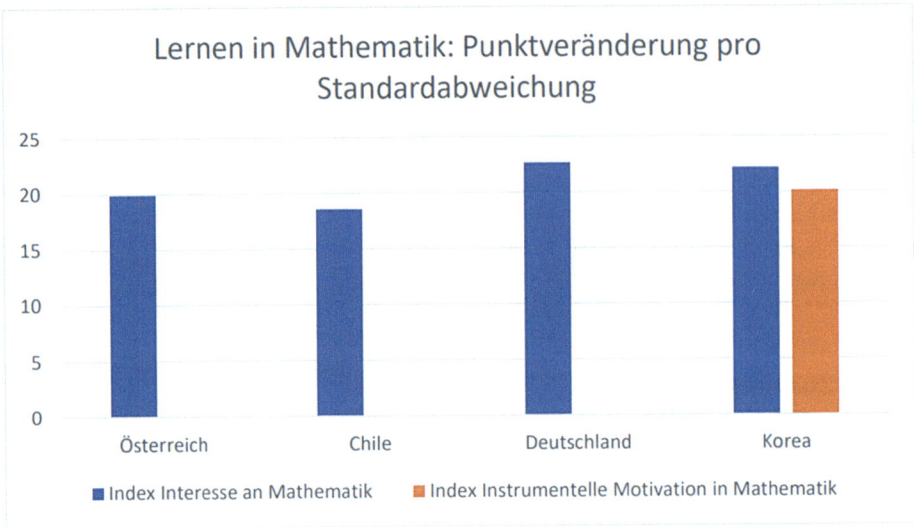

Abb. 6.23 Punktgewinne pro Standardabweichung (Indexvariablen: Lernen in Mathemantik)

6.14.1 Einzelitemanalyse

Die Zusammenhänge sind allesamt praktisch nicht relevant ($\beta \leq 0{,}16$ für Österreich, $\beta \leq 0{,}19$ für Deutschland, $\beta \leq 0{,}13$ für Chile), außer in Korea, wo die Items, die die Eltern betreffen („wichtig, Mathematik zu lernen" und „wichtig für berufliche Laufbahn") mit den Leistungen beim komplexen Problemlösen nicht nur signifikant, sondern auch praktisch relevant korrelieren ($\beta= 0{,}27$ und $\beta= 0{,}22$, Punktzuwachs 32,22 Punkte und 25,01 Punkte).

6.14.2 Indexvariable Subjektive Normen (SUBNORM)

Die Indexvariable Subjektive Normen (SUBNORM) steht in keinem der vier untersuchten Länder in einem praktisch relevanten Zusammenhang mit der Testleistung ($\beta \leq 0{,}18$, siehe Tab. 9.121). Der Index hat den höchsten Wert in Chile (0,31), gefolgt von Deutschland (−0,10), Korea (−0,21) und Österreich (−0,27).

6.14.3 Zusammenfassung

Abb. 6.24 zeigt die praktisch relevanten Punktveränderungen für die Einzelitems.

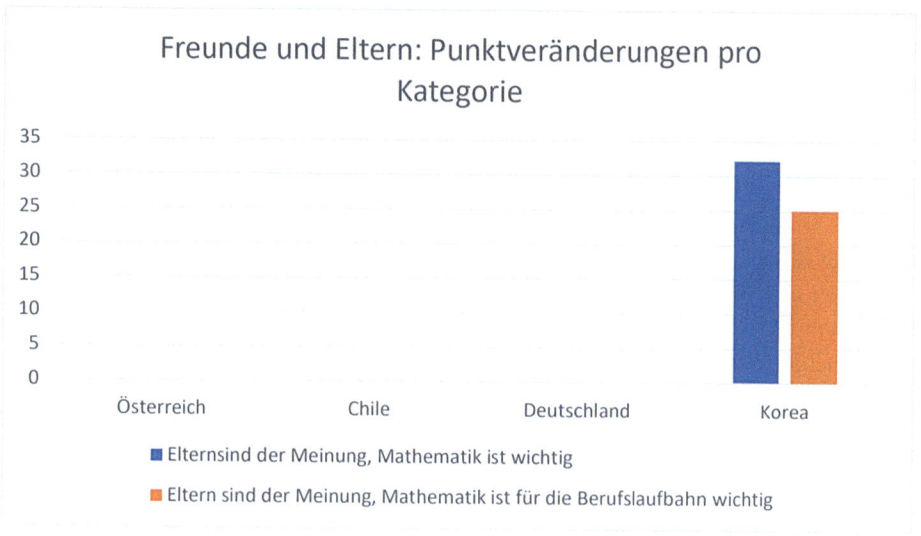

Abb. 6.24 Punktgewinne pro Kategorie (Einzelitems: Freunde und Eltern)

6.15 Selbstwirksamkeit

Die Schülerinnen und Schüler beantworteten zudem Fragen zu ihrer Selbstwirksamkeit in Mathematik, ob sie sich zutrauen, einen Zugfahrplan zu verwenden, um herauszufinden, wie lange man von einem Ort zum anderen braucht, ob sie sich zutrauen würden, einen Rabatt von 30 % auszurechnen, ob sie sich zutrauen würden, eine Fläche zu berechnen (siehe Tab. 9.30), Diagramme in Zeitungen zu verstehen (siehe Tab. 9.31), einfachere und schwerere Gleichungen zu lösen (siehe Tab. 9.32 und 9.34) oder eine Entfernung zu berechnen (siehe Tab. 9.33).

6.15.1 Einzelitemanalyse

Die Zusammenhänge bewegen sich hier zwischen .15 und .36 und sind für jedes einzelne Item in Österreich, Deutschland und Korea nicht nur signifikant ($p < 0,01$), sondern auch praktisch relevant ($\beta \geq 0,20$). Ausnahme ist die Frage zur Berechnung des Treibstoffverbrauchs in Österreich. In Chile stehen alle Items, bis auf das mit der Frage zum Treibstoffverbrauch, das zur Flächenberechnung und das zur Entfernung zwischen zwei Orten ($\beta < 0,20$), in einem praktisch relevanten Zusammenhang mit der Leistung beim komplexen Problemlösen mit Punktzuwächsen zwischen 21,83 und 46,87 Punkten. Die Selbstwirksamkeit und die Fähigkeit, komplexe Probleme zu lösen, stehen daher in einem beachtenswerten Zusammenhang, wobei die Richtung des Zusammenhangs in diesem Fall nicht eindeutig definiert werden kann, möglicherweise haben die Jugendlichen eine hohe Selbstwirksamkeit, WEIL sie gute Problemlöser sind und möglicherweise führt eine hohe Selbstwirksamkeit auch zu höheren Fähigkeiten in Bezug auf das erfolgreiche Lösen von komplexen Problemen.

6.15.2 Indexvariable Selbstwirksamkeit (MATHEFF)

Die Indexvariable *Self Efficacy* (MATHEFF) zeigt in allen vier Ländern einen praktisch relevanten und vergleichsweise hohen Zusammenhang mit der Leistung beim Test zum komplexen Problemlösen mit Punktzuwächsen zwischen 26 Punkten und 42,78 Punkten (Österreich: β= 0,40; Chile: β= 0,26; Deutschland: β= 0,42; Korea: β= 0,37). Die Selbstwirksamkeit ist in Korea am geringsten (−0,36), gefolgt von Chile (−0,20), Österreich (0,06) und Deutschland (0,33).

6.15.3 Zusammenfassung

Abb. 6.25 und 6.26 stellen die praktisch relevanten Punktgewinne grafisch zusammen.

6.16   Perceived Control

Die Schülerinnen und Schüler beantworteten zudem Fragen zur wahrgenommenen Kontrolle (Attribution), wie zum Beispiel ob sie denken, erfolgreich sein zu können, wenn sie sich anstrengen in Mathematik (siehe Tab. 9.46), ob sie denken, es hänge von ihnen ab, ob

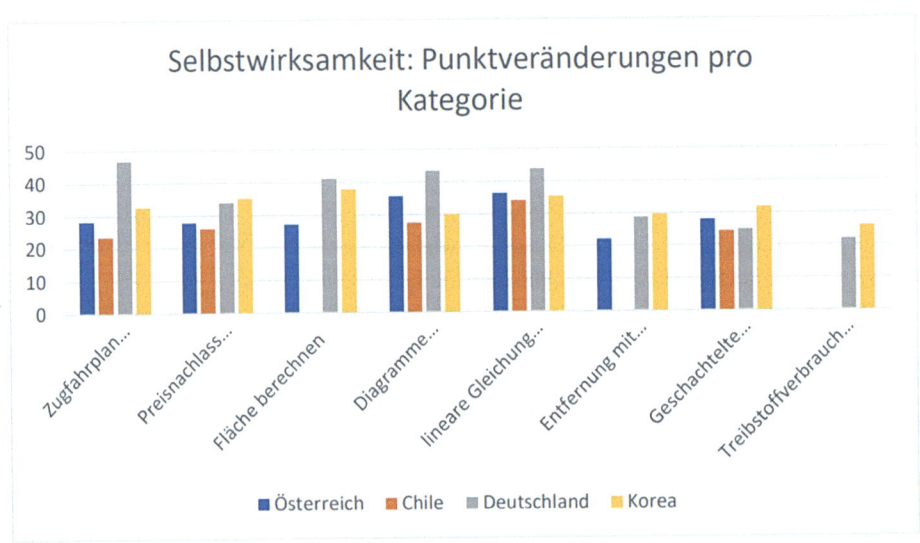

Abb. 6.25 Punktgewinne pro Kategorie (Einzelitems: Selbstwirksamkeit)

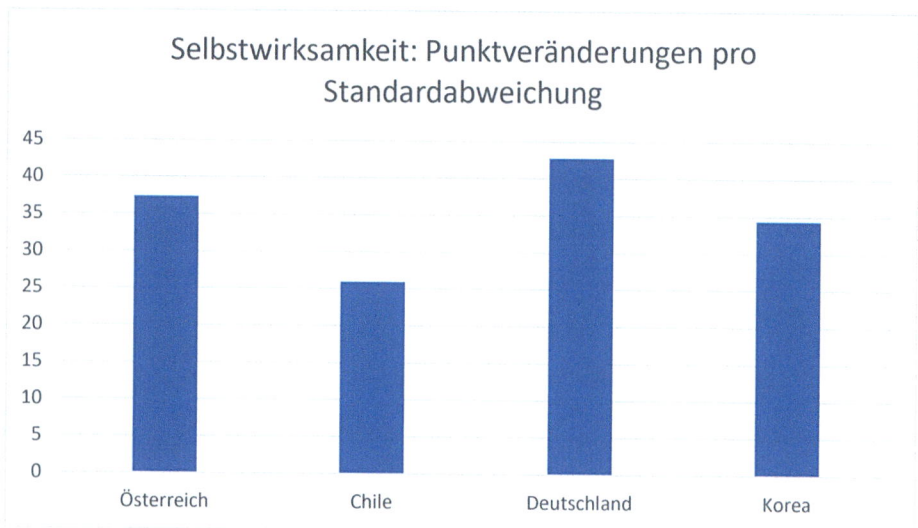

Abb. 6.26 Punktgewinne pro Standardabweichung (Indexvariable: Selbstwirksamkeit)

sie gut sind in Mathematik (siehe Tab. 9.47), ob sie sich bei einem anderen Lehrer mehr anstrengen würden, ob sie denken, sie könnten gut sein, wenn sie sich mehr anstrengen würden (siehe Tab. 9.48) oder ob sie denken, sie seien ohnehin schlecht in Mathematik (siehe Tab. 9.49).

Nur bei einem Item zeigt sich in allen vier Ländern ein signifikanter und praktisch relevanter Zusammenhang, je höher die internale Attribution, desto besser die Leistung, d. h. je weniger die Jugendlichen glauben, dass sie schlecht sind in Mathematik, egal was sie dafür tun, desto höher sind die Leistungen im komplexen Problemlösen (β ≥ 0,23). Die Punktunterschiede bewegen sich zwischen 24,27 und 26,55 Punkten. In Korea zeigt sich nicht nur bei diesem Item ein signifikanter und praktisch relevanter Zusammenhang (β= 0,22), sondern auch bei den Items „wenn ich mich anstrenge, kann ich erfolgreich sein" (β= 0,23), „es hängt allein von mir ab, ob ich gut bin oder nicht" (β= 0,24) und „wenn ich wollte, könnte ich gut in Mathematik sein" (β= 0,20).

Abb. 6.27 stellt die Punktgewinne grafisch dar.

6.17 Fehlerattribution

Die Schülerinnen und Schüler wurden zudem gefragt, was sie denken würden, wenn sie in einem Test schlecht abgeschnitten hätten, es wurden Antworten vorgegeben, die die Fehlerattribution abfragen (der Lehrer hat den Stoff nicht gut erklärt; der Stoff ist zu schwierig; kein Glück ...).

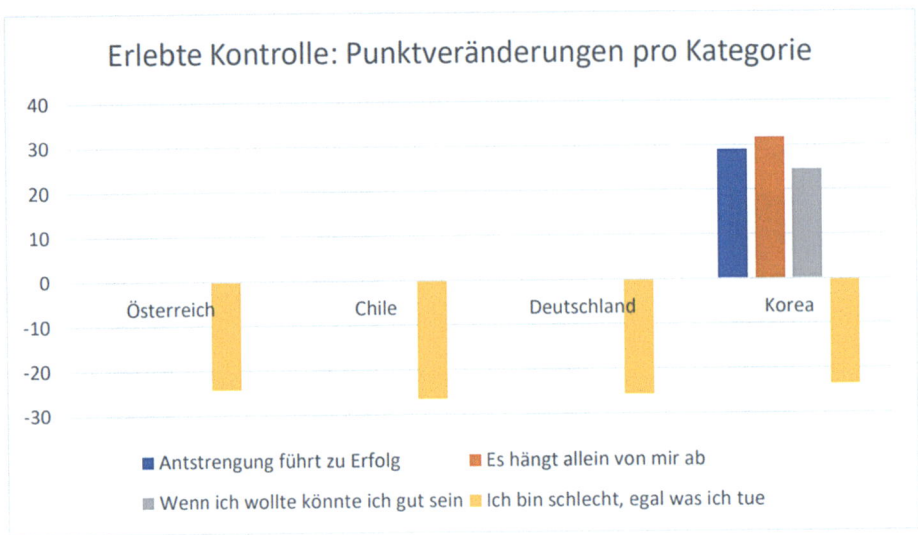

Abb. 6.27 Punktgewinne pro Kategorie (Einzelitems: Perceived Control)

6.17.1 Einzelitemanalyse

Die Zusammenhänge bewegen sich für Österreich zwischen r = −0,10 und 0,13 und sind alle praktisch nicht relevant (β ≤ 0,13, siehe Tab. 9.50 und 9.51). Ähnliches zeigt sich für Deutschland (β ≤ 0,13) und Korea (β ≤ 0,13). In Chile finden sich signifikante und praktisch relevante Zusammenhänge bei den Fragen zur internalen Attribution (habe schlecht beantwortet; bin nicht gut) (β= 0,22 und β= 0,29; Punktunterschiede −22,15 Punkte und −26 Punkte).

6.17.2 Indexvariable Fehlerattribution

Die Indexvariable nennt sich „*attributions to failure in mathematics*" (FAILMAT). Der Index hat den geringsten Wert in Korea (−0,33), gefolgt von Chile (0,04), Deutschland (0,12) und Österreich (0,15). Die Zusammenhänge sind für drei der vier untersuchten Länder nicht von praktischer Relevanz (β ≤ 0,05, siehe Tab. 9.129), in Chile zeigt sich ein praktisch relevanter negativer Zusammenhang mit der Leistung beim Test (Punktunterschiede: 23,09 Punkte; r = −0,26, β= 0,26).

6.17.3 Zusammenfassung

Abb. 6.28 und 6.29 stellen die praktisch relevanten Punktgewinne grafisch dar.

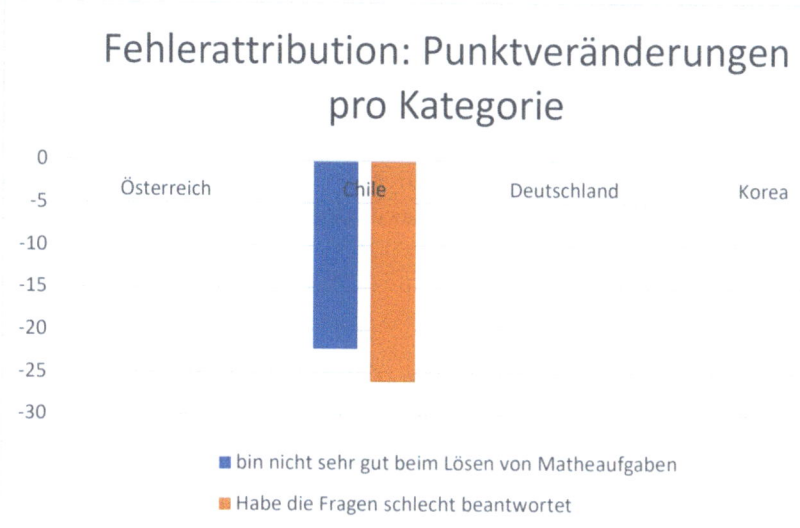

Abb. 6.28 Punktgewinne pro Kategorie (Einzelitems: Fehlerattribution)

Abb. 6.29 Punktgewinne pro Standardabweichung (Indexvariable: Fehlerattribution)

6.18   Arbeitsethik

Die Jugendlichen beantworteten auch Fragen zur Arbeitsmoral in Mathematik, zum Beispiel, ob sie die Aufgaben rechtzeitig fertigstellen, ob sie sich anstrengen, ob sie sich gut
vorbereiten auf Prüfungen, ob sie aufpassen im Unterricht und Ähnliches.

6.18.1 Einzelitemanalyse

Die Zusammenhänge bewegen sich in Österreich zwischen r = −0,11 und r = 0,13 und sind allesamt praktisch nicht relevant (β < 0,20). Ähnlich zeigen sich die Ergebnisse in Chile (β ≤ 0,19) und in Deutschland (β ≤ 0,16). Interessant sind die Ergebnisse für Korea, wo es für mehrere Fragen in Bezug auf die Arbeitsmoral signifikante und praktisch relevante Zusammenhänge gibt, nämlich für „ich bin immer vorbereitet" (β= 0,22, siehe Tab. 9.52), „lerne so lange, bis ich den Stoff beherrsche" (β= 0,25, siehe Tab. 9.53), „passe immer gut auf" (β= 0,22, siehe Tab. 9.54), „höre gut zu" (β= 0,23, siehe Tab. 9.55) und „vermeide Ablenkungen, wenn ich Mathematik lerne" (β= 0,20, siehe Tab. 9.56). Die Punktunterschiede betragen zwischen 23,19 und 27,5 Punkten pro Kategorie in Korea.

6.18.2 Indexvariable Arbeitsethik (MATWKETH)

Die Indexvariable zur „Arbeitsethik" (MATWKETH) ist in Korea am geringsten (−0,55), gefolgt von Deutschland (−0,003), Österreich (0,11) und Chile (0,15). Der Zusammenhang mit der Testleistung ist in Korea positiv und praktisch relevant (Punktzuwachs: 18,78 Punkte; β= 0,21, siehe Tab. 9.119), in den drei anderen untersuchten Ländern unter dem Schwellenwert von .20 (β ≤ 0,15).

6.18.3 Zusammenfassung

Abb. 6.30 und 6.31 zeigen die praktisch relevanten Punktgewinne grafisch.

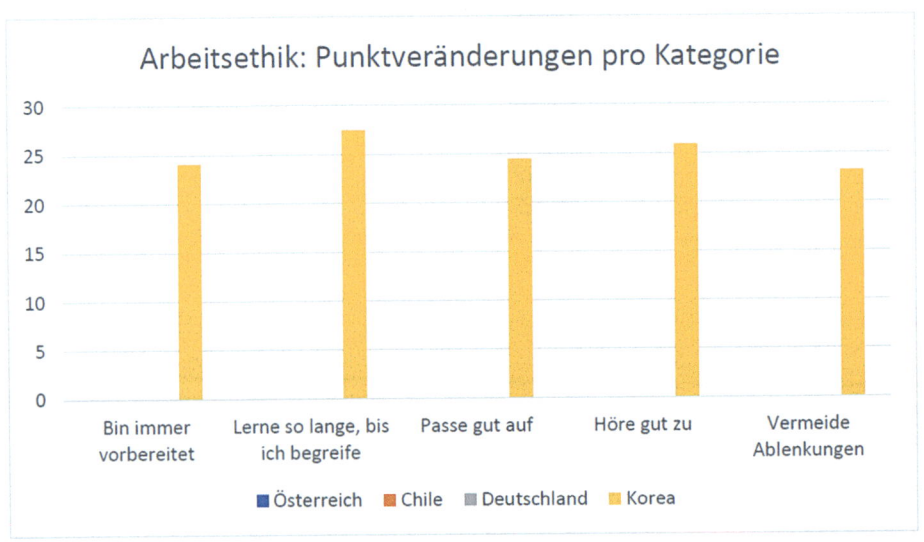

Abb. 6.30 Punktgewinne pro Kategorie (Einzelitems: Arbeitsethik in Mathematik)

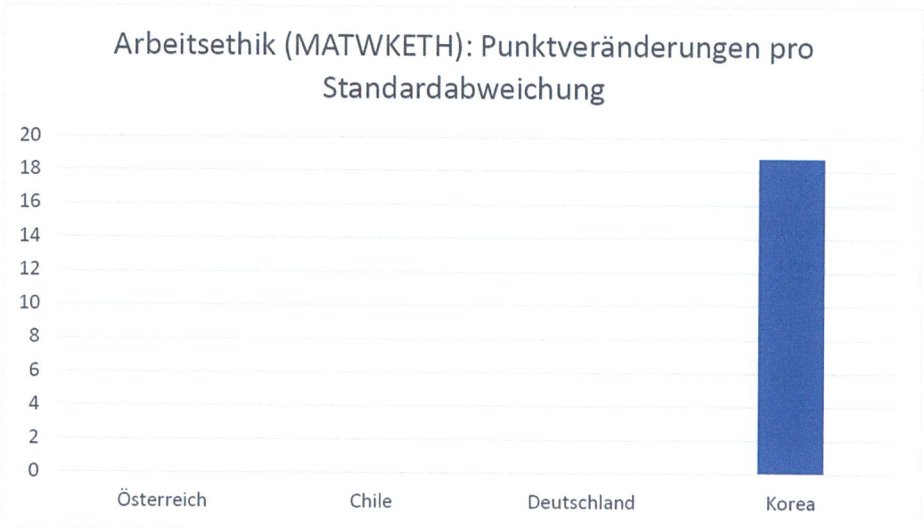

Abb. 6.31 Punktgewinne pro Standardabweichung (Indexvariable: Arbeitsethik in Mathematik)

6.19 Intentionen

Die Schülerinnen und Schüler beantworteten zusätzlich Fragen zu ihren Intentionen, zum Beispiel, ob sie eher Kurse in Mathematik oder eher Kurse in Deutsch besuchen würden nach ihrer Schulzeit, ob sie lieber eine Ausbildung belegen wollen, in dem Mathematik gebraucht wird oder lieber eine, in dem naturwissenschaftliche Kenntnisse notwendig sind, ob sie in Mathematik oder Deutsch mehr zu leisten bereit sind, als verlangt wird, ob sie sich lieber mit mathematischen Themen oder lieber mit naturwissenschaftlichen Themen beschäftigen würden, ob sie einen Beruf bevorzugen würden, der mit Mathematik viel zu tun hat oder lieber einen, der mit Naturwissenschaften viel zu tun hat.

6.19.1 Einzelitemanalyse

Bei Frage 1 ergibt sich für Österreich ein Punktunterschied von 20,68 Punkten zwischen jenen Schülerinnen und Schülern, die angeben, lieber Kurse in Mathematik zu besuchen als Kurse in Deutsch, der Unterscheid ist signifikant ($z = 4,86$, $p < 0,01$) aber praktisch nicht relevant ($\beta = 0,11$, siehe Tab. 9.57). Ähnliches zeigt sich für Chile ($+25,34$ Punkte, $\beta = 0,15$) und für Deutschland ($+17,67$ Punkte, $\beta = 0,09$). In Korea ist der Unterschied von 35,45 Punkten nicht nur signifikant ($z = 8,28$, $p < 0,01$), sondern auch praktisch relevant ($\beta = 0,20$).

Frage 2 zum Thema der Ausbildung („will ein Fach studieren, bei dem Fähigkeiten in xy notwendig sind") ergibt für Österreich, Deutschland und Korea einen **nicht** signifikanten Unterschied zwischen der Vorliebe für mathematisch angelegte Fächer und für naturwissenschaftlich angelegte Fächer (z < 1,69, p > 0,05). In Chile ist der Unterschied bei der Frage nach der geplanten Ausbildung signifikant (z = 6,67) aber praktisch nicht relevant (β= 0,13, siehe Tab. 9.58).

Bei Frage 3 zur Leistungsbereitschaft („bin in xy mehr zu leisten bereit als verlangt wird") ist das Ergebnis für Österreich nicht signifikant unterschiedlich zwischen Deutsch und Mathematik, in Chile und Deutschland zeigt sich ein signifikanter Unterschied (24,82 Punkte und 9,53 Punkte, z > 1,99, p < 0,05), der aber praktisch kaum von Relevanz ist (β < 0,14, siehe Tab. 9.59). In Korea ist der Unterschied zugunsten der Anstrengungsbereitschaft in Mathematik signifikant (z = 10,07, p < 0,019 und praktisch relevant (β= 0,22).

Frage 4 ergibt für Österreich einen Punktunterschied 19,96 Punkten zugunsten jener Schülerinnen und Schüler, die angeben, sich gerne nach der Schule mit naturwissenschaftlichen Fragestellungen zu beschäftigen. Der Unterschied ist signifikant (z = 4,81, p < 0,01) aber praktisch nicht relevant (β= 0,11, siehe Tab. 9.60). Ähnliche Werte zeigen sich für Deutschland, Chile und Korea (β ≤ 0,10).

Frage 5 zum Thema Berufswahl ergibt wie auch Frage 2 zur Ausbildung für Österreich, Deutschland und Korea einen **nicht** signifikanten Unterschied zwischen der Vorliebe für mathematisch angelegte Fächer und für naturwissenschaftlich angelegte Fächer (z < 1,53, p > 0,05). In Chile ist der Unterschied signifikant (z = 6,01) aber praktisch nicht relevant (β= 0,12, siehe Tab. 9.61).

6.19.2 Indexvariable – Intentionen (MATINTFC)

Die Indexvariable *mathematics intentions* (MATINTFC) ist in Korea am geringsten (−0,21) und in Österreich am höchsten (0,01) und korreliert zwar in Chile und Korea signifikant, aber praktisch nicht relevant mit den Leistungen im Test (β ≤ 0,17), in Österreich und Deutschland zeigt sich keine Signifikanz.

6.19.3 Zusammenfassung

Abb. 6.32 zeigt die praktisch relevanten Punktgewinne in der Kategorie Intentionen.

6.20   Verhalten bezüglich Mathematik

Die Schülerinnen und Schüler beantworteten Fragen wie „ich spreche mit Freunden über Mathematikaufgaben" oder „ich nehme an Mathematikwettbewerben teil" oder auch „ich programmiere" oder „ich spiele Schach".

Abb. 6.32 Punktgewinne pro Kategorie (Einzelitems: Intentionen)

6.20.1 Einzelitemanalyse

Bei keinem der Items zum Verhalten ergaben sich für Österreich praktisch relevante Zu-
smamenhänge mit der Leistung beim komplexen Problemlösen ($\beta \leq 0{,}13$). Ähnliches zeigt
sich für Chile ($\beta \leq 0{,}15$), für Deutschland ($\beta \leq 0{,}18$), nicht aber für Korea, wo sich praktisch
relevante Zusammenhänge für fünf der acht Fragen zeigen, nämlich „spreche mit Freunden
über Mathematikaufgaben" ($\beta = 0{,}20$, siehe Tab. 9.62), „helfe meinen Freunden in Mathematik" ($\beta = 0{,}24$, siehe Tab. 9.63), „beschäftige mich außerhalb der Schule mit Mathematik" ($\beta =$
0,25, siehe Tab. 9.64), „nehme an Mathematikwettbewerben teil" ($\beta = 0{,}22$, siehe Tab. 9.65)
und „beschäftige mich täglich mehr als 2 Stunden mit Mathematik außerhalb der Schule" ($\beta =$
0,27, siehe Tab. 9.66). Die Punktunterschiede bewegen sich zwischen 21,64 und 30,21 Punkten.

6.20.2 Indexvariable Verhalten bezüglich Mathematik

Die Indexvariable MATBEH ist nur in Österreich negativ ($-0{,}04$), in den drei anderen
untersuchten Ländern positiv (Chile: 0,16, Deutschland: 0,08; Korea: 0,17) zeigt für Korea
einen signifikanten und praktisch relevanten Zusammenhang mit dem Testergebnis
(+29,15 Punkte; $r = 0{,}32$, $\beta = 0{,}32$, siehe Tab. 9.137), in den anderen drei untersuchten
Ländern ist der Zusammenhang von keiner praktischen Bedeutung ($\beta \leq 0{,}12$).

6.20.3 Zusammenfassung

Abb. 6.33 und 6.34 zeigen die praktisch relevanten Punktveränderungen für den Fragenblock zum Verhalten bzgl. Mathematik.

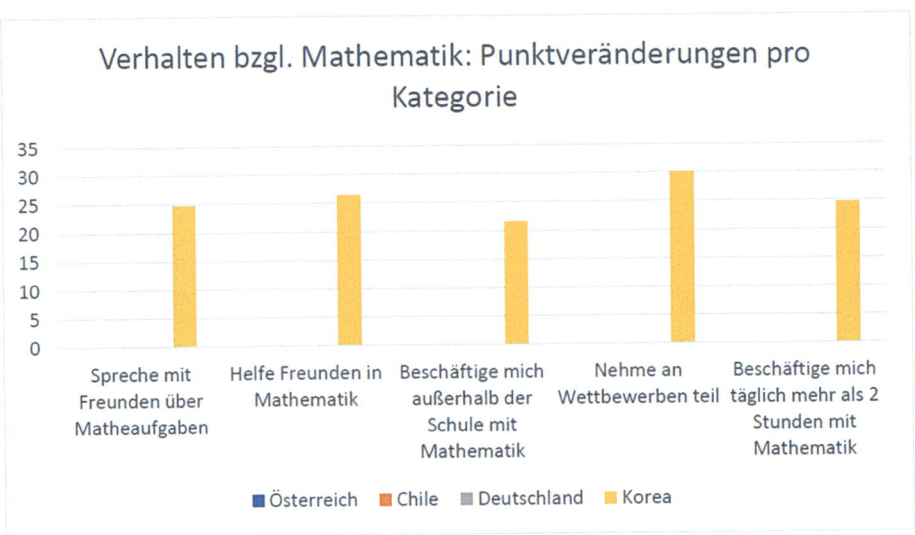

Abb. 6.33 Punktgewinne pro Kategorie (Einzelitems: Verhalten bzgl. Mathematik)

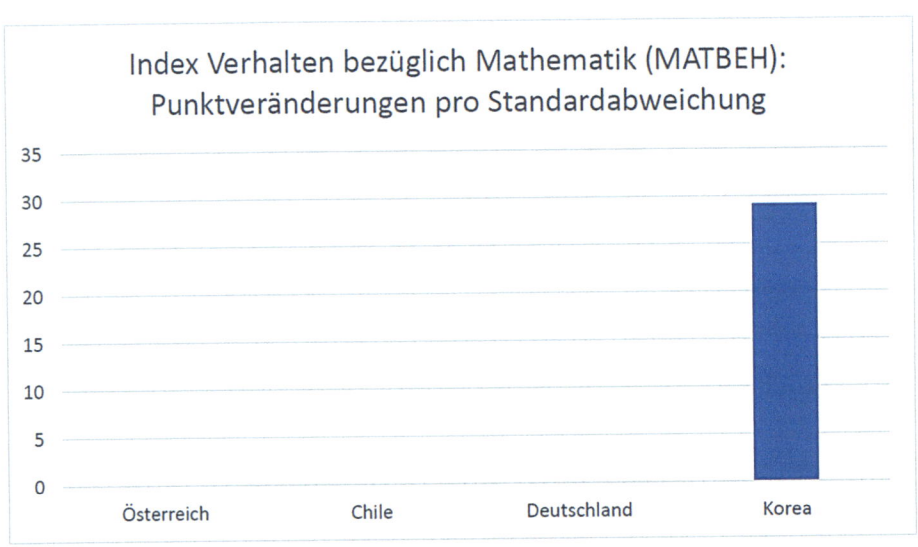

Abb. 6.34 Punktgewinne pro Standardabweichung (Indexvariable: Verhalten bzgl. Mathematik)

6.21 Ausdauer

Die Schülerinnen und Schüler beantworteten noch Fragen zur Ausdauer (ich gebe rasch auf, schiebe schwierige Aufgaben auf, …).

6.21.1 Einzelitemanalyse

Die Zusammenhänge mit den Leistungen im komplexen Problemlösen sind für fast alle Items gering, am höchsten korreliert die Antwort auf die Frage, ob man rasch aufgibt mit der Leistung ($r = -0{,}21$), je geringer also das Durchhaltevermögen, desto schwächer sind die österreichischen Schülerinnen und Schüler im Problemlösen, der Zusammenhang bei diesem Item ist der Einzige, der praktisch von Relevanz ist ($-18{,}43$ Punkte; $\beta = 0{,}21$, siehe Tab. 9.103). Dasselbe Bild zeigt sich in Chile ($-16{,}82$ Punkte; $\beta = 0{,}23$) und Deutschland ($-23{,}97$ Punkte; $\beta = 0{,}24$) und in schwächerer Form in Korea ($\beta = 0{,}18$).

6.21.2 Indexvariable Ausdauer

Die Indexvariable *Perseverance* (PERSEV) ist nur in Chile positiv (0,28), in den drei anderen untersuchten Ländern negativ (Österreich: $-0{,}02$, Deutschland: $-0{,}001$, Korea: $-0{,}09$) und steht in keinem der vier untersuchten Länder in einem praktisch relevanten Zusammenhang mit der Leistung beim Problemlösen ($\beta \leq 0{,}17$).

6.21.3 Zusammenfassung

Abb. 6.35 zeigt die Punktveränderungen für das praktisch relevante Item grafisch.

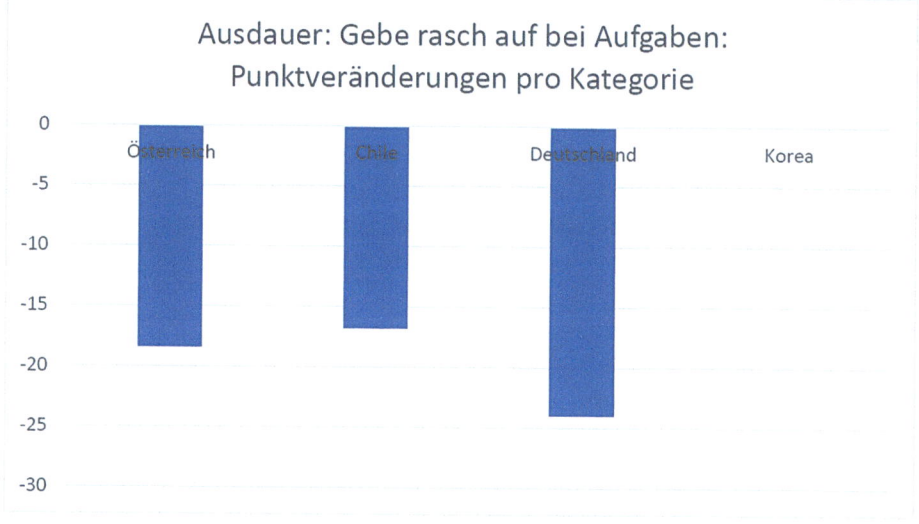

Abb. 6.35 Punktgewinne pro Kategorie (Einzelitems: Ausdauer)

6.22   Offenheit für Problemfragestellungen

Die Schülerinnen und Schüler beantworteten Fragen wie „ich kann viele Informationen gleichzeitig verarbeiten" (siehe Tab. 9.104), „ich löse gerne komplizierte Aufgaben", „ich kann gut Verbindungen zwischen Dingen herstellen" oder „ich begreife schnell".

6.22.1 Einzelitemanalyse

Es ergaben sich für Österreich bei allen Items signifikanten und positive Zusammenhänge mit den Leistungen beim komplexen Problemlösen, ein signifikanter, positiver und praktisch relevanter Zusammenhang zeigt sich bei der Frage, ob die Schülerinnen und Schüler schnell begreifen ($r = 0{,}25$, $p < 0{,}01$, $\beta = 0{,}25$, siehe Tab. 9.105), ob sie nach Erklärungen suchen ($r = 0{,}22$, $p < 0{,}01$, $\beta = 0{,}22$, siehe Tab. 9.106), ob sie Verbindungen zwischen Dingen herstellen können ($r = 0{,}26$, $p < 0{,}01$, $\beta = 0{,}26$, siehe Tab. 9.107) und ob sie gerne komplizierte Aufgaben lösen ($r = 0{,}20$, $p < 0{,}01$, siehe Tab. 9.108). In Korea steht neben den oben genannten Items zusätzlich auch die Frage, ob man mit viel Information umgehen kann, noch in signifikantem und praktisch relevantem Zusammenhang mit den Leistungen beim komplexen Problemlösen. In Deutschland sind die Zusammenhänge etwas schwächer und nur für das Item „ich begreife schnell" ($\beta = 0{,}20$) praktisch relevant, in Chile zeigen sich praktisch relevante Zusammenhänge für die beiden Items „ich begreife schnell" und „ich kann leicht Verbindungen zwischen Dingen herstellen" ($\beta \geq 0{,}20$).

6.22.2 Indexvariable Offenheit für Problemfragestellungen (OPENPS)

Die Indexvariable (OPENPS) ist in Korea am geringsten ($-0{,}37$), gefolgt von Österreich ($0{,}04$), Deutschland ($0{,}17$) und Chile ($0{,}18$) und steht in drei der vier untersuchten Länder in einem positiven, praktisch relevanten und signifikanten Zusammenhang mit der Testleistung, am höchsten in Korea ($\beta = 0{,}35$, siehe Tab. 9.138), gefolgt von Österreich ($\beta = 0{,}26$), Chile ($\beta = 0{,}21$) und Deutschland ($\beta = 0{,}18$).

6.22.3 Zusammenfassung

Abb. 6.36 und 6.37 zeigen die praktisch relevanten Punktveränderungen, die mit der Offenheit für Problemfragestellungen einhergehen.

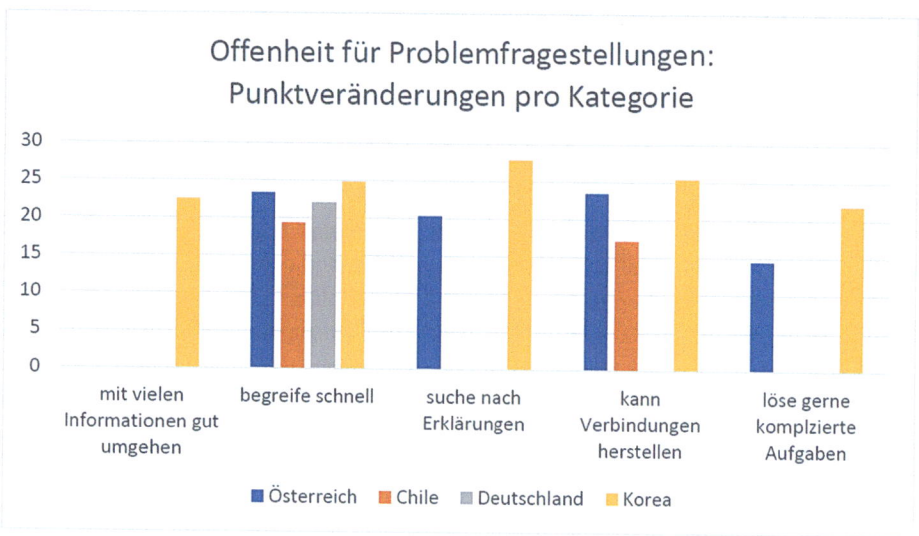

Abb. 6.36 Punktgewinne pro Kategorie (Einzelitems: Offenheit für Problemfragestellungen)

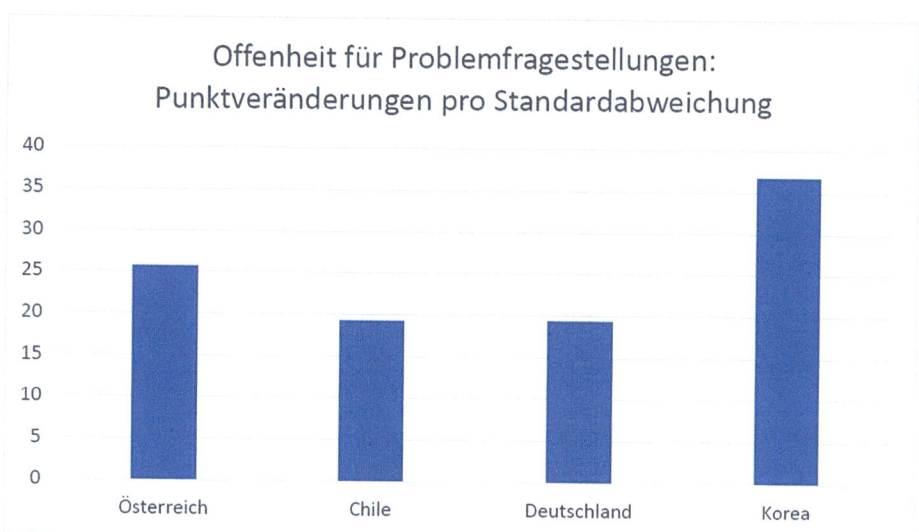

Abb. 6.37 Punktgewinne pro Standardabweichung (Indexvariable: Offenheit für Problemfragestellungen)

6.23   Problemvorgehen

6.23.1 Textnachricht

Die Schülerinnen und Schüler wurden gebeten, anzugeben, was sie tun würden, wenn das Senden eines SMS von ihrem Handy aus plötzlich nicht funktionieren würde. Es werden Antwortoptionen zur Auswahl gestellt wie „drücke auf jede mögliche Taste", „überlege, was das Problem verursacht haben könnte", „lese die Bedienungsanleitung" und „bitte einen Freund um Hilfe". Die Zusammenhänge sind alle statistisch signifikant, aber in Österreich, Deutschland und Korea praktisch von keiner oder geringer Relevanz ($\beta \leq 0,18$, siehe Tab. 9.109). In Chile findet sich ein praktisch relevanter Zusammenhang mit dem Item „überlege mir, was das Problem verursacht haben könnte und was ich tun kann, um es zu lösen" ($\beta = 0,21$), dies ist auch das Item, das relativ gesehen in Korea die höchste Korrelation aufweist ($\beta = 0,18$). In Österreich und Deutschland zeigt sich relativ gesehen die höchste Korrelation bei dem Item „drücke auf jede mögliche Taste", hier ist der Zusammenhang erwartungsgemäß negativ ($r = -0,19$ und $r = -0,17$).

6.23.2 Zoo

Es wurde auch ein anderes Problem geschildert, die Schülerinnen und Schüler sollen angeben, was sie tun würden, wenn sie gemeinsam mit dem Bruder einen Weg zum Zoo finden müssten und es wurden einige Antworten zur Auswahl gestellt, die sie jeweils auf einem 4-stufigen Format beantworten sollten. Möglich waren zum Beispiel „ich lese den Zooprospekt", „ich suche den Weg mit einer Karte", „ich überlasse es dem Bruder", „ich schlage vor, einfach mal loszufahren".

Die Zusammenhänge mit der Leistung beim komplexen Problemlösen sind signifikant, aber praktisch in allen Ländern von keiner oder nur geringer Bedeutung (Österreich, Deutschland und Korea: $\beta \leq 0,15$; Chile: $\beta \leq 0,17$).

6.23.3 Fahrkartenautomat

In einer dritten Frage wurde das Problemlöseverhalten abgefragt, wenn eine Fahrkarte an einem unbekannten Automaten zu kaufen ist. Es wurden folgende Vorgehensweisen abgefragt: „prüfe, ob der Automat ähnlich funktioniert wie andere, die ich bereits benutzt habe", „probiere alle Tasten aus", „bitte jemanden um Hilfe" und „suche einen Schalter".

Die Zusammenhänge sind alle signifikant ($p < 0,01$). Das Item, das abfragt, ob man Hilfe holt oder proaktiv selbst am Problem arbeitet, ist in Österreich und Deutschland auch in einem praktisch relevanten Zusammenhang mit der Leistung beim komplexen Problemlösen, je mehr man auf sich selbst vertraut, desto besser die Leistung im Test

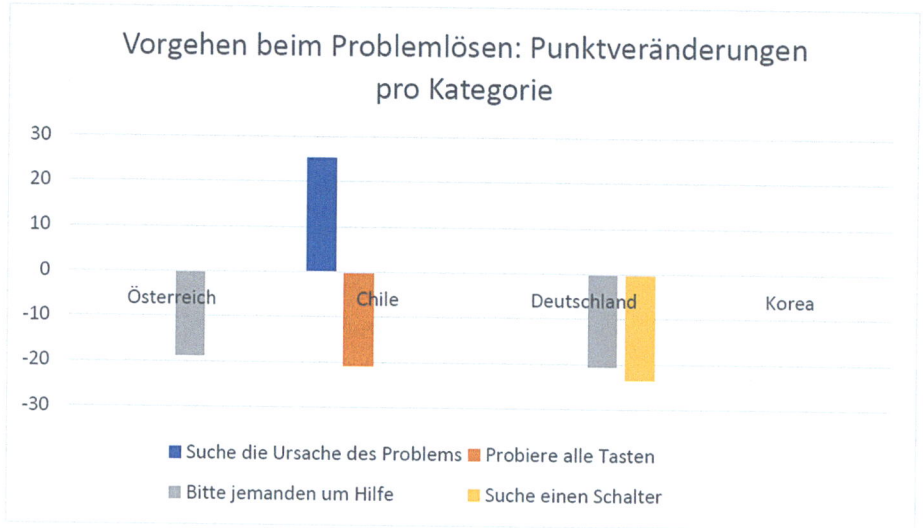

Abb. 6.38 Punktgewinne pro Kategorie (Einzelitems: Problemvorgehen)

(r = 0,20 in Österreich und Deutschland, siehe Tab. 9.111). Für Deutschland zeigt sich noch ein weiterer signifikanter und praktisch relevanter Zusammenhang mit der Ersatzstrategie („suche einen Schalter"), je höher der Wert auf dieser Frage (d. h. je wahrscheinlicher man diese Strategie wählt), desto geringer der Punktwert im CPS-Test (siehe Tab. 9.112). In Chile findet sich ein praktisch relevanter und negativer Zusammenhang mit der Strategie „probiere alle Tasten, um zu sehen, was passiert" (r = −0,23, siehe Tab. 9.110).

6.23.4 Zusammenfassung

Abb. 6.38 zeigt die Punktveränderungen grafisch.

6.24 Vorgehen beim Lernen

6.24.1 Vorbereitung

Die Schülerinnen und Schüler wurden gebeten, anzugeben, wie sie sich auf einen Test in Mathematik vorbereiten, ob sie versuchen, herauszufinden, was die wichtigsten Dinge sind, ob sie versuchen, mit schon Gelerntem zu verknüpfen oder ob sie so viel wie möglich auswendig lernen.

Der Punktunterschied zwischen Antwortmöglichkeit 1 („wichtigste Dinge") und 2 („Verknüpfungen herstellen") beträgt 22,75 Punkte und ist signifikant (z = 5,10, p < 0,01), aber praktisch nicht relevant ($\beta = 0,11$, siehe Tab. 9.68). Schülerinnen, die angaben, alles auswendig zu lernen sind um 23,87 Punkte schwächer als solche die angaben, die wichtigen Dinge herausfinden zu wollen, auch dieser Unterschied ist signifikant ($z = 3,89$, $p < 0,01$) hat aber praktisch keine Relevanz ($\beta = 0,08$). In Deutschland und Korea zeigt sich lediglich zwischen Alternative 3 („auswendig lernen") und 1 („wichtigste Dinge") ein signifikanter Unterschied ($-31,15$ Punkte und $-47,58$ Punkte; $z > 5,51$, $p < 0,01$), nicht aber zwischen den Alternativen 2 und 1 ($z < 1,59$, $p > 0,05$). In Chile ist ein signifikanter Unterschied zwischen Alternative 2 und 1 zu finden ($z = 6,13$, $p < 0,01$) nicht aber zwischen 3 und 1.

Der Punktunterschied zwischen jenen Schülerinnen und Schülern, die angaben, auswendig zu lernen und jenen, die angaben, Verknüpfungen herzustellen (Kategorie 2 vs. Kategorie 3), ist in allen vier untersuchten Ländern signifikant, hat aber nur in Korea mit 54,20 Punkten Unterschied praktische Relevanz ($\beta = 0,22$, siehe Tab. 9.67).

6.24.2 Lernen für Mathematik I

Die Schülerinnen und Schüler beantworteten auch Fragen dazu, was sie tun, wenn sie für Mathematik lernen. Sie sollten wählen aus den drei Alternativen „versuche ich, herauszufinden, was ich noch nicht richtig verstanden habe", „versuche ich, neue Lösungswege zu finden" und „prüfe ich, ob ich mir das Gelernte gemerkt habe". In keinem der untersuchten Länder zeigen sich praktisch relevante Unterschiede zwischen der Alternative „herausfinden, was ich noch nicht richtig verstanden habe" und den anderen beiden Alternativen ($\beta \leq 0,10$, siehe Tab. 9.69). Der Unterschied zwischen Alternative 3 und Alternative 1 ist in keinem Land signifikant, der Unterschied zwischen Alternative 1 und 2 in Österreich und Deutschland ($z > 4,43$, $p < 0,01$) ist praktisch von keiner Relevanz ($\beta \leq 0,10$). Ein Vergleich der Alternativen 2 und 3 zeigt für Österreich und Deutschland signifikante aber praktisch nicht relevante Unterschiede zugunsten Alternative 3 ($\beta \leq 0,19$, siehe Tab. 9.70), in Korea ist er signifikant zugunsten Alternative 2 ($z = 2,97$, $p < 0,01$, $\beta = 0,08$).

6.24.3 Lernen für Mathematik II

In einer anderen Frage sollten die Schülerinnen und Schüler aus folgenden Alternativen wählen: „versuche ich den Stoff mit Dingen zu verbinden, die ich in anderen Fächern gelernt habe", „überlege ich mir genau, was ich lernen muss" (siehe Tab. 9.71) und „rechne ich manche Aufgaben so oft durch, bis ich sie im Schlaf lösen könnte" (siehe Tab. 9.72).

In Österreich zeigt sich kein signifikanter Punktunterschied zwischen jenen, die angaben, das Gelernte mit anderem Gelerntem verbinden zu wollen und den beiden anderen Alternativen ($z < 1,82$, $p > 0,05$). In Chile, Korea und Deutschland zeigt sich ein signifikanter Unterschied zwischen Alternative 3 und Alternative 1 ($z < 3,31$, $p < 0,05$) mit Punktunterschieden von zumindest 18,49 Punkten, in Korea ist auch der Unterschied zwischen Alternative 1 und Alternative 2 signifikant (z = 7,49, p < 0,01). Keiner der Unterschiede hat eine praktische Relevanz (β ≤ 0,16). Die Unterschiede zwischen den Alternativen 2 und 3 sind in Chile, Deutschland und Korea signifikant (z > 1,97, p < 0,05), aber praktisch von keiner Relevanz (β ≤ 0,07).

6.24.4 Lernen in Mathematik III

Die Schülerinnen und Schüler wählten zudem aus den Alternativen „ich rechne immer wieder dieselben Beispiele durch", „ich überlege, wie ich das Gelernte im Alltag anwenden kann" und „ich suche, wenn ich etwas nicht verstehe, immer nach zusätzlichen Informationen, um das Problem zu klären". Es zeigen sich signifikante aber praktisch nicht relevante Unterschiede zwischen den Schülerinnen und Schülern, die Alternative 2 und Alternative 1 gewählt haben, zugunsten von Alternative 2 (z > 2,25, p < 0,05, β ≤ 0,08), die in Korea von praktischer Relevanz sind (+46,29 Punkte, β= 0,25, siehe Tab. 9.73). Der Vergleich zwischen den Alternativen 1 und 3 ist in Österreich und Korea signifikant zugunsten von Alternative 3 (z < 2,58, p < 0,05, β ≤ 0,10), in Deutschland und Chile zeigt sich kein signifikanter Punktunterschied. Der Unterschied zwischen Alternative 2 und Alternative 3 ist in Österreich, Deutschland und Korea signifikant (z ≥ 3,19, p < 0,01) und in Korea von praktischer Relevanz (+66,16 Punkte β= 0,33).

6.24.5 Zusammenfassung

Abb. 6.39 zeigt die Punktunterschiede abhängig vom Vorgehen beim Lernen.

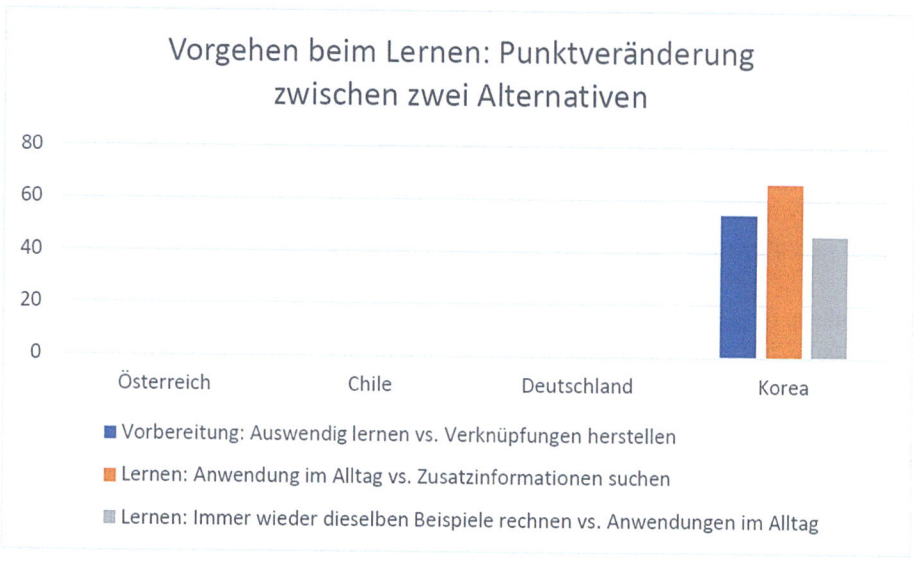

Abb. 6.39 Punktgewinne pro Kategorie (Einzelitems: Vorgehen beim Lernen)

6.25   Aufgaben in Mathematikunterricht

Die Schülerinnen und Schüler wurden gefragt, wie häufig sie bestimmten Aufgabentypen in der Schule bereits begegnet sind (4-stufige Skala). Es wurde zum Beispiel genannt „Zugfahrplan lesen", „Fläche berechnen", „Gleichung lösen" etc. Bei Gleichung lösen wurden verschiedene Arten von Gleichungen vorgegeben – quadratische, lineare und verschachtelte.

6.25.1 Einzelitemanalyse

Es zeigt sich für alle vier untersuchten Länder ein positiver, signifikanter und praktisch relevanter Zusammenhang mit der quadratischen Gleichung (siehe Tab. 9.77), der verschachtelten Gleichung (siehe Tab. 9.76 und 9.78) und der linearen Gleichung ($\beta \geq 0{,}25$, siehe Tab. 9.79). In Korea zusätzlich mit der Frage „wissenschaftliche Tabellen in einem Artikel verstehen" ($\beta = 0{,}21$, siehe Tab. 9.75) und „Fläche berechnen" ($\beta = 0{,}27$, siehe Tab. 9.74). Die Punktunterschiede betragen in Korea zwischen 22,95 Punkten und 60,35 Punkten. In Deutschland zwischen 28,75 und 37,02 Punkten, in Chile zwischen 22,93 und 25,32 Punkten und in Österreich zwischen 26,6 und 30,86 Punkten.

6.25.2 Indexvariablen – Erfahrung mit innermathematischen Aufgaben (EXPUREM) und mit angewandten Aufgaben (EXAPPLM)

Die Aufgaben können in „rein mathematische Aufgaben" und „angewandte Aufgaben" zusammengefasst werden. Signifikante und praktisch relevante positive Zusammenhänge zeigen sich beim Index „Pure Mathematics Tasks" (EXPUREM) in allen vier untersuchten Ländern ($\beta \geq 0{,}33$, siehe Tab. 9.128) mit Punktunterschieden zwischen 23,36 und 52,78 Punkten. Der Wert ist in Korea mit 0,43 am höchsten, gefolgt von Deutschland (0,13), Österreich (−0,03) und Chile (−0,10).

Der Index „Applied Mathematics Tasks" (EXAPPLM) korreliert nur in einem Land (Korea) signifikant und praktisch relevant mit der Leistung beim CPS-Test (+20,81 Punkte; $\beta = 0{,}24$, siehe Tab. 9.127), in allen anderen Ländern zeigt sich kein nennenswerter Zusammenhang ($\beta \leq 0{,}08$). Der Wert ist in Korea am höchsten (0,40), gefolgt von Deutschland (0,06), Chile (−0,03) und Österreich (−0,03).

6.25.3 Zusammenfassung

Abb. 6.40 und 6.41 stellen die Punktunterschiede für den Block „Aufgaben im Unterricht" grafisch zusammen.

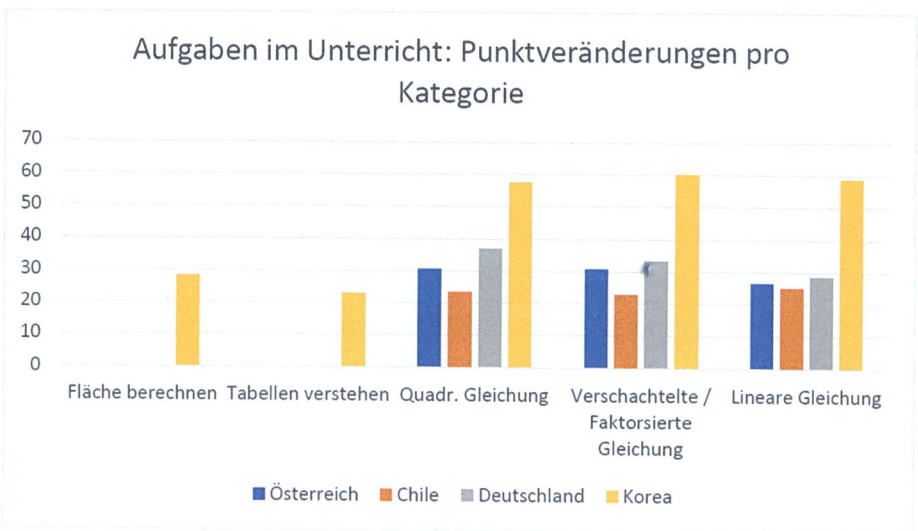

Abb. 6.40 Punktgewinne pro Kategorie (Einzelitems: Aufgaben in Mathematikunterricht)

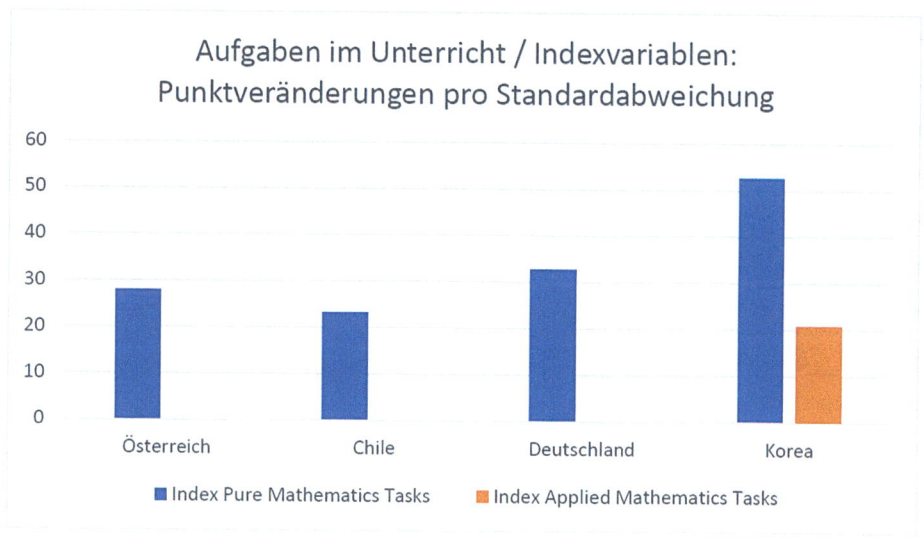

Abb. 6.41 Punktgewinne pro Standardabweichung (Indexvariablen: Aufgaben in Mathematikunterricht)

6.26   Mathematische Begriffe

Den Schülerinnen und Schülern wurden auch Begriffe vorgegeben, zu denen sie angeben sollten, wie vertraut sie mit den Begriffen sind. Es wurden Begriffe wie „Polygon", „Kosinus" oder „Wahrscheinlichkeit" präsentiert. Es ergaben sich für alle vier untersuchten Länder signifikante und praktisch relevante Zusammenhänge mit den Begriffen „Divisor", „Lineare Gleichung", „Vektor", „rationale Zahl" und „Wurzel".

6.26.1 Einzelitemanalysen

In drei von den vier Ländern zeigen sich signifikante und praktisch relevante Zusammengänge mit den Begriffen „Exponentialfunktion" (siehe Tab. 9.80), „Divisor" (siehe Tab. 9.81), „Quadratfunktion" (siehe Tab. 9.82), „lineare Gleichung" (siehe Tab. 9.83), „Vektor" (siehe Tab. 9.84), „Wurzel" (siehe Tab. 9.87), „Kongruente Figur" (siehe Tab. 9.89), „Kosinus" (siehe Tab. 9.90), „Arithmetisches Mittel" (siehe Tab. 9.91) und „Wahrscheinlichkeit" (siehe Tab. 9.92). In zwei von den vier Ländern finden sich praktisch relevante Zusammenhänge mit den Begriffen „Polygon" (siehe Tab. 9.88) und „komplexe Zahl" (siehe Tab. 9.85). Die Punktunterschiede bewegen sich zwischen 11,6 Punkten (Chile, arithm. Mittel) und 56,73 Punkten (Korea, rationale Zahl, siehe Tab. 9.86).

6.26.2 Indexvariable Vertrautheit mit mathematischen Konzepten

Der Index „Vertrautheit mit mathematischen Konzepten" (FAMCONC) ist in allen vier Ländern signifikant und positiv mit der Leistung beim komplexen Problemlösen korreliert ($\beta \geq 0{,}30$, siehe Tab. 9.130).

6.26.3 Zusammenfassung

Abb. 6.42 und 6.43 stellen die Punktunterschiede für den Fragenblock zu den mathematischen Begriffen grafisch dar.

6.27   Anzahl der Unterrichtseinheiten in Mathematik und Naturwissenschaften

Die Schülerinnen und Schüler gaben auch an, wie viele Unterrichtseinheiten sie in Mathematik, Physik, Chemie, Biologie und anderen naturwissenschaftlichen Fächern haben. In Deutschland und Österreich sind die Zusammenhänge nicht von praktischer Relevanz

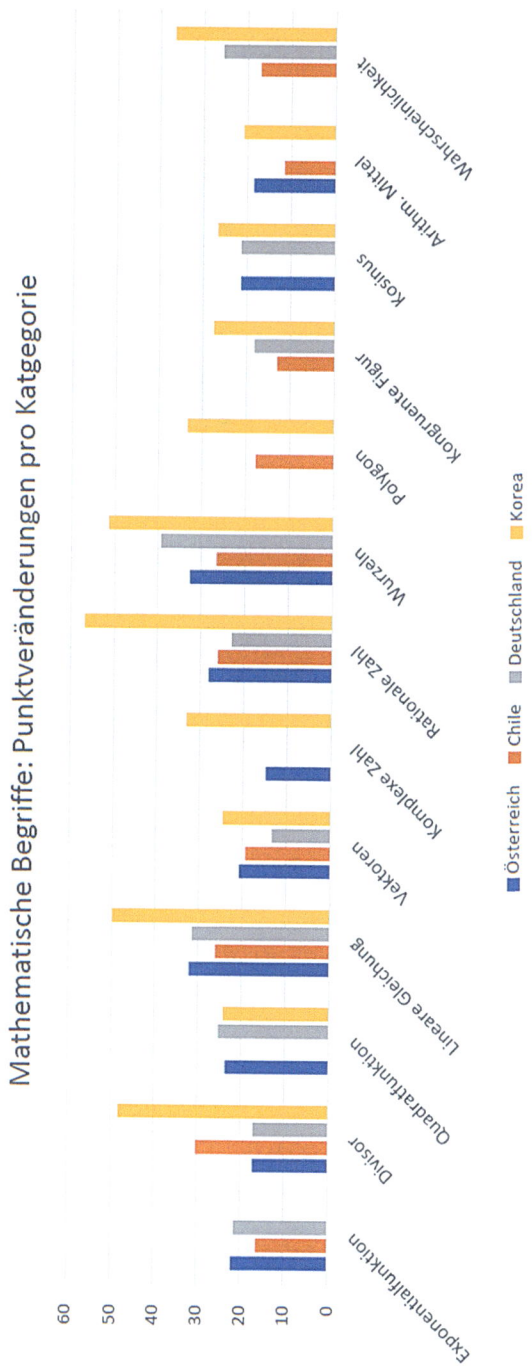

Abb. 6.42 Punktgewinne pro Kategorie (Einzelitems: Mathematische Begriffe)

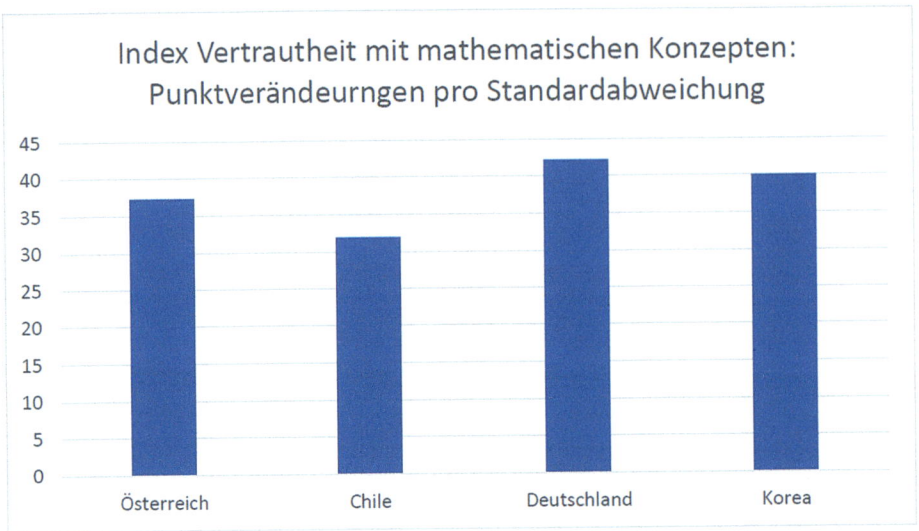

Abb. 6.43 Punktgewinne pro Standardabweichung (Indexvariablen: Mathematische Begriffe)

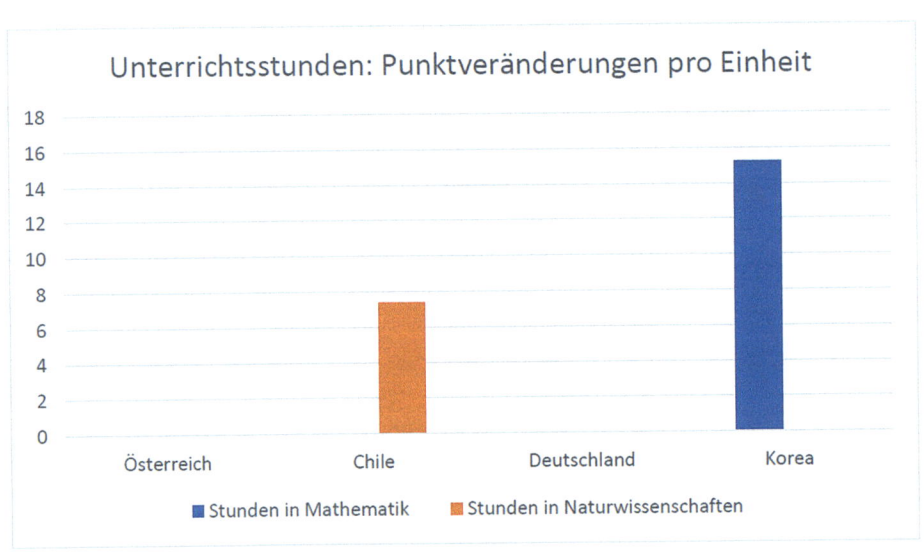

Abb. 6.44 Punktgewinne pro Einheit (Unterrichtsstunden)

($\beta \leq 0{,}12$, siehe Tab. 9.93), in Chile zeigt sich ein positiver und praktisch relevanter Zusammenhang mit dem Unterricht in den Naturwissenschaften (+7,43 Punkte: r = 0,23), in Korea mit dem Unterricht in Mathematik (+15,27 Punkte; β= 0,21, siehe Tab. 9.94).

Abb. 6.44 stellt die praktisch relevanten Punktunterschiede grafisch dar.

6.28   Erfahrung mit verschiedenen Arten von Mathematikaufgaben

Den Schülerinnen und Schülern wurden verschiedene Arten von Mathematikaufgaben vorgegeben und es wurde gefragt, ob sie derartigen Aufgaben im Unterricht bereits begegnet sind und ob sie derartige Aufgaben bei Tests oder Schularbeiten lösen mussten. Es wurde ein prozeduraler Aufgabentyp vorgegeben, ein algebraisches Problem, ein logisches Problem und ein angewandtes Problem. Ein praktisch relevanter Zusammenhang zeigt sich in drei von den vier Ländern (ausgenommen Deutschland, wo der Zusammenhang knapp nicht relevant ist) bei der prozeduralen Problemstellung „Gleichungen/Volumen" (löse 2x+3=7/berechne das Volumen einer Kiste mit den Seitenlängen 3 m, 4 m und 5 m). Je häufiger Schülerinnen und Schüler diesen Aufgaben im Mathematikunterricht begegnet sind, desto besser waren die Leistungen beim komplexen Problemlösen. Die Punktunterschiede bewegen sich zwischen 28,21 in Chile und 35,23 Punkten in Deutschland (siehe Tab. 9.95).

Abb. 6.45 zeigt die Punktunterschiede grafisch auf.

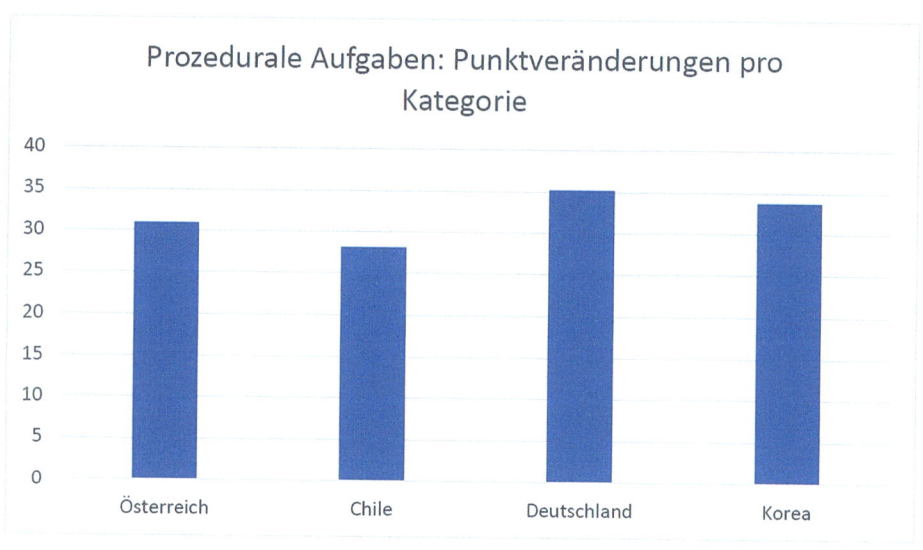

Abb. 6.45 Punktgewinne pro Kategorie (Einzelitems: Erfahrung mit verschiedenen Arten von Mathematikaufgaben)

Literatur

Bethge, H.-J., Carlson, J. S., & Wiedl, K. H. (1982). The effects of dynamic assessment procedures on Raven Matrices performance, visual search behavior, test anxiety and test orientation. *Intelligence, 6*(1), 89–97.

BIFIE. (2013). *Themenheft Mathematik „Problemlösen". Volksschule Grundstufe I + II*. Graz: Leykam.

Bos, W., Lankes, E.-M., Prenzel, M., Schwippert, K., Walther, G., & Valtin, R. (2003). *Erste Ergebnisse aus IGLU. Schülerleistungen am Ende der vierten Jahrgangsstufe im internationalen Vergleich*. Münster: Waxmann.

Bosma, T., & Resing, W. C. M. (2006). Dynamic assessment and a reversal task: A contribution to needs-based assessment. *Educational and Child Psychology, 23*, 81–98.

Bruder, R., & Collet, C. (2011). *Problemlösen lernen im Mathematikunterricht* (Scriptor Praxis – Mathematik). Berlin: Cornelsen Scriptor.

Budoff, M. (1987). The validity of learning potential assessment. In C. S. Lidz (Hrsg.), *Dynamic assessment: An interactional approach to evaluating learning potential* (S. 52–81). New York: Guilford Press.

Butts, D. P., Hoffman, H. M., & Anderson, M. (1993). Is hands-on experience enough? A study of young children's views of sinking and floating objects. *Journal of Elementary Science Education, 5*(1), 50–64.

Chase, W. G., & Ericsson, A. (1981). Skilled memory. In J. R. Anderson (Hrsg.), *Cognitive skills and their acquisition* (S. 141–189). Hillsdale: Erlbaum.

Chase, W. G., & Simon, H. A. (1973). Perception in chess. *Cognitive Psychology, 4*(1), 55–81.

Chi, M. T. H. (1997). Quantifying qualitative analysis of verbal data. *Journal of the Learning Sciences, 6*, 271–315.

Chi, M. T. H., Feltovich, P. J., & Glaser, R. (1981). Categorization and representation of physics problems by experts and novices*. *Cognitive Science, 5*(2), 121–152.

Church, R. B. (1999). Using gesture and speech to capture transitions in learning. *Cognitive Development, 14*, 313–342.

Day, S. B., & Goldstone, R. L. (2012). The import of knowledge export: Connecting findings and theories of transfer of learning. *Educational Psychologist, 47*(3), 153–176.

De Groot, A. D. (1965). *Thought and choice in chess*. The Hague: Mouton.

Elliott, J. G., Grigorenko, E. L., & Resing, W. C. M. (2010). Dynamic assessment. In B. McGraw, P. Peterson & E. Baker (Hrsg.), *International Encyclopedia of education* (S. 220–225). Amsterdam: Elsevier.

Farrington-Flint, L., Coyne, E., Stiller, J., & Heath, E. (2008). Variability in children's early reading strategies. *Educational Psychology, 28*(6), 643–661.

Ferrara, R. A., Brown, A. L., & Campione, J. C. (1986). Children's learning and transfer of inductive reasoning rules: Studies of proximal development. *Child Development, 57*(5), 1087–1099.

Grigorenko, E. L. (2009). Dynamic assessment and response to intervention. Two sides of one coin. *Journal of learning disabilities, 42*(2), 111–132.

Grigorenko, E. L., & Sternberg, R. J. (1998). Dynamic testing. *Psychological Bulletin, 124*(1), 75–111.

Gürtler, T., Perels, F., Schmitz, B., & Bruder, R. (2003). Training zur Förderung selbstregulativer Fähigkeiten in Kombination mit Problemlösen in Mathematik. In J. Doll & M. Prenzel (Hrsg.), *Bildungsqualität von Schule. Schulische und außerschulische Bedingungen mathematischer, naturwissenschaftlicher und einfacher Kompetenzen* (S. 222–240). Weinheim: Beltz.

Haglund, J., Jeppsson, F., & Andersson, J. (2012). Young children's analogical reasoning in science domains. *Science Education, 96*(4), 725–756.

Haider, G., & Reiter, C. (Hrsg.). (2004). *PISA 2003 – Internationaler Vergleich von Schülerleistungen. Nationaler Bericht*. Graz: Leykam.

Haywood, H. C., & Lidz, C. S. (2007). *Dynamic assessment in practice. Clinical and educational applications.* Cambridge: Cambridge University Press.

Jeffries, R., Turner, A., Polson, P., & Atwood, M. E. (1981). The process involved in designing software. In J. R. Anderson (Hrsg.), *Cognitive skills and their acquisition* (S. 255–283). Hillsdale: Erlbaum.

Jeltova, I., Birney, D., Fredine, N., Jarvin, L., Sternberg, R. J., & Grigorenko, E. L. (2011). Making instruction and assessment responsive to diverse students' progress: Groupadministered dynamic assessment in teaching mathematics. *Journal of Learning Disabilities, 44*(4), 381–395.

Johnson, E. J. (1988). Expertise and decision under uncertainty: Performance and progress. In M. T. H. Chi, R. Glaser & M. J. Farr (Hrsg.), *The nature of expertise* (S. 209–228). Hillsdale: Erlbaum.

Kim, K., Bae, J., Nho, M.-W., & Lee, C. H. (2012). „How do experts and novices differ? Relation versus attribute and thinking versus feeling in language use": Correction to Kim, Bae, Nho, and Lee (2011). *Psychology of Aesthetics, Creativity and the Arts, 6*(1), 42.

Kohnstamm, G. A. (2014). *Jean Piaget: Children and the inclusion problem.* New Brunswick: Transactions.

Larkin, J. H. (1983). The role of problem representation in physics. In D. Genter & A. Collins (Hrsg.), *Mental models* (S. 75–98). Hillsdale: Erlbaum.

OECD. (2014a). *PISA 2012 Technical Report.* Paris: PISA/OECD.

OECD. (2014b). *PISA 2012 results: Creative problem solving: Students' skills in tackling real-life problems* (Bd. V). Paris: PISA/OECD.

Pittman, K. M. (1999). Student-generated analogies. Another way of knowing? *Journal of Research in Science Teaching, 36*(1), 1–22.

Reitman, J. S. (1976). Skilled perception in go. Deducing memory structures from inter-response times. *Cognitive Psychology, 8*(3), 336–356.

Resing, W. C. M. (1993). Measuring inductive reasoning skills: The construction of a learning potential test. In J. H. M. Hamers, K. Sijtsma & A. J. J. M. Ruijssenaars (Hrsg.), *Learning potential assessment. Theoretical, methodological and practical issues* (S. 219–241). Amsterdam: Swets und Zeitlinger.

Resing, W. C. M. (2013). Dynamic testing and individualized instruction. Helpful in cognitive education? *Journal of Cognitive Education and Psychology, 12*, 81–95.

Resing, W. C. M., & Elliott, J. G. (2011). Dynamic testing with tangible electronics. Measuring children's change in strategy use with a series completion task. *The British Journal of Educational Psychology, 81*(4), 579–605.

Resing, W. C. M., Xenidou-Dervou, I., Steijn, W. M. P., & Elliott, J. G. (2012). A „picture" of children's potential for learning. Looking into strategy changes and working memory by dynamic testing. *Learning and Individual Differences, 22*(1), 144–150.

Resing, W. C. M., Tunteler, E., & Elliott, J. G. (2015). The effect of dynamic testing with electronic prompts and scaffolds on children's inductive reasoning. A microgenetic study. *Journal of Cognitive Education and Psychology, 14*(2), 231–251.

Rost, P., & Wessel, A. (1994). „Mein Kind soll es einmal besser haben …". *Pädagogik und Schulalltag, 94*, 218–224.

Salner-Gridling, I. (Hrsg.). (2009). *Querfeldein. Individuell lernen – Differenziert lehren.* Wien: ÖZEPS.

Salomon, G., & Perkins, D. N. (1998). Individual and social aspects of learning. *Review of Research in Education, 23*(1), 1–24.

Schwantner, U. (2013). Computerbasiertes Problemlösen im Geschlechtervergleich. In C. Schreiner, S. Salchegger & B. Suchan (Hrsg.), *Internationaler Vergleich von Schülerleistungen Problemlösen, Mathematik und Lesen im elektronischen Zeitalter* (S. 16–17). Graz: Leykam.

Schwippert, K. (2002). *Optimalklassen: Mehrebenenanalytische Untersuchungen.* Münster: Waxmann.

Siegler, R. S. (2006). Microgenetic analysis of learning. In W. Damon & R. M. Lerner (Reihe Hrsg.), D. Kuhn & R. S. Siegler (Bd. Hrsg.), *Handbook of child psychology: Bd. 2. Cognition, perception, and language* (6. Aufl., S. 464–510). Hoboken: Wiley.

Siegler, R. S., & Stern, E. (1998). Conscious and unconscious strategy discoveries. A microgenetic analysis. *Journal of Experimental Psychology: General, 127*(4), 377–397.

Siegler, R. S., & Svetina, M. (2002). A microgenetic/cross sectional study of matrix completion. Comparing short-term and log-term change. *Child Development, 73,* 793–809.

Stevenson, C. E., Hickendorff, M., Resing, W. C. M., Heiser, W. J., & De Boeck, P. A. L. (2013). Explanatory item response modeling of children's change on a dynamic test of analogical reasoning. *Intelligence, 41,* 157–168.

Tunteler, E., Pronk, C. M. E., & Resing, W. C. M. (2008). Inter- and intra-individual variability in the process of change in the use of analogical strategies to solve geometric tasks in children. A microgenetic analysis. *Learning and Individual Differences, 18*(1), 44–60.

Tzuriel, D. (2013). Mediated learning experience strategies and cognitive modifiability. *Journal of Cognitive Education and Psychology, 13,* 59–80.

Folgende Indexvariablen haben in allen vier untersuchten Ländern einen signifikanten und praktisch relevanten Einfluss auf die Leistung beim Test. Die exakten Punktveränderungen finden sich in Tab. 7.1.

Die vier Indexvariablen Selbstkonzept, Selbstwirksamkeit, Interesse und Offenheit für Problemfragestellungen können sowohl Einflussgröße als auch Folge einer guten Fähigkeit beim Problemlösen sein, weshalb sie nicht in einem Einflussmodell mitverrechnet werden.

7.1 Modell 1 – ESCS, Erfahrung mit innermathematischen Aufgaben, Vertrautheit mit mathematischen Konzepten und Schülerorientierung im Unterricht

Verrechnet man die vier Variablen, die in allen untersuchten Ländern praktisch relevant in Verbindung stehen und **nicht** Folge einer guten Problemlösekompetenz sein können in einem Modell miteinander, bleibt der schülerzentrierte Unterricht in keinem Land ein signifikanter Einflussfaktor mehr ($\beta \leq 0{,}14$). In drei der vier Länder bleibt die Vertrautheit mit mathematischen Konzepten ein signifikanter und praktisch relevanter Einflussfaktor (Österreich: $\beta = 0{,}29$, Punktunterschied 26,89 Punkte; Deutschland: $\beta = 0{,}34$, Punktunterschied 31,93 Punkte, Korea: $\beta = 0{,}29$, Punktunterschied 38,16 Punkte). Ebenso ist in drei der vier untersuchten Länder der ESCS ein signifikanter und praktisch relevanter Einflussfaktor (Österreich: $\beta = 0{,}23$, Punktunterschied 26,09 Punkte; Deutschland: $\beta = 0{,}21$, Punktunterschied 21,30 Punkte, Chile: $\beta = 0{,}29$, Punktunterschied 21,37 Punkte). Die Erfahrung mit innermathematischen Aufgaben („pure mathematics tasks") ist in diesem Modell in Korea nach wie vor von praktischer Relevanz ($\beta = 0{,}29$, Punktunterschied 38,60 Punkte). Der schülerorientierte Unterricht bleibt in diesem Modell in keinem der untersuchten Länder signifikanter Einflussfaktor (siehe Tab. 7.1).

© Springer Fachmedien Wiesbaden GmbH, ein Teil von Springer Nature 2020
U. Kipman, *Komplexes Problemlösen*, https://doi.org/10.1007/978-3-658-30826-1_7

Tab. 7.1 Praktisch relevante Einflüsse im kombinierten Regressionsmodell (Modell 1)

	Österreich	Chile	Deutschland	Korea
ESCS	relevant	relevant	relevant	x
EXPUREM	x	x	x	relevant
FAMCON	relevant	x	relevant	relevant
MATBEHSO	x	x	x	x

7.2 Modell 1a – Vertrautheit mit mathematischen Konzepten (FAMCON)

Die Begriffe, die der Indexvariable FAMCON (Vertrautheit mit mathematischen Konzepten) zugerechnet werden und auch einzeln einen praktisch relevanten Zusammenhang mit der Leistung beim komplexen Problemlösen gezeigt haben, wurden in einem vierten Regressionsmodell miteinander verrechnet.

Innerhalb der Vertrautheit mit mathematischen Konzepten zeigten sich folgende Begriffe als praktisch relevant: Divisor, Lineare Gleichung, Vektor, Rationale Zahl und Wurzeln. Am wichtigsten ist der Begriff Lineare Gleichung (Rang 1), gefolgt von Divisor, Vektor und Wurzel (alle Rang 2) und dem Begriff Rationale Zahl (letzter Rang).

Verrechnet man diese Variablen in einem Regressionsmodell, so zeigt sich in drei der vier untersuchten Länder ein praktisch relevanter Einfluss nur noch bei der linearen Gleichung (Österreich: $\beta = 0{,}28$ mit 19,38 Punkten, Deutschland: $\beta = 0{,}21$ mit 17 Punkten und Korea: $\beta = 0{,}20$ mit 23,14 Punkten). In Chile ist in diesem Modell keiner der Begriffe in einem praktisch relevanten Zusammenhang mit der Leistung (siehe Tab. 7.2).

7.3 Modell 1b – Erfahrung mit innermathematischen Aufgaben (EXPUREM)

Innerhalb der innermathematischen Aufgaben zeigte sich das Lösen von Gleichungen als praktisch relevanter Einflussfaktor. Es wurden die drei Gleichungen miteinander ein einem Modell verrechnet. Die quadratische Gleichung zeigte sich in Deutschland und Korea als praktisch relevant ($\beta = 0{,}25$ mit 28,85 Punkten und $\beta = 0{,}22$ mit 31,21 Punkten), in Österreich ist der Einfluss mit $\beta = 0{,}19$ (18,17 Punkte) knapp nicht mehr praktisch relevant. Die faktorisierte Gleichung hat in Österreich den höchsten Einfluss ($\beta = 0{,}24$, 23,04 Punkte, siehe Tab. 7.3).

Tab. 7.2 Praktisch relevante Einflüsse im kombinierten Regressionsmodell (Modell 1a)

	Österreich	Chile	Deutschland	Korea
Divisor	x	x	x	x
Lin. Gleichung	relevant	x	relevant	relevant
Vektor	x	x	x	x
Rationale Zahl	x	x	x	x
Wurzel	x	x	x	x

Tab. 7.3 Praktisch relevante Einflüsse im kombinierten Regressionsmodell (Modell 1b)

	Österreich	Chile	Deutschland	Korea
Quadrat. Gleichung	x	x	relevant	relevant
Faktorisierte Gleichung	relevant	x	x	x
Lin. Gleichung	x	x	x	x

7.4   Modell 1c – ESCS

Der ESCS besteht aus den Indexvariablen HISEI und PARED sowie aus der Indexvariable HOMEPOS zu den häuslichen Besitztümern. Die Variable PARED ist in drei der vier untersuchten Länder signifikant zusammenhängend mit der Leistung beim komplexen Problemlösen, die Variable HISEI in allen vier untersuchten Ländern. Bei den häuslichen Besitztümern fand sich auf Einzelitemebene kein Besitztum, das in allen vier Ländern einen signifikanten Einfluss auf die Leistung hatte.

Verrechnet man HISEI und PARED in einem Modell, bleibt der sozioökonomische Status (HISEI) in drei der vier Länder eine praktisch relevante Einflussgröße ($\beta \geq 0{,}22$), in Korea erreicht keine der beiden Variablen den Schwellenwert. Der Punktunterschied beträgt zwischen 8,8 Punkten pro 10 HISEI-Punkten in Chile und 13,5 Punkten in Deutschland.

7.5   Modell 2 – Selbstwirksamkeit, Selbstkonzept, Interesse und Offenheit für Problemfragestellungen

Rechnet man ein Regressionsmodell mit ebendiesen Variablen (siehe Tab. 7.4), hat in Österreich, Deutschland und Korea die Selbstwirksamkeit unter Konstanthaltung aller anderen Variablen (Selbstkonzept, Interesse und Offenheit für Problemfragestellungen), den höchsten praktisch relevanten Einfluss auf die Kompetenz beim Problemlösen (Korea: $\beta=$ 0,25, Österreich: $\beta=0{,}29$ und Deutschland $\beta=0{,}36$). Die Punktunterschiede betragen zwischen 20,37 Punkten in Korea und 37,17 Punkten in Deutschland. In Chile hat das Selbstkonzept den einzig relevanten Zusammenhang unter Konstanthaltung der drei anderen Indexvariablen (Offenheit für Problemfragestellungen, Interesse an Mathematik und Selbstwirksamkeit) mit einem Punktunterschied von 33,15 Punkten ($\beta=0{,}37$), in Deutschland sind es sowohl Selbstwirksamkeit als auch Selbstkonzept, die praktisch relevant bleiben, wenn man die Variablen gemeinsam verrechnet (Selbstwirksamkeit: $\beta=0{,}23$, Punktunterschied 22,61 Punkte, Selbstkonzept: $\beta=0{,}36$, Punktunterschied 37,17 Punkte).

Tab. 7.4 Praktisch relevante Einflüsse im kombinierten Regressionsmodell (Modell 2)

	Österreich	Chile	Deutschland	Korea
Interesse an Mathematik	x	x	x	x
Selbstkonzept	x	relevant	relevant	x
Selbstwirksamkeit	relevant	x	relevant	relevant
Offenheit für Problemfragestellungen	x	x	x	x

7.6   Modell 3a – Spitzenschüler vs. Restgruppe im Vergleich

Vergleicht man die Schülerinnen und Schüler der Spitzengruppe mit jenen, die nicht der Spitzengruppe angehören, so zeigen sich beim schülerorientierten Unterricht Unterschiede von z= 0,35 in Österreich, z = 0,28 in Chile, z = 0,35 in Deutschland und z = 0,31 in Korea. Die Spitzenschülerinnen und Schüler haben demnach deutlich weniger schülerzentrierten Unterricht genossen als die Schülerinnen und Schüler der Restgruppe. Die Vertrautheit mit den mathematischen Konzepten ist in allen vier untersuchten Ländern bei der Spitzengruppe um etwa eineinhalb Standardabweichungen über dem Wert der Restgruppe (z = 0,75 in Österreich; z = 0,85 in Chile; z = 0,72 in Deutschland und z = 0,74 in Korea). Ein ähnliches aber schwächeres Bild zeigt sich bei der Erfahrung mit innermathematischen Aufgaben (z = 0,52 in Österreich; z = 0,66 in Chile; z = 0,41 in Deutschland und z = 0,39 in Korea). Der ESCS ist bei den Spitzenschülern in allen vier untersuchten Ländern höher als bei der Vergleichsgruppe (z = 0,49 in Österreich; z = 1,14 in Chile; z = 0,54 in Deutschland und z = 0,30 in Korea).

7.7   Modell 3b – Risikoschüler vs. Restgruppe im Vergleich

Vergleicht man die Schülerinnen und Schüler der Risikogruppe mit jenen, die nicht der Risikogruppe angehören, so zeigen sich beim schülerorientierten Unterricht Unterschiede von z = 0,58 in Österreich, z = 0,35 in Chile, z = 0,52 in Deutschland und z = 0,57 in Korea. Die Risikoschülerinnen und Schüler haben demnach deutlich mehr schülerzentrierten Unterricht genossen als die Schülerinnen und Schüler der Restgruppe. Die Vertrautheit mit den mathematischen Konzepten ist in allen vier untersuchten Ländern bei der Spitzengruppe um zumindest eine halbe Standardabweichung unter dem Wert der Restgruppe (z = 0,66 in Österreich; z = 0,50 in Chile; z = 0,60 in Deutschland und z = 0,91 in Korea). Ein ähnliches Bild zeigt sich bei der Erfahrung mit innermathematischen Aufgaben (z = 0,68 in Österreich; z = 0,52 in Chile; z = 0,64 in Deutschland und z = 1,02 in Korea). Der ESCS ist bei den Risikoschülern in allen vier untersuchten Ländern geringer als bei der Vergleichsgruppe (z = 0,48 in Österreich; z = 0,72 in Chile; z = 0,63 in Deutschland und z = 0,29 in Korea).

Resümee

Sieht man sich die Einzelitems im Hinblick auf praktisch relevante Veränderungen in **allen** vier untersuchten Ländern an, zeigt sich bei einem Item aus dem Bereich Familie (Bücher zu Hause) ein praktisch relevanter Zusammenhang mit dem komplexen Problemlösen, bei einem Item aus dem Bereich ICT in der Schule (E Book in der Schule), bei fünf Items zu dem Bereich Selbstkonzept, bei einem Item aus dem Bereich Matheangst, bei einem Item aus dem Bereich der wahrgenommenen Kontrolle, bei einem Item zur Offenheit für Problemfragestellungen, bei drei Items zur Erfahrung mit innermathematischen Aufgaben, bei fünf Items zur Vertrautheit mit mathematischen Konzepten, bei einem Item zur Lehrerunterstützung und bei einem Item, das Erfahrungen beim Lösen von Gleichungen abfragt. Zusammengefasst sind es überwiegend Items aus dem Bereich **Mathenagst/Selbstkonzept, Vertrautheit mit mathematischen Konzepten** und zur **Erfahrung mit innermathematischen Aufgaben**. Auf elf der zwanzig Items hat die Lehrperson einen direkten Einfluss im Rahmen der Unterrichtsgestaltung, acht der Items haben mit dem Schüler bzw. der Schülerin selbst zu tun und sind nur indirekt durch den Lehrer bzw. die Lehrerin beeinflussbar und nur ein Item ist im Bereich Familie angesiedelt (Bücher zu Hause). Eine Zusammenstellung der Items findet sich in Abb. 8.1.

Die Indizes, bei denen in **allen** vier Ländern praktisch relevante Punktgewinne zu verzeichnen waren, sind in Abb. 8.2 zusammengestellt. Zwei der Indizes können dem Themenkomplex „Familie" zuzurechnen (Häusliche Besitztümer und ESCS), wobei ein Index Teil des anderen Index ist (der Index zu den häuslichen Besitztümern ist im Index ESCS verrechnet); vier der Indizes fallen in den Bereich des Schülers bzw. der Schülerin selbst (Interesse an Mathematik, Selbstkonzept in Mathematik, Selbstwirksamkeit und Offenheit für Problemfragestellungen), wobei hier nicht klar gesagt werden kann, ob ein hoher Wert auf diesen Skalen Folge einer guten Problemlösefähigkeit ist und drei Indizes haben im weiteren Sinne mit dem Unterricht zu tun (schülerorientierter Unterricht, Vertrautheit mit mathematischen Konzepten und Erfahrung mit innermathematischen Aufgaben / Pure Mathematics

U. Kipman, *Komplexes Problemlösen*, https://doi.org/10.1007/978-3-658-30826-1_8

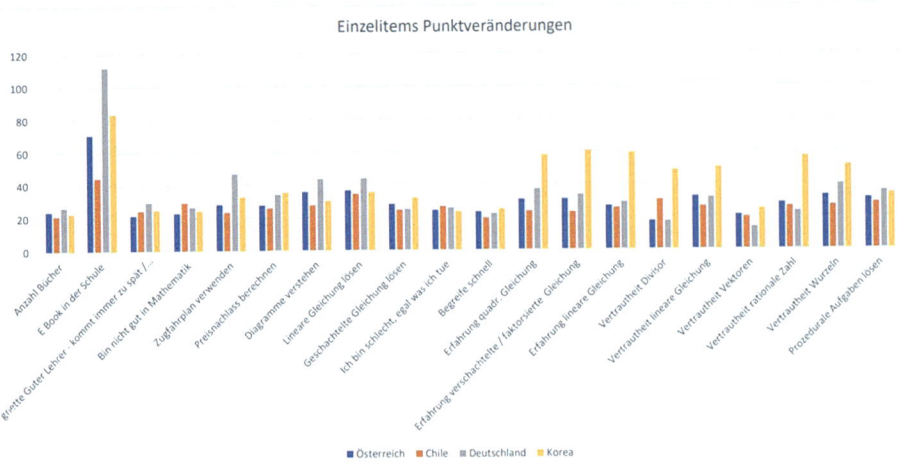

Abb. 8.1 Punktgewinne pro Kategorie. (Einzelitems: Alle Items)

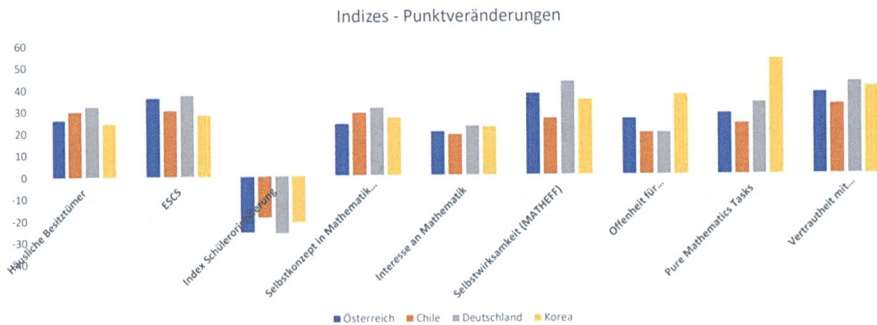

Abb. 8.2 Punktgewinne pro Kategorie. (Indexvariablen: alle relevanten Indexvariablen)

Tasks) (siehe Abb 8.2). Der Einfluss des Unterrichts ist in allen vier untersuchten Ländern höher als der Einfluss der Indizes zur Familie, wobei offenbar **insbesondere die Vertrautheit mit mathematischen Konzepten und die Erfahrung mit innermathematischen Aufgaben** mit der Leistung beim Test zum komplexen Problemlösen in Verbindung stehen.

Die Vertrautheit mit mathematischen Konzepten und mit innermathematischen Aufgaben scheint ein Schlüssel zu einer guten Fähigkeit beim komplexen Problemlösen zu sein. Schülerinnen und Schüler, die mathematische Konzepte wie lineare Gleichungen kennen **und** verstehen sind jenen Schülerinnen und Schülern, die kein Verständnis dafür haben oder nur davon gehört haben beim komplexen Problemlösen deutlich voraus. **Das Lösen-Können von Gleichungen scheint eine Basiskompetenz zu sein, die einen Erfolg beim komplexen Problemlösen wahrscheinlicher werden lässt.**

Risikoschülerinnen und Risikoschüler haben in diesen Bereichen weit geringere Werte als Schülerinnen und Schüler, die nicht der Risikogruppe angehören, umgekehrt haben die

Spitzenschülerinnen und Spitzenschüler bei diesen Komplexen sehr hohe Werte im besten und schwächsten OECD Land genauso wie in Österreich und Deutschland.

In Korea, dem stärksten OECD-Land ist der Wert bei der Vertrautheit mit mathematischen Konzepten mit 0,58 deutlich höher als in den anderen drei untersuchten Ländern ($z < 0,08$), die Erfahrung mit innermathematischen Aufgaben ist dort mit Abstand am höchsten ($z = 0,43$ vs. $z < 0,12$).

Beim schülerzentrierten Unterricht, der mit der Fähigkeit beim komplexen Problemlösen negativ konfundiert ist, ist Korea mit $-0,17$ an vorletzter Stelle (Österreich ist mit $-0,27$ noch geringer), Chile am höchsten ($z = 0,36$). Schülerzentrierter Unterricht ist deine deutlich schwächere Einflussgröße als die Vertrautheit mit mathematischen Konzepten und innermathematischen Aufgaben, dennoch ist der Einfluss praktisch relevant in allen vier untersuchten Ländern, wenngleich dieser Faktor in der Kombination der Einflussfaktoren in einem Modell letztlich wegfällt.

Zusammengefasst heißt dies, dass der Unterricht ein wesentlicher Faktor sein kann, um die Problemlösekompetenz der Schülerinnen und Schüler zu verbessern, mathematische Konzepte sollten genauso wie innermathematische Aufgaben Teil der Grundausbildung von Schülerinnen und Schüler sein, wobei es wichtig sein wird, dass die Jugendlichen diese Konzepte nicht nur kennen, sondern auch verstehen. Selbstkonzept, Selbstwirksamkeit und Interesse können dadurch selbstverständlich auch entstehen, was wiederum die Wahrscheinlichkeit einer guten Leistung beim komplexen Problemlösen erhöht.

Anhang: Tabellen

9.1 Relevante Einzelitems

Tab. 9.1 Kindergartenbesuch (ST05) – Vergleich mit Kategorie 1 (kein Kindergartenbesuch)

CNT	EqVar	b	beta	b.se	beta.se	b.t	beta.t
Austria	(CONSTANT)	438,20	XX	13,41	XX	32,68	XX
Austria	ST05Q01_D2	47,28	0,15	12,15	0,04	3,89	3,90
Austria	ST05Q01_D3	71,98	0,25	12,67	0,04	5,68	5,92
Chile	(CONSTANT)	402,23	XX	7,14	XX	56,37	XX
Chile	ST05Q01_D2	47,44	0,27	6,28	0,03	7,56	7,96
Chile	ST05Q01_D3	55,54	0,31	6,00	0,03	9,26	9,86
Germany	(CONSTANT)	473,82	XX	8,55	XX	55,44	XX
Germany	ST05Q01_D2	−2,12	−0,01	9,86	0,03	−0,22	−0,22
Germany	ST05Q01_D3	48,40	0,17	8,06	0,03	6,01	6,13
Korea	(CONSTANT)	552,54	XX	8,63	XX	64,03	XX
Korea	ST05Q01_D2	−6,36	−0,02	7,98	0,03	−0,80	−0,80
Korea	ST05Q01_D3	11,65	0,05	7,84	0,03	1,49	1,49

© Springer Fachmedien Wiesbaden GmbH, ein Teil von Springer Nature 2020
U. Kipman, *Komplexes Problemlösen*, https://doi.org/10.1007/978-3-658-30826-1_9

Tab. 9.2 Kindergartenbesuch (ST05) – Vergleich mit Kategorie 2 (max. ein Jahr Kindergartenbesuch)

CNT	EqVar	b	beta	b.se	beta.se	b.t	beta.t
Austria	(CONSTANT)	485,49	XX	7,65	XX	63,50	XX
Austria	ST05Q01_D1	−47,28	−0,07	12,15	0,02	−3,89	−3,97
Austria	ST05Q01_D3	24,70	0,09	6,73	0,02	3,67	3,78
Chile	(CONSTANT)	449,67	XX	3,65	XX	123,28	XX
Chile	ST05Q01_D1	−47,44	−0,16	6,28	0,02	−7,56	−7,12
Chile	ST05Q01_D3	8,10	0,04	2,90	0,02	2,80	2,78
Germany	(CONSTANT)	471,70	XX	5,60	XX	84,29	XX
Germany	ST05Q01_D1	2,12	0,00	9,86	0,02	0,22	0,21
Germany	ST05Q01_D3	50,52	0,18	5,84	0,02	8,64	9,17
Korea	(CONSTANT)	546,18	XX	6,50	XX	84,07	XX
Korea	ST05Q01_D1	6,36	0,01	7,98	0,02	0,80	0,79
Korea	ST05Q01_D3	18,01	0,07	4,85	0,02	3,72	3,74

Tab. 9.3 Häusliche Besitztümer – Schreibtisch

CNT	EqVar	b	beta	b.se	beta.se	b.t	beta.t
Austria	(CONSTANT)	507,70	XX	3,57	XX	142,12	XX
Austria	ST26Q01_D2	−37,53	−0,07	10,48	0,02	−3,58	−3,48
Chile	(CONSTANT)	455,86	XX	3,84	XX	118,67	XX
Chile	ST26Q01_D2	−25,35	−0,13	3,29	0,02	−7,71	−8,12
Germany	(CONSTANT)	515,91	XX	3,54	XX	145,82	XX
Germany	ST26Q01_D2	−45,07	−0,08	10,51	0,02	−4,29	−4,36
Korea	(CONSTANT)	562,25	XX	4,29	XX	130,95	XX
Korea	ST26Q01_D2	−15,45	−0,03	7,63	0,02	−2,02	−2,04

Tab. 9.4 Häusliche Besitztümer – Zimmer

CNT	EqVar	b	beta	b.se	beta.se	b.t	beta.t
Austria	(CONSTANT)	509,26	XX	3,59	XX	141,94	XX
Austria	ST26Q02_D2	−30,87	−0,09	8,45	0,03	−3,65	−3,67
Chile	(CONSTANT)	451,47	XX	3,67	XX	123,03	XX
Chile	ST26Q02_D2	−15,45	−0,07	3,48	0,02	−4,44	−4,44
Germany	(CONSTANT)	518,02	XX	3,43	XX	151,00	XX
Germany	ST26Q02_D2	−60,43	−0,15	7,50	0,02	−8,06	−8,23
Korea	(CONSTANT)	564,34	XX	4,41	XX	127,84	XX
Korea	ST26Q02_D2	−8,89	−0,04	3,96	0,02	−2,24	−2,27

Tab. 9.5 Häusliche Besitztümer – Platz zum Lernen

CNT	EqVar	b	beta	b.se	beta.se	b.t	beta.t
Austria	(CONSTANT)	507,47	XX	3,59	XX	141,30	XX
Austria	ST26Q03_D2	−28,10	−0,05	9,38	0,02	−3,00	−2,97
Chile	(CONSTANT)	451,20	XX	3,66	XX	123,40	XX
Chile	ST26Q03_D2	−15,42	−0,07	3,18	0,01	−4,85	−4,89
Germany	(CONSTANT)	516,13	XX	3,50	XX	147,60	XX
Germany	ST26Q03_D2	−40,63	−0,08	10,30	0,02	−3,94	−4,00
Korea	(CONSTANT)	564,72	XX	4,36	XX	129,56	XX
Korea	ST26Q03_D2	−8,59	−0,04	4,17	0,02	−2,06	−2,09

Tab. 9.6 Häusliche Besitztümer – Computer zum Lernen

CNT	EqVar	b	beta	b.se	beta.se	b.t	beta.t
Austria	(CONSTANT)	507,18	XX	3,55	XX	142,77	XX
Austria	ST26Q04_D2	−47,38	−0,07	13,31	0,02	−3,56	−3,60
Chile	(CONSTANT)	456,75	XX	3,33	XX	137,33	XX
Chile	ST26Q04_D2	−59,09	−0,24	5,89	0,02	−10,03	−9,84
Germany	(CONSTANT)	516,14	XX	3,46	XX	149,21	XX
Germany	ST26Q04_D2	−96,70	−0,13	13,70	0,02	−7,06	−6,76
Korea	(CONSTANT)	564,22	XX	4,26	XX	132,40	XX
Korea	ST26Q04_D2	−31,12	−0,08	7,80	0,02	−3,99	−3,95

Tab. 9.7 Häusliche Besitztümer – Lernsoftware

CNT	EqVar	b	beta	b.se	beta.se	b.t	beta.t
Austria	(CONSTANT)	512,03	XX	3,87	XX	132,39	XX
Austria	ST26Q05_D2	−7,49	−0,04	3,74	0,02	−2,00	−2,02
Chile	(CONSTANT)	460,03	XX	3,65	XX	126,13	XX
Chile	ST26Q05_D2	−16,07	−0,09	3,07	0,02	−5,23	−5,57
Germany	(CONSTANT)	525,64	XX	3,91	XX	134,60	XX
Germany	ST26Q05_D2	−19,68	−0,10	3,72	0,02	−5,29	−5,56
Korea	(CONSTANT)	573,15	XX	4,49	XX	127,77	XX
Korea	ST26Q05_D2	−20,81	−0,12	3,42	0,02	−6,08	−6,34

Tab. 9.8 Häusliche Besitztümer – Internet

CNT	EqVar	b	beta	b.se	beta.se	b.t	beta.t
Austria	(CONSTANT)	507,11	XX	3,52	XX	143,87	XX
Austria	ST26Q06_D2	−63,89	−0,07	16,02	0,02	−3,99	−3,94
Chile	(CONSTANT)	459,27	XX	3,46	XX	132,67	XX
Chile	ST26Q06_D2	−46,14	−0,23	5,39	0,03	−8,56	−9,10
Germany	(CONSTANT)	516,16	XX	3,50	XX	147,45	XX
Germany	ST26Q06_D2	−109,59	−0,13	15,91	0,02	−6,89	−6,41
Korea	(CONSTANT)	564,52	XX	4,21	XX	134,15	XX
Korea	ST26Q06_D2	−63,60	−0,12	11,15	0,02	−5,70	−5,64

Tab. 9.9 Häusliche Besitztümer – Klassische Literatur

CNT	EqVar	b	beta	b.se	beta.se	b.t	beta.t
Austria	(CONSTANT)	539,88	XX	3,98	XX	135,66	XX
Austria	ST26Q07_D2	−51,20	−0,27	4,24	0,02	−12,06	−12,78
Chile	(CONSTANT)	472,55	XX	3,68	XX	128,26	XX
Chile	ST26Q07_D2	−38,91	−0,22	3,28	0,02	−11,85	−12,82
Germany	(CONSTANT)	549,90	XX	3,67	XX	149,69	XX
Germany	ST26Q07_D2	−60,30	−0,31	3,50	0,02	−17,23	−20,48
Korea	(CONSTANT)	570,74	XX	4,23	XX	135,08	XX
Korea	ST26Q07_D2	−38,31	−0,17	4,82	0,02	−7,95	−8,56

Tab. 9.10 Häusliche Besitztümer – Bücher mit Gedichten

NT	EqVar	b	beta	b.se	beta.se	b.t	beta.t
Austria	(CONSTANT)	520,15	XX	3,59	XX	144,78	XX
Austria	ST26Q08_D2	−27,33	−0,15	3,68	0,02	−7,43	−7,91
Chile	(CONSTANT)	448,14	XX	3,81	XX	117,67	XX
Chile	ST26Q08_D2	0,62	0,00	2,64	0,02	0,24	0,24
Germany	(CONSTANT)	528,63	XX	3,95	XX	133,91	XX
Germany	ST26Q08_D2	−30,28	−0,15	3,92	0,02	−7,73	−8,22
Korea	(CONSTANT)	575,42	XX	4,33	XX	132,95	XX
Korea	ST26Q08_D2	−32,40	−0,18	3,35	0,02	−9,66	−10,44

Tab. 9.11 Häusliche Besitztümer-Technische Nachschlagewerke

CNT	EqVar	b	beta	b.se	beta.se	b.t	beta.t
Austria	(CONSTANT)	521,10	XX	3,35	XX	155,39	XX
Austria	ST26Q11_D2	−38,70	−0,20	3,73	0,02	−10,36	−10,92
Chile	(CONSTANT)	462,11	XX	3,49	XX	132,41	XX
Chile	ST26Q11_D2	−28,26	−0,16	3,51	0,02	−8,06	−8,58
Germany	(CONSTANT)	529,24	XX	3,51	XX	150,83	XX
Germany	ST26Q11_D2	−49,66	−0,22	4,17	0,02	−11,91	−13,51
Korea	(CONSTANT)	574,67	XX	4,36	XX	131,79	XX
Korea	ST26Q11_D2	−21,28	−0,12	3,27	0,02	−6,50	−6,87

Tab. 9.12 Häusliche Besitztümer – Wörterbuch

CNT	EqVar	b	beta	b.se	beta.se	b.t	beta.t
Austria	(CONSTANT)	508,15	XX	3,45	XX	147,27	XX
Austria	ST26Q12_D2	−78,95	−0,11	14,89	0,02	−5,30	−5,17
Chile	(CONSTANT)	449,11	XX	3,68	XX	122,11	XX
Chile	ST26Q12_D2	−45,86	−0,07	14,22	0,02	−3,23	−2,95
Germany	(CONSTANT)	517,47	XX	3,48	XX	148,63	XX
Germany	ST26Q12_D2	−83,21	−0,14	10,73	0,02	−7,75	−7,39
Korea	(CONSTANT)	564,65	XX	4,21	XX	134,18	XX
Korea	ST26Q12_D2	−71,85	−0,14	9,62	0,02	−7,47	−7,37

Tab. 9.13 Häusliche Besitztümer – Geschirrspüler

CNT	EqVar	b	beta	b.se	beta.se	b.t	beta.t
Austria	(CONSTANT)	508,63	XX	3,56	XX	142,67	XX
Austria	ST26Q13_D2	−29,98	−0,08	7,23	0,02	−4,15	−4,19
Chile	(CONSTANT)	455,97	XX	3,46	XX	131,85	XX
Chile	ST26Q13_D2	−19,57	−0,11	3,37	0,02	−5,80	−5,98
Germany	(CONSTANT)	517,95	XX	3,49	XX	148,37	XX
Germany	ST26Q13_D2	−35,59	−0,10	6,71	0,02	−5,30	−5,51
Korea	(CONSTANT)	565,24	XX	5,35	XX	105,74	XX
Korea	ST26Q13_D2	−2,99	−0,02	3,61	0,02	−0,83	−0,83

Tab. 9.14 Häusliche Besitztümer – PC's

CNT	EqVar	b	beta	b.se	beta.se	b.t	beta.t
Austria	(CONSTANT)	436,40	XX	7,40	XX	59,00	XX
Austria	ST27Q03	21,48	0,18	2,14	0,02	10,05	10,06
Chile	(CONSTANT)	373,35	XX	6,74	XX	55,40	XX
Chile	ST27Q03	29,07	0,32	2,01	0,02	14,47	16,32
Germany	(CONSTANT)	425,98	XX	9,93	XX	42,90	XX
Germany	ST27Q03	26,15	0,19	2,55	0,02	10,24	10,91
Korea	(CONSTANT)	527,51	XX	6,78	XX	77,80	XX
Korea	ST27Q03	13,67	0,10	2,06	0,02	6,63	6,93

Tab. 9.15 Häusliche Besitztümer – Autos

CNT	EqVar	b	beta	b.se	beta.se	b.t	beta.t
Austria	(CONSTANT)	489,38	XX	7,41	XX	66,00	XX
Austria	ST27Q04	6,01	0,05	2,35	0,02	2,55	2,54
Chile	(CONSTANT)	411,56	XX	5,44	XX	75,59	XX
Chile	ST27Q04	20,19	0,20	2,04	0,02	9,90	10,38
Germany	(CONSTANT)	494,82	XX	8,47	XX	58,44	XX
Germany	ST27Q04	7,27	0,06	2,64	0,02	2,75	2,79
Korea	(CONSTANT)	546,46	XX	6,27	XX	87,11	XX
Korea	ST27Q04	6,92	0,05	2,54	0,02	2,72	2,77

Tab. 9.16 Häusliche Besitztümer – Badezimmer

CNT	EqVar	b	beta	b.se	beta.se	b.t	beta.t
Austria	(CONSTANT)	474,73	XX	8,23	XX	57,67	XX
Austria	ST27Q05	12,41	0,09	2,84	0,02	4,37	4,38
Chile	(CONSTANT)	366,76	XX	7,98	XX	45,94	XX
Chile	ST27Q05	35,29	0,27	2,79	0,02	12,66	13,83
Germany	(CONSTANT)	494,12	XX	7,77	XX	63,59	XX
Germany	ST27Q05	7,74	0,06	2,51	0,02	3,09	3,18
Korea	(CONSTANT)	512,34	XX	9,49	XX	54,00	XX
Korea	ST27Q05	20,09	0,12	3,56	0,02	5,64	5,88

Tab. 9.17 Bücher zu Hause

CNT	EqVar	b	beta	b.se	beta.se	b.t	beta.t
Austria	(CONSTANT)	427,68	XX	6,14	XX	69,67	XX
Austria	ST28Q01	24,12	0,38	1,48	0,02	16,32	18,43
Chile	(CONSTANT)	395,68	XX	5,83	XX	67,91	XX
Chile	ST28Q01	21,59	0,30	1,56	0,02	13,83	16,28
Germany	(CONSTANT)	420,27	XX	5,73	XX	73,31	XX
Germany	ST28Q01	26,63	0,39	1,36	0,02	19,62	23,88
Korea	(CONSTANT)	486,57	XX	7,78	XX	62,56	XX
Korea	ST28Q01	19,13	0,28	1,67	0,02	11,48	12,19

Tab. 9.18 Lernen in Mathematik – Mag Bücher über Mathematik

CNT	EqVar	b	beta	b.se	beta.se	b.t	beta.t
Austria	(CONSTANT)	540,53	XX	10,80	XX	50,04	XX
Austria	ST29Q01	−10,76	−0,09	2,96	0,03	−3,64	−3,58
Chile	(CONSTANT)	484,00	XX	7,05	XX	68,69	XX
Chile	ST29Q01	−12,66	−0,13	1,96	0,02	−6,47	−6,42
Germany	(CONSTANT)	551,65	XX	9,60	XX	57,45	XX
Germany	ST29Q01	−10,19	−0,09	2,72	0,02	−3,74	−3,79
Korea	(CONSTANT)	641,03	XX	8,64	XX	74,17	XX
Korea	ST29Q01	−27,35	−0,25	2,46	0,02	−11,13	−11,65

Tab. 9.19 Lernen in Mathematik – Anstrengung lohnt sich

CNT	EqVar	b	beta	b.se	beta.se	b.t	beta.t
Austria	(CONSTANT)	493,22	XX	6,22	XX	79,31	XX
Austria	ST29Q02	5,80	0,06	2,32	0,02	2,50	2,48
Chile	(CONSTANT)	462,27	XX	4,45	XX	103,97	XX
Chile	ST29Q02	−7,18	−0,07	1,66	0,02	−4,32	−4,27
Germany	(CONSTANT)	525,82	XX	6,11	XX	86,00	XX
Germany	ST29Q02	−3,05	−0,03	2,05	0,02	−1,49	−1,49
Korea	(CONSTANT)	619,76	XX	6,70	XX	92,44	XX
Korea	ST29Q02	−24,88	−0,26	2,29	0,02	−10,86	−11,62

Tab. 9.20 Lernen in Mathematik – Freue mich auf Mathematikstunden

CNT	EqVar	b	beta	b.se	beta.se	b.t	beta.t
Austria	(CONSTANT)	533,15	XX	7,37	XX	72,32	XX
Austria	ST29Q03	−9,46	−0,09	2,29	0,02	−4,14	−4,14
Chile	(CONSTANT)	466,30	XX	6,58	XX	70,90	XX
Chile	ST29Q03	−6,53	−0,07	1,92	0,02	−3,40	−3,39
Germany	(CONSTANT)	543,48	XX	7,93	XX	68,49	XX
Germany	ST29Q03	−8,74	−0,09	2,37	0,02	−3,69	−3,64
Korea	(CONSTANT)	614,94	XX	9,27	XX	66,32	XX
Korea	ST29Q03	−17,77	−0,16	2,50	0,02	−7,12	−7,11

Tab. 9.21 Lernen in Mathematik – Beschäftige mich mit Mathematik, weil es Spaß macht

CNT	EqVar	b	beta	b.se	beta.se	b.t	beta.t
Austria	(CONSTANT)	540,81	XX	7,16	XX	75,54	XX
Austria	ST29Q04	−11,34	−0,11	2,19	0,02	−5,17	−5,21
Chile	(CONSTANT)	490,79	XX	5,91	XX	83,04	XX
Chile	ST29Q04	−15,64	−0,17	1,61	0,02	−9,73	−9,87
Germany	(CONSTANT)	554,14	XX	6,97	XX	79,51	XX
Germany	ST29Q04	−12,76	−0,14	1,97	0,02	−6,47	−6,32
Korea	(CONSTANT)	625,73	XX	7,90	XX	79,16	XX
Korea	ST29Q04	−22,57	−0,23	2,23	0,02	−10,13	−10,61

Tab. 9.22 Lernen in Mathematik – Erhöhte Karrierechancen

CNT	EqVar	b	beta	b.se	beta.se	b.t	beta.t
Austria	(CONSTANT)	523,53	XX	5,64	XX	92,77	XX
Austria	ST29Q05	−7,27	−0,08	2,03	0,02	−3,57	−3,65
Chile	(CONSTANT)	468,97	XX	4,93	XX	95,06	XX
Chile	ST29Q05	−11,23	−0,10	1,66	0,02	−6,76	−6,75
Germany	(CONSTANT)	536,98	XX	5,41	XX	99,18	XX
Germany	ST29Q05	−8,73	−0,08	1,93	0,02	−4,52	−4,41
Korea	(CONSTANT)	627,15	XX	6,37	XX	98,38	XX
Korea	ST29Q05	−28,23	−0,30	2,10	0,02	−13,46	−14,76

Tab. 9.23 Lernen in Mathematik – Interesse an den Dingen, die im Mathematikunterricht gelernt werden

CNT	EqVar	b	beta	b.se	beta.se	b.t	beta.t
Austria	(CONSTANT)	538,26	XX	6,81	XX	79,05	XX
Austria	ST29Q06	−11,95	−0,12	2,27	0,02	−5,27	−5,38
Chile	(CONSTANT)	470,93	XX	5,66	XX	83,21	XX
Chile	ST29Q06	−9,95	−0,10	1,71	0,02	−5,82	−5,73
Germany	(CONSTANT)	546,83	XX	6,54	XX	83,58	XX
Germany	ST29Q06	−11,21	−0,11	2,20	0,02	−5,08	−5,01
Korea	(CONSTANT)	626,74	XX	6,95	XX	90,21	XX
Korea	ST29Q06	−25,31	−0,26	2,09	0,02	−12,14	−13,30

Tab. 9.24 Lernen in Mathematik – Benötige Mathematik für mein späteres Studium

CNT	EqVar	b	beta	b.se	beta.se	b.t	beta.t
Austria	(CONSTANT)	530,96	XX	7,20	XX	73,78	XX
Austria	ST29Q07	−9,25	−0,10	2,30	0,02	−4,03	−3,99
Chile	(CONSTANT)	463,08	XX	5,35	XX	86,50	XX
Chile	ST29Q07	−6,58	−0,07	1,67	0,02	−3,94	−3,92
Germany	(CONSTANT)	544,15	XX	6,11	XX	89,10	XX
Germany	ST29Q07	−10,12	−0,11	1,92	0,02	−5,27	−5,31
Korea	(CONSTANT)	610,47	XX	6,82	XX	89,47	XX
Korea	ST29Q07	−21,42	−0,23	2,22	0,02	−9,65	−10,26

Tab. 9.25 Lernen in Mathematik – Job finden

CNT	EqVar	b	beta	b.se	beta.se	b.t	beta.t
Austria	(CONSTANT)	504,97	XX	5,87	XX	85,95	XX
Austria	ST29Q08	0,43	0,00	2,23	0,02	0,19	0,19
Chile	(CONSTANT)	462,21	XX	5,10	XX	90,65	XX
Chile	ST29Q08	−6,75	−0,07	1,96	0,02	−3,44	−3,43
Germany	(CONSTANT)	524,82	XX	6,40	XX	82,05	XX
Germany	ST29Q08	−2,62	−0,02	2,37	0,02	−1,11	−1,10
Korea	(CONSTANT)	608,03	XX	7,15	XX	85,08	XX
Korea	ST29Q08	−18,80	−0,20	2,19	0,02	−8,60	−9,03

Tab. 9.26 Lernen in Mathematik – Freunde sind gut in Mathematik

CNT	EqVar	b	beta	b.se	beta.se	b.t	beta.t
Austria	(CONSTANT)	496,97	XX	5,86	XX	84,88	XX
Austria	ST35Q04	5,27	0,04	2,83	0,02	1,86	1,84
Chile	(CONSTANT)	465,00	XX	4,98	XX	93,31	XX
Chile	ST35Q04	−10,20	−0,08	2,36	0,02	−4,33	−4,35
Germany	(CONSTANT)	503,41	XX	6,16	XX	81,71	XX
Germany	ST35Q04	9,76	0,07	2,94	0,02	3,32	3,44
Korea	(CONSTANT)	619,70	XX	6,26	XX	98,94	XX
Korea	ST35Q04	−32,22	−0,27	2,85	0,02	−11,30	−13,05

Tab. 9.27 Lernen in Mathematik – Freunde arbeiten eifrig in Mathematik

CNT	EqVar	b	beta	b.se	beta.se	b.t	beta.t
Austria	(CONSTANT)	481,83	XX	5,58	XX	86,37	XX
Austria	ST35Q05	12,61	0,12	2,32	0,02	5,44	5,38
Chile	(CONSTANT)	455,17	XX	4,80	XX	94,87	XX
Chile	ST35Q05	−3,37	−0,03	1,88	0,02	−1,80	−1,78
Germany	(CONSTANT)	489,75	XX	5,83	XX	83,97	XX
Germany	ST35Q05	16,51	0,14	2,53	0,02	6,53	7,01
Korea	(CONSTANT)	611,80	XX	6,34	XX	96,51	XX
Korea	ST35Q05	−25,01	−0,22	2,42	0,02	−10,32	−11,14

Tab. 9.28 Lernen in Mathematik – Freunde machen gerne Mathematikschularbeiten

CNT	EqVar	b	beta	b.se	beta.se	b.t	beta.t
Austria	(CONSTANT)	551,37	XX	5,30	XX	104,02	XX
Austria	ST37Q01	−28,33	−0,23	2,35	0,02	−12,04	−13,18
Chile	(CONSTANT)	494,11	XX	5,31	XX	93,08	XX
Chile	ST37Q01	−23,57	−0,21	1,86	0,02	−12,65	−13,51
Germany	(CONSTANT)	586,77	XX	5,74	XX	102,30	XX
Germany	ST37Q01	−46,87	−0,33	2,94	0,02	−15,97	−17,07
Korea	(CONSTANT)	632,90	XX	7,07	XX	89,50	XX
Korea	ST37Q01	−32,73	−0,30	2,63	0,02	−12,46	−13,84

Tab. 9.29 Lernen in Mathematik – Eltern denken, Mathematik ist wichtig

CNT	EqVar	b	beta	b.se	beta.se	b.t	beta.t
Austria	(CONSTANT)	553,96	XX	5,13	XX	108,03	XX
Austria	ST37Q02	−27,85	−0,26	2,17	0,02	−12,84	−13,47
Chile	(CONSTANT)	498,61	XX	5,33	XX	93,60	XX
Chile	ST37Q02	−25,92	−0,24	2,06	0,02	−12,60	−13,94
Germany	(CONSTANT)	574,73	XX	5,18	XX	110,98	XX
Germany	ST37Q02	−34,00	−0,28	2,32	0,02	−14,64	−16,06
Korea	(CONSTANT)	634,52	XX	6,40	XX	99,10	XX
Korea	ST37Q02	−35,35	−0,35	2,56	0,02	−13,79	−15,64

Tab. 9.30 Lernen in Mathematik – Selbstwirksamkeit Flächenberechnung

CNT	EqVar	b	beta	b.se	beta.se	b.t	beta.t
Austria	(CONSTANT)	556,75	XX	4,84	XX	114,92	XX
Austria	ST37Q03	−27,29	−0,28	2,05	0,02	−13,32	−14,40
Chile	(CONSTANT)	482,52	XX	5,97	XX	80,84	XX
Chile	ST37Q03	−15,12	−0,15	1,74	0,02	−8,71	−8,61
Germany	(CONSTANT)	590,35	XX	5,36	XX	110,20	XX
Germany	ST37Q03	−41,12	−0,37	2,16	0,02	−18,99	−20,51
Korea	(CONSTANT)	648,07	XX	6,64	XX	97,57	XX
Korea	ST37Q03	−38,00	−0,39	2,41	0,02	−15,76	−18,75

Tab. 9.31 Lernen in Mathematik – Selbstwirksamkeit Diagramme verstehen

CNT	EqVar	b	beta	b.se	beta.se	b.t	beta.t
Austria	(CONSTANT)	574,42	XX	5,55	XX	103,41	XX
Austria	ST37Q04	−35,76	−0,37	2,42	0,02	−14,79	−17,34
Chile	(CONSTANT)	504,02	XX	5,11	XX	98,63	XX
Chile	ST37Q04	−27,59	−0,26	1,82	0,02	−15,17	−16,37
Germany	(CONSTANT)	586,70	XX	5,32	XX	110,23	XX
Germany	ST37Q04	−43,41	−0,33	2,64	0,02	−16,47	−17,38
Korea	(CONSTANT)	623,56	XX	6,61	XX	94,31	XX
Korea	ST37Q04	−30,21	−0,28	2,56	0,02	−11,81	−13,68

Tab. 9.32 Lernen in Mathematik – Selbstwirksamkeit lineare Gleichung lösen

CNT	EqVar	b	beta	b.se	beta.se	b.t	beta.t
Austria	(CONSTANT)	565,69	XX	4,84	XX	116,78	XX
Austria	ST37Q05	−36,49	−0,35	2,34	0,02	−15,60	−18,97
Chile	(CONSTANT)	510,71	XX	5,19	XX	98,43	XX
Chile	ST37Q05	−34,29	−0,34	2,11	0,02	−16,24	−18,56
Germany	(CONSTANT)	582,34	XX	5,20	XX	111,91	XX
Germany	ST37Q05	−43,84	−0,33	2,65	0,02	−16,57	−20,22
Korea	(CONSTANT)	623,24	XX	5,87	XX	106,26	XX
Korea	ST37Q05	−35,52	−0,34	2,66	0,02	−13,37	−15,08

Tab. 9.33 Lernen in Mathematik – Selbstwirksamkeit Entfernung bestimmen

CNT	EqVar	b	beta	b.se	beta.se	b.t	beta.t
Austria	(CONSTANT)	559,84	XX	6,34	XX	88,24	XX
Austria	ST37Q06	−22,07	−0,23	2,23	0,02	−9,88	−10,68
Chile	(CONSTANT)	463,00	XX	6,85	XX	67,57	XX
Chile	ST37Q06	−5,15	−0,05	1,92	0,02	−2,68	−2,67
Germany	(CONSTANT)	583,50	XX	5,70	XX	102,34	XX
Germany	ST37Q06	−28,80	−0,28	2,04	0,02	−14,15	−15,45
Korea	(CONSTANT)	638,30	XX	7,05	XX	90,52	XX
Korea	ST37Q06	−29,72	−0,31	2,18	0,02	−13,65	−13,96

Tab. 9.34 Lernen in Mathematik – Selbstwirksamkeit faktorisierte Gleichung lösen

CNT	EqVar	b	beta	b.se	beta.se	b.t	beta.t
Austria	(CONSTANT)	559,16	XX	5,13	XX	108,89	XX
Austria	ST37Q07	−28,11	−0,29	2,14	0,02	−13,14	−14,89
Chile	(CONSTANT)	499,28	XX	6,01	XX	83,10	XX
Chile	ST37Q07	−24,53	−0,26	2,15	0,02	−11,42	−12,35
Germany	(CONSTANT)	567,59	XX	5,34	XX	106,32	XX
Germany	ST37Q07	−24,98	−0,23	2,09	0,02	−11,93	−12,01
Korea	(CONSTANT)	621,64	XX	5,99	XX	103,79	XX
Korea	ST37Q07	−31,95	−0,34	2,48	0,02	−12,90	−14,74

Tab. 9.35 Lernen in Mathematik – Selbstwirksamkeit Treibstoffverbrauch berechnen

CNT	EqVar	b	beta	b.se	beta.se	b.t	beta.t
Austria	(CONSTANT)	540,45	XX	5,95	XX	90,88	XX
Austria	ST37Q08	−14,26	−0,15	2,06	0,02	−6,93	−7,37
Chile	(CONSTANT)	457,16	XX	6,40	XX	71,38	XX
Chile	ST37Q08	−3,07	−0,03	1,80	0,02	−1,71	−1,72
Germany	(CONSTANT)	566,44	XX	6,47	XX	87,49	XX
Germany	ST37Q08	−21,83	−0,20	2,27	0,02	−9,60	−9,50
Korea	(CONSTANT)	632,37	XX	8,38	XX	75,48	XX
Korea	ST37Q08	−26,08	−0,25	2,54	0,02	−10,26	−10,35

Tab. 9.36 Lernen in Mathematik – Sorge, dass der Unterricht zu schwer ist

CNT	EqVar	b	beta	b.se	beta.se	b.t	beta.t
Austria	(CONSTANT)	461,70	XX	6,34	XX	72,80	XX
Austria	ST42Q01	17,93	0,19	2,12	0,02	8,45	9,23
Chile	(CONSTANT)	423,53	XX	5,25	XX	80,68	XX
Chile	ST42Q01	10,83	0,10	2,15	0,02	5,03	5,07
Germany	(CONSTANT)	458,74	XX	5,58	XX	82,14	XX
Germany	ST42Q01	24,86	0,26	1,86	0,02	13,34	13,13
Korea	(CONSTANT)	540,93	XX	6,21	XX	87,11	XX
Korea	ST42Q01	10,99	0,10	2,26	0,02	4,86	4,90

Tab. 9.37 Lernen in Mathematik – Bin nicht gut in Mathematik

CNT	EqVar	b	beta	b.se	beta.se	b.t	beta.t
Austria	(CONSTANT)	440,82	XX	7,73	XX	57,05	XX
Austria	ST42Q02	23,13	0,25	2,29	0,02	10,10	10,82
Chile	(CONSTANT)	379,88	XX	5,30	XX	71,69	XX
Chile	ST42Q02	29,32	0,34	1,66	0,02	17,62	19,66
Germany	(CONSTANT)	445,09	XX	5,52	XX	80,61	XX
Germany	ST42Q02	26,58	0,29	1,74	0,02	15,27	14,70
Korea	(CONSTANT)	506,19	XX	6,41	XX	78,92	XX
Korea	ST42Q02	24,64	0,24	2,36	0,02	10,45	10,99

Tab. 9.38 Lernen in Mathematik – Bin angespannt, wenn ich Mathematikaufgaben lösen muss

CNT	EqVar	b	beta	b.se	beta.se	b.t	beta.t
Austria	(CONSTANT)	449,09	XX	8,31	XX	54,06	XX
Austria	ST42Q03	19,18	0,20	2,40	0,02	7,98	8,55
Chile	(CONSTANT)	379,56	XX	5,95	XX	63,81	XX
Chile	ST42Q03	26,56	0,29	2,03	0,02	13,08	13,76
Germany	(CONSTANT)	443,91	XX	6,73	XX	65,94	XX
Germany	ST42Q03	25,96	0,26	2,02	0,02	12,84	13,05
Korea	(CONSTANT)	518,23	XX	7,48	XX	69,26	XX
Korea	ST42Q03	16,22	0,15	2,26	0,02	7,19	7,37

Tab. 9.39 Lernen in Mathematik – Bekomme gute Noten in Mathematik

CNT	EqVar	b	beta	b.se	beta.se	b.t	beta.t
Austria	(CONSTANT)	549,91	XX	6,00	XX	91,63	XX
Austria	ST42Q04	−19,46	−0,19	2,24	0,02	−8,67	−8,86
Chile	(CONSTANT)	504,72	XX	6,34	XX	79,66	XX
Chile	ST42Q04	−23,81	−0,24	2,02	0,02	−11,80	−11,59
Germany	(CONSTANT)	574,54	XX	6,38	XX	90,10	XX
Germany	ST42Q04	−24,27	−0,23	2,04	0,02	−11,88	−11,50
Korea	(CONSTANT)	633,32	XX	9,01	XX	70,29	XX
Korea	ST42Q04	−24,29	−0,22	2,64	0,02	−9,21	−9,56

Tab. 9.40 Lernen in Mathematik – Nervös beim Lösen von mathematischen Aufgaben

CNT	EqVar	b	beta	b.se	beta.se	b.t	beta.t
Austria	(CONSTANT)	430,67	XX	10,80	XX	39,89	XX
Austria	ST42Q05	24,14	0,23	3,09	0,03	7,82	8,67
Chile	(CONSTANT)	377,03	XX	5,92	XX	63,68	XX
Chile	ST42Q05	26,38	0,28	1,76	0,02	15,03	15,93
Germany	(CONSTANT)	437,52	XX	7,25	XX	60,35	XX
Germany	ST42Q05	26,69	0,24	2,13	0,02	12,54	12,24
Korea	(CONSTANT)	576,63	XX	6,49	XX	88,88	XX
Korea	ST42Q05	−4,96	−0,05	2,00	0,02	−2,48	−2,48

Tab. 9.41 Lernen in Mathematik – Lerne schnell in Mathematik

CNT	EqVar	b	beta	b.se	beta.se	b.t	beta.t
Austria	(CONSTANT)	548,82	XX	6,30	XX	87,13	XX
Austria	ST42Q06	−17,93	−0,19	2,24	0,02	−8,01	−8,34
Chile	(CONSTANT)	513,00	XX	6,82	XX	75,20	XX
Chile	ST42Q06	−27,05	−0,29	2,15	0,02	−12,60	−12,80
Germany	(CONSTANT)	575,27	XX	5,86	XX	98,22	XX
Germany	ST42Q06	−23,57	−0,24	2,01	0,02	−11,73	−11,58
Korea	(CONSTANT)	622,96	XX	8,93	XX	69,76	XX
Korea	ST42Q06	−21,36	−0,19	2,60	0,02	−8,23	−8,45

Tab. 9.42 Lernen in Mathematik – Mathematik ist eines meiner besten Fächer

CNT	EqVar	b	beta	b.se	beta.se	b.t	beta.t
Austria	(CONSTANT)	539,48	XX	6,31	XX	85,44	XX
Austria	ST42Q07	−12,09	−0,14	1,81	0,02	−6,69	−6,48
Chile	(CONSTANT)	506,40	XX	7,11	XX	71,25	XX
Chile	ST42Q07	−21,29	−0,25	1,86	0,02	−11,43	−11,21
Germany	(CONSTANT)	561,62	XX	6,33	XX	88,66	XX
Germany	ST42Q07	−15,16	−0,18	1,79	0,02	−8,46	−8,22
Korea	(CONSTANT)	615,81	XX	6,94	XX	88,79	XX
Korea	ST42Q07	−18,16	−0,20	1,98	0,02	−9,19	−9,55

Tab. 9.43 Lernen in Mathematik – Fühle mich hilflos beim Lösen von Mathematikaufgaben

CNT	EqVar	b	beta	b.se	beta.se	b.t	beta.t
Austria	(CONSTANT)	441,93	XX	9,01	XX	49,06	XX
Austria	ST42Q08	20,82	0,21	2,56	0,02	8,13	9,13
Chile	(CONSTANT)	373,33	XX	6,29	XX	59,38	XX
Chile	ST42Q08	25,76	0,26	1,89	0,02	13,64	14,77
Germany	(CONSTANT)	439,34	XX	6,80	XX	64,65	XX
Germany	ST42Q08	26,21	0,25	2,06	0,02	12,72	12,51
Korea	(CONSTANT)	526,64	XX	5,90	XX	89,28	XX
Korea	ST42Q08	14,00	0,14	1,96	0,02	7,14	7,21

Tab. 9.44 Lernen in Mathematik – Verstehe sogar die schwierigsten Aufgaben

CNT	EqVar	b	beta	b.se	beta.se	b.t	beta.t
Austria	(CONSTANT)	553,00	XX	7,48	XX	73,91	XX
Austria	ST42Q09	−17,53	−0,18	2,33	0,02	−7,52	−7,60
Chile	(CONSTANT)	503,16	XX	8,45	XX	59,53	XX
Chile	ST42Q09	−19,63	−0,20	2,20	0,02	−8,90	−8,68
Germany	(CONSTANT)	576,47	XX	6,43	XX	89,64	XX
Germany	ST42Q09	−21,61	−0,22	1,87	0,02	−11,53	−11,49
Korea	(CONSTANT)	634,78	XX	9,84	XX	64,49	XX
Korea	ST42Q09	−23,50	−0,20	2,74	0,02	−8,56	−8,71

Tab. 9.45 Lernen in Mathematik – Mache mir Sorgen wegen schlechter Noten

CNT	EqVar	b	beta	b.se	beta.se	b.t	beta.t
Austria	(CONSTANT)	464,16	XX	6,15	XX	75,45	XX
Austria	ST42Q10	15,99	0,19	1,83	0,02	8,75	9,71
Chile	(CONSTANT)	451,31	XX	3,93	XX	114,82	XX
Chile	ST42Q10	−3,57	−0,03	2,12	0,02	−1,69	−1,69
Germany	(CONSTANT)	466,10	XX	5,81	XX	80,25	XX
Germany	ST42Q10	20,98	0,24	1,84	0,02	11,40	11,31
Korea	(CONSTANT)	580,72	XX	5,02	XX	115,70	XX
Korea	ST42Q10	−9,15	−0,09	2,10	0,02	−4,36	−4,43

Tab. 9.46 Lernen in Mathematik – Kann erfolgreich sein, wenn ich mich anstrenge

CNT	EqVar	b	beta	b.se	beta.se	b.t	beta.t
Austria	(CONSTANT)	531,33	XX	5,38	XX	98,73	XX
Austria	ST43Q01	−16,56	−0,12	2,74	0,02	−6,05	−6,22
Chile	(CONSTANT)	460,92	XX	4,72	XX	97,67	XX
Chile	ST43Q01	−8,38	−0,05	2,60	0,02	−3,23	−3,20
Germany	(CONSTANT)	544,88	XX	5,73	XX	95,13	XX
Germany	ST43Q01	−16,16	−0,11	2,51	0,02	−6,44	−6,47
Korea	(CONSTANT)	613,66	XX	6,86	XX	89,44	XX
Korea	ST43Q01	−29,02	−0,22	2,95	0,02	−9,83	−10,08

Tab. 9.47 Lernen in Mathematik – Es hängt von mir ab, ob ich gut bin oder nicht

CNT	EqVar	b	beta	b.se	beta.se	b.t	beta.t
Austria	(CONSTANT)	490,54	XX	5,61	XX	87,39	XX
Austria	ST43Q02	9,09	0,08	2,44	0,02	3,73	3,75
Chile	(CONSTANT)	451,35	XX	4,60	XX	98,15	XX
Chile	ST43Q02	−1,26	−0,01	2,13	0,02	−0,59	−0,59
Germany	(CONSTANT)	505,79	XX	6,12	XX	82,65	XX
Germany	ST43Q02	7,74	0,07	2,29	0,02	3,38	3,45
Korea	(CONSTANT)	615,49	XX	6,17	XX	99,69	XX
Korea	ST43Q02	−31,67	−0,23	3,12	0,02	−10,14	−10,53

Tab. 9.48 Lernen in Mathematik – Wenn ich wollte, könnte ich gut sein

CNT	EqVar	b	beta	b.se	beta.se	b.t	beta.t
Austria	(CONSTANT)	520,15	XX	4,65	XX	111,88	XX
Austria	ST43Q05	−8,16	−0,07	2,06	0,02	−3,97	−4,09
Chile	(CONSTANT)	462,30	XX	4,89	XX	94,47	XX
Chile	ST43Q05	−7,67	−0,07	1,86	0,02	−4,13	−4,25
Germany	(CONSTANT)	550,54	XX	5,71	XX	96,34	XX
Germany	ST43Q05	−17,19	−0,15	2,30	0,02	−7,48	−7,52
Korea	(CONSTANT)	606,61	XX	6,59	XX	92,01	XX
Korea	ST43Q05	−24,47	−0,20	2,78	0,02	−8,81	−9,00

Tab. 9.49 Lernen in Mathematik – Ich bin schlecht, egal was ich tue

CNT	EqVar	b	beta	b.se	beta.se	b.t	beta.t
Austria	(CONSTANT)	426,71	XX	8,44	XX	50,57	XX
Austria	ST43Q06	24,27	0,24	2,22	0,02	10,92	12,45
Chile	(CONSTANT)	375,21	XX	5,80	XX	64,71	XX
Chile	ST43Q06	26,55	0,30	1,68	0,02	15,77	17,06
Germany	(CONSTANT)	437,52	XX	6,99	XX	62,59	XX
Germany	ST43Q06	25,72	0,24	2,14	0,02	12,00	11,96
Korea	(CONSTANT)	494,01	XX	6,84	XX	72,21	XX
Korea	ST43Q06	23,57	0,22	2,38	0,02	9,91	10,43

Tab. 9.50 Fehlerattribution – Bin nicht gut beim Lösen von Mathematikaufgaben

CNT	EqVar	b	beta	b.se	beta.se	b.t	beta.t
Austria	(CONSTANT)	469,75	XX	6,65	XX	70,62	XX
Austria	ST44Q01	14,19	0,13	2,18	0,02	6,51	6,58
Chile	(CONSTANT)	402,39	XX	5,10	XX	78,83	XX
Chile	ST44Q01	22,15	0,22	1,83	0,02	12,11	12,43
Germany	(CONSTANT)	482,65	XX	5,85	XX	82,50	XX
Germany	ST44Q01	14,50	0,13	2,00	0,02	7,25	7,30
Korea	(CONSTANT)	541,28	XX	6,47	XX	83,69	XX
Korea	ST44Q01	7,56	0,07	2,47	0,02	3,05	3,06

Tab. 9.51 Fehlerattribution – Habe die Fragen nicht gut beantwortet

CNT	EqVar	b	beta	b.se	beta.se	b.t	beta.t
Austria	(CONSTANT)	531,36	XX	5,96	XX	89,12	XX
Austria	ST44Q04	−10,89	−0,10	2,04	0,02	−5,34	−5,54
Chile	(CONSTANT)	379,39	XX	5,27	XX	72,04	XX
Chile	ST44Q04	26,00	0,29	1,50	0,02	17,37	18,93
Germany	(CONSTANT)	545,25	XX	6,28	XX	86,79	XX
Germany	ST44Q04	−11,10	−0,09	2,50	0,02	−4,44	−4,55
Korea	(CONSTANT)	596,93	XX	6,96	XX	85,81	XX
Korea	ST44Q04	−14,16	−0,13	2,25	0,02	−6,31	−6,58

Tab. 9.52 Arbeitsethik – Ich bin für Prüfungen immer gut vorbereitet

CNT	EqVar	b	beta	b.se	beta.se	b.t	beta.t
Austria	(CONSTANT)	530,82	XX	5,02	XX	105,72	XX
Austria	ST46Q03	−12,39	−0,11	2,37	0,02	−5,24	−5,63
Chile	(CONSTANT)	495,96	XX	6,57	XX	75,43	XX
Chile	ST46Q03	−20,37	−0,19	2,24	0,02	−9,08	−9,34
Germany	(CONSTANT)	557,47	XX	6,35	XX	87,77	XX
Germany	ST46Q03	−17,97	−0,16	2,25	0,02	−8,00	−8,01
Korea	(CONSTANT)	624,63	XX	8,33	XX	75,00	XX
Korea	ST46Q03	−24,09	−0,22	2,46	0,02	−9,80	−10,12

Tab. 9.53 Arbeitsethik – Lerne so lange, bis ich den Stoff begreife

CNT	EqVar	b	beta	b.se	beta.se	b.t	beta.t
Austria	(CONSTANT)	533,44	XX	5,31	XX	100,46	XX
Austria	ST46Q05	−13,06	−0,13	2,24	0,02	−5,84	−6,39
Chile	(CONSTANT)	480,00	XX	6,37	XX	75,40	XX
Chile	ST46Q05	−13,71	−0,13	2,17	0,02	−6,31	−6,34
Germany	(CONSTANT)	548,75	XX	6,59	XX	83,29	XX
Germany	ST46Q05	−12,89	−0,12	2,23	0,02	−5,79	−5,70
Korea	(CONSTANT)	630,64	XX	7,67	XX	82,22	XX
Korea	ST46Q05	−27,50	−0,25	2,43	0,02	−11,31	−11,82

Tab. 9.54 Arbeitsethik – Passe im Unterricht gut auf

CNT	EqVar	b	beta	b.se	beta.se	b.t	beta.t
Austria	(CONSTANT)	521,52	XX	6,01	XX	86,81	XX
Austria	ST46Q06	−7,70	−0,07	2,68	0,02	−2,88	−2,96
Chile	(CONSTANT)	480,38	XX	5,30	XX	90,64	XX
Chile	ST46Q06	−16,92	−0,14	2,22	0,02	−7,61	−7,54
Germany	(CONSTANT)	548,32	XX	6,67	XX	82,16	XX
Germany	ST46Q06	−14,27	−0,12	2,77	0,02	−5,16	−5,03
Korea	(CONSTANT)	619,15	XX	7,48	XX	82,75	XX
Korea	ST46Q06	−24,47	−0,22	2,55	0,02	−9,59	−10,17

Tab. 9.55 Arbeitsethik – Höre im Mathematikunterricht immer gut zu

CNT	EqVar	b	beta	b.se	beta.se	b.t	beta.t
Austria	(CONSTANT)	525,41	XX	5,45	XX	96,46	XX
Austria	ST46Q07	−9,63	−0,08	2,55	0,02	−3,77	−3,86
Chile	(CONSTANT)	484,85	XX	5,60	XX	86,57	XX
Chile	ST46Q07	−20,27	−0,16	2,79	0,02	−7,28	−7,40
Germany	(CONSTANT)	545,15	XX	6,47	XX	84,25	XX
Germany	ST46Q07	−12,98	−0,10	2,64	0,02	−4,92	−4,79
Korea	(CONSTANT)	621,48	XX	7,64	XX	81,37	XX
Korea	ST46Q07	−25,93	−0,23	2,71	0,02	−9,58	−10,22

Tab. 9.56 Arbeitsethik – Vermeide Ablenkungen

CNT	EqVar	b	beta	b.se	beta.se	b.t	beta.t
Austria	(CONSTANT)	509,53	XX	5,41	XX	94,12	XX
Austria	ST46Q08	−1,42	−0,01	2,16	0,02	−0,66	−0,66
Chile	(CONSTANT)	474,98	XX	5,65	XX	84,11	XX
Chile	ST46Q08	−11,69	−0,11	2,06	0,02	−5,66	−5,65
Germany	(CONSTANT)	532,67	XX	7,13	XX	74,69	XX
Germany	ST46Q08	−5,36	−0,05	2,34	0,02	−2,29	−2,28
Korea	(CONSTANT)	618,16	XX	7,17	XX	86,19	XX
Korea	ST46Q08	−23,19	−0,20	2,38	0,02	−9,76	−10,38

Tab. 9.57 Intentionen – Mathematik vs. Deutsch nach der Schule

CNT	EqVar	b	beta	b.se	beta.se	b.t	beta.t
Austria	(CONSTANT)	519,63	XX	4,20	XX	123,71	XX
Austria	ST48Q01_D2	−20,68	−0,11	4,25	0,02	−4,86	−5,06
Chile	(CONSTANT)	463,86	XX	3,43	XX	135,35	XX
Chile	ST48Q01_D2	−25,34	−0,15	3,19	0,02	−7,94	−8,15
Germany	(CONSTANT)	532,81	XX	4,83	XX	110,34	XX
Germany	ST48Q01_D2	−17,67	−0,09	4,28	0,02	−4,12	−4,09
Korea	(CONSTANT)	581,95	XX	4,99	XX	116,53	XX
Korea	ST48Q01_D2	−35,45	−0,20	4,28	0,02	−8,28	−8,65

Tab. 9.58 Intentionen – Mathematik vs. Naturwissenschaften im Studium

CNT	EqVar	b	beta	b.se	beta.se	b.t	beta.t
Austria	(CONSTANT)	517,94	XX	4,98	XX	104,04	XX
Austria	ST48Q02_D2	−4,76	−0,03	4,57	0,02	−1,04	−1,04
Chile	(CONSTANT)	467,53	XX	4,12	XX	113,60	XX
Chile	ST48Q02_D2	−22,73	−0,13	3,41	0,02	−6,67	−6,93
Germany	(CONSTANT)	526,74	XX	5,08	XX	103,79	XX
Germany	ST48Q02_D2	−1,20	−0,01	4,55	0,02	−0,26	−0,26
Korea	(CONSTANT)	564,86	XX	4,65	XX	121,52	XX
Korea	ST48Q02_D2	−6,55	−0,04	3,87	0,02	−1,69	−1,71

Tab. 9.59 Intentionen – Mathematikunterricht vs. Deutschunterricht

CNT	EqVar	b	beta	b.se	beta.se	b.t	beta.t
Austria	(CONSTANT)	510,42	XX	4,30	XX	118,73	XX
Austria	ST48Q03_D2	−6,20	−0,03	4,35	0,02	−1,43	−1,43
Chile	(CONSTANT)	461,53	XX	3,88	XX	118,92	XX
Chile	ST48Q03_D2	−24,82	−0,14	3,13	0,02	−7,94	−8,02
Germany	(CONSTANT)	526,76	XX	4,65	XX	113,29	XX
Germany	ST48Q03_D2	−9,53	−0,05	4,80	0,03	−1,99	−1,97
Korea	(CONSTANT)	581,77	XX	4,85	XX	120,05	XX
Korea	ST48Q03_D2	−39,08	−0,22	3,88	0,02	−10,07	−10,66

Tab. 9.60 Intentionen – Mathematik vs. Naturwissenschaften in der Schule

CNT	EqVar	b	beta	b.se	beta.se	b.t	beta.t
Austria	(CONSTANT)	499,67	XX	4,37	XX	114,21	XX
Austria	ST48Q04_D2	19,96	0,11	4,15	0,02	4,81	4,81
Chile	(CONSTANT)	459,82	XX	4,15	XX	110,84	XX
Chile	ST48Q04_D2	−13,67	−0,08	3,51	0,02	−3,90	−3,94
Germany	(CONSTANT)	514,97	XX	4,49	XX	114,63	XX
Germany	ST48Q04_D2	19,49	0,10	4,19	0,02	4,65	4,75
Korea	(CONSTANT)	567,42	XX	4,46	XX	127,26	XX
Korea	ST48Q04_D2	−12,69	−0,07	3,49	0,02	−3,64	−3,73

Tab. 9.61 Intentionen – Berufswahl Mathematik vs. Naturwissenschaften

CNT	EqVar	b	beta	b.se	beta.se	b.t	beta.t
Austria	(CONSTANT)	506,58	XX	4,60	XX	110,17	XX
Austria	ST48Q05_D2	4,78	0,03	4,58	0,02	1,04	1,04
Chile	(CONSTANT)	464,00	XX	4,11	XX	112,79	XX
Chile	ST48Q05_D2	−20,41	−0,12	3,40	0,02	−6,01	−6,09
Germany	(CONSTANT)	519,59	XX	4,76	XX	109,19	XX
Germany	ST48Q05_D2	6,96	0,04	4,54	0,02	1,53	1,54
Korea	(CONSTANT)	563,66	XX	4,71	XX	119,66	XX
Korea	ST48Q05_D2	−4,27	−0,02	3,42	0,02	−1,25	−1,26

Tab. 9.62 Verhalten in Mathematik – Spreche mit Freunden über Mathematik

CNT	EqVar	b	beta	b.se	beta.se	b.t	beta.t
Austria	(CONSTANT)	543,72	XX	11,34	XX	47,94	XX
Austria	ST49Q01	−11,45	−0,09	3,27	0,03	−3,50	−3,47
Chile	(CONSTANT)	423,29	XX	7,89	XX	53,63	XX
Chile	ST49Q01	8,66	0,09	2,13	0,02	4,07	4,05
Germany	(CONSTANT)	491,39	XX	12,29	XX	39,99	XX
Germany	ST49Q01	8,73	0,07	3,45	0,03	2,53	2,54
Korea	(CONSTANT)	640,27	XX	10,91	XX	58,68	XX
Korea	ST49Q01	−24,85	−0,20	3,00	0,02	−8,28	−8,35

Tab. 9.63 Verhalten in Mathematik – Helfe Freunden in Mathematik

CNT	EqVar	b	beta	b.se	beta.se	b.t	beta.t
Austria	(CONSTANT)	548,67	XX	7,81	XX	70,29	XX
Austria	ST49Q02	−14,47	−0,13	2,56	0,02	−5,65	−5,77
Chile	(CONSTANT)	488,82	XX	6,95	XX	70,35	XX
Chile	ST49Q02	−13,54	−0,15	1,92	0,02	−7,07	−7,28
Germany	(CONSTANT)	533,19	XX	9,78	XX	54,53	XX
Germany	ST49Q02	−4,62	−0,04	2,70	0,02	−1,71	−1,70
Korea	(CONSTANT)	639,67	XX	8,83	XX	72,46	XX
Korea	ST49Q02	−26,50	−0,24	2,51	0,02	−10,54	−11,26

Tab. 9.64 Verhalten in Mathematik – Beschäftige mich außerhalb der Schule mit Mathematik

CNT	EqVar	b	beta	b.se	beta.se	b.t	beta.t
Austria	(CONSTANT)	527,71	XX	9,82	XX	53,74	XX
Austria	ST49Q03	−6,94	−0,06	2,73	0,02	−2,54	−2,50
Chile	(CONSTANT)	428,13	XX	8,72	XX	49,09	XX
Chile	ST49Q03	6,54	0,06	2,30	0,02	2,84	2,81
Germany	(CONSTANT)	505,69	XX	10,37	XX	48,74	XX
Germany	ST49Q03	4,66	0,04	2,94	0,02	1,59	1,60
Korea	(CONSTANT)	624,88	XX	7,19	XX	86,95	XX
Korea	ST49Q03	−21,64	−0,25	1,96	0,02	−11,07	−11,93

Tab. 9.65 Verhalten in Mathematik – Nehme an Wettbewerben teil

CNT	EqVar	b	beta	b.se	beta.se	b.t	beta.t
Austria	(CONSTANT)	506,22	XX	28,16	XX	17,97	XX
Austria	ST49Q04	−0,08	0,00	6,90	0,03	−0,01	−0,01
Chile	(CONSTANT)	412,59	XX	12,08	XX	34,15	XX
Chile	ST49Q04	10,02	0,08	2,74	0,02	3,66	3,67
Germany	(CONSTANT)	523,63	XX	18,71	XX	27,98	XX
Germany	ST49Q04	−1,03	−0,01	4,58	0,03	−0,23	−0,22
Korea	(CONSTANT)	671,97	XX	13,71	XX	49,00	XX
Korea	ST49Q04	−30,21	−0,22	3,37	0,03	−8,95	−8,63

Tab. 9.66 Verhalten in Mathematik – Beschäftige mich außerhalb der Schule mehr als 2 Stunden mit Mathematik

CNT	EqVar	b	beta	b.se	beta.se	b.t	beta.t
Austria	(CONSTANT)	456,93	XX	16,49	XX	27,70	XX
Austria	ST49Q05	13,20	0,08	4,09	0,03	3,23	3,30
Chile	(CONSTANT)	434,44	XX	9,56	XX	45,45	XX
Chile	ST49Q05	4,38	0,04	2,35	0,02	1,86	1,86
Germany	(CONSTANT)	419,91	XX	12,55	XX	33,45	XX
Germany	ST49Q05	27,42	0,18	3,06	0,02	8,95	8,84
Korea	(CONSTANT)	636,41	XX	7,67	XX	82,92	XX
Korea	ST49Q05	−24,78	−0,27	2,18	0,02	−11,36	−12,10

Tab. 9.67 Vorgehen beim Lernen – Vorbereitung auf Prüfung (Vergleich mit Kategorie 2 – versuche, den Stoff zu verstehen)

CNT	EqVar	b	beta	b.se	beta.se	b.t	beta.t
Austria	(CONSTANT)	528,65	XX	4,25	XX	124,53	XX
Austria	ST53Q01_D1	−22,75	−0,12	4,46	0,02	−5,10	−5,43
Austria	ST53Q01_D3	−46,62	−0,17	7,28	0,02	−6,40	−6,81
Chile	(CONSTANT)	468,73	XX	5,22	XX	89,79	XX
Chile	ST53Q01_D1	−23,93	−0,14	3,91	0,02	−6,13	−6,22
Chile	ST53Q01_D3	−25,84	−0,13	4,92	0,02	−5,26	−5,38
Germany	(CONSTANT)	529,25	XX	4,64	XX	114,07	XX
Germany	ST53Q01_D1	−6,02	−0,03	5,05	0,03	−1,19	−1,19
Germany	ST53Q01_D3	−38,17	−0,15	6,29	0,03	−6,07	−5,88
Korea	(CONSTANT)	572,21	XX	4,86	XX	117,85	XX
Korea	ST53Q01_D1	−6,62	−0,03	4,16	0,02	−1,59	−1,59
Korea	ST53Q01_D3	−54,20	−0,22	5,63	0,02	−9,63	−10,02

Tab. 9.68 Vorgehen beim Lernen – Vorbereitung auf Prüfung (Vergleich mit Kategorie 1 – wichtigste Dinge herausfinden)

CNT	EqVar	b	beta	b.se	beta.se	b.t	beta.t
Austria	(CONSTANT)	505,91	XX	4,31	XX	117,42	XX
Austria	ST53Q01_D2	22,75	0,11	4,46	0,02	5,10	5,39
Austria	ST53Q01_D3	−23,87	−0,08	6,13	0,02	−3,89	−3,89
Chile	(CONSTANT)	444,80	XX	3,97	XX	112,05	XX
Chile	ST53Q01_D2	23,93	0,12	3,91	0,02	6,13	6,21
Chile	ST53Q01_D3	−1,91	−0,01	4,13	0,02	−0,46	−0,46
Germany	(CONSTANT)	523,23	XX	4,67	XX	111,94	XX
Germany	ST53Q01_D2	6,02	0,03	5,05	0,03	1,19	1,19
Germany	ST53Q01_D3	−32,15	−0,13	5,83	0,02	−5,51	−5,49
Korea	(CONSTANT)	565,59	XX	4,95	XX	114,37	XX
Korea	ST53Q01_D2	6,62	0,04	4,16	0,02	1,59	1,59
Korea	ST53Q01_D3	−47,58	−0,19	6,29	0,02	−7,56	−7,88

Tab. 9.69 Vorgehen beim Lernen – Lernen für Mathematik (Vergleich mit Kategorie 1 – versuche, herauszufinden, was ich noch nicht richtig verstanden habe)

CNT	EqVar	b	beta	b.se	beta.se	b.t	beta.t
Austria	(CONSTANT)	509,70	XX	4,05	XX	125,82	XX
Austria	ST53Q02_D2	−30,65	−0,09	6,92	0,02	−4,43	−4,28
Austria	ST53Q02_D3	6,68	0,03	4,53	0,02	1,48	1,48
Chile	(CONSTANT)	448,56	XX	4,44	XX	101,04	XX
Chile	ST53Q02_D2	1,72	0,01	4,33	0,02	0,40	0,40
Chile	ST53Q02_D3	2,68	0,02	3,62	0,02	0,74	0,74
Germany	(CONSTANT)	522,67	XX	3,83	XX	136,38	XX
Germany	ST53Q02_D2	−28,20	−0,10	6,29	0,02	−4,48	−4,59
Germany	ST53Q02_D3	2,14	0,01	4,96	0,02	0,43	0,43
Korea	(CONSTANT)	559,50	XX	4,45	XX	125,80	XX
Korea	ST53Q02_D2	11,36	0,05	5,08	0,02	2,24	2,24
Korea	ST53Q02_D3	−4,53	−0,02	3,41	0,02	−1,33	−1,34

Tab. 9.70 Vorgehen beim Lernen – Lernen für Mathematik (Vergleich mit Kategorie 2 – versuche, neue Lösungswege zu finden)

CNT	EqVar	b	beta	b.se	beta.se	b.t	beta.t
Austria	(CONSTANT)	479,05	XX	7,97	XX	60,07	XX
Austria	ST53Q02_D1	30,65	0,16	6,92	0,04	4,43	4,41
Austria	ST53Q02_D3	37,33	0,19	8,07	0,04	4,63	4,64
Chile	(CONSTANT)	450,28	XX	5,64	XX	79,81	XX
Chile	ST53Q02_D1	−1,72	−0,01	4,33	0,02	−0,40	−0,40
Chile	ST53Q02_D3	0,96	0,01	4,81	0,03	0,20	0,20
Germany	(CONSTANT)	494,48	XX	6,44	XX	76,80	XX
Germany	ST53Q02_D1	28,20	0,14	6,29	0,03	4,48	4,56
Germany	ST53Q02_D3	30,33	0,13	6,84	0,03	4,43	4,41
Korea	(CONSTANT)	570,86	XX	6,72	XX	84,92	XX
Korea	ST53Q02_D1	−11,36	−0,06	5,08	0,03	−2,24	−2,26
Korea	ST53Q02_D3	−15,90	−0,08	5,34	0,03	−2,97	−3,01

Tab. 9.71 Vorgehen beim Lernen – Lernen für Mathematik (Vergleich mit Kategorie 2 – überlege, was ich genau lernen muss)

CNT	EqVar	b	beta	b.se	beta.se	b.t	beta.t
Austria	(CONSTANT)	509,69	XX	4,15	XX	122,85	XX
Austria	ST53Q03_D1	10,64	0,04	7,68	0,03	1,38	1,38
Austria	ST53Q03_D3	−4,42	−0,02	3,99	0,02	−1,11	−1,11
Chile	(CONSTANT)	447,75	XX	4,01	XX	111,57	XX
Chile	ST53Q03_D1	−2,10	−0,01	4,14	0,02	−0,51	−0,51
Chile	ST53Q03_D3	16,20	0,07	4,12	0,02	3,93	3,95
Germany	(CONSTANT)	522,24	XX	4,09	XX	127,58	XX
Germany	ST53Q03_D1	10,19	0,03	7,02	0,02	1,45	1,46
Germany	ST53Q03_D3	−15,38	−0,07	4,80	0,02	−3,20	−3,26
Korea	(CONSTANT)	566,27	XX	4,59	XX	123,27	XX
Korea	ST53Q03_D1	−31,10	−0,14	4,17	0,02	−7,45	−7,64
Korea	ST53Q03_D3	9,80	0,04	4,96	0,02	1,97	1,97

Tab. 9.72 Vorgehen beim Lernen – Lernen für Mathematik (Vergleich mit Kategorie 1 – rechne immer wieder dieselben Beispiele)

CNT	EqVar	b	beta	b.se	beta.se	b.t	beta.t
Austria	(CONSTANT)	508,18	XX	4,53	XX	112,07	XX
Austria	ST53Q04_D2	−15,93	−0,06	7,08	0,03	−2,25	−2,19
Austria	ST53Q04_D3	11,62	0,06	4,51	0,02	2,58	2,59
Chile	(CONSTANT)	453,25	XX	3,63	XX	124,87	XX
Chile	ST53Q04_D2	−13,94	−0,06	4,81	0,02	−2,90	−2,88
Chile	ST53Q04_D3	−3,92	−0,02	4,08	0,02	−0,96	−0,96
Germany	(CONSTANT)	521,09	XX	4,21	XX	123,68	XX
Germany	ST53Q04_D2	−14,75	−0,06	6,03	0,02	−2,44	−2,48
Germany	ST53Q04_D3	4,31	0,02	4,48	0,02	0,96	0,96
Korea	(CONSTANT)	561,02	XX	4,27	XX	131,33	XX
Korea	ST53Q04_D2	−46,29	−0,17	5,44	0,02	−8,51	−8,81
Korea	ST53Q04_D3	19,87	0,10	3,94	0,02	5,05	5,03

Tab. 9.73 Vorgehen beim Lernen – Lernen für Mathematik (Vergleich mit Kategorie 2 – überlege mir Anwendungen im Alltag)

CNT	EqVar	b	beta	b.se	beta.se	b.t	beta.t
Austria	(CONSTANT)	492,24	XX	6,59	XX	74,67	XX
Austria	ST53Q04_D1	15,93	0,08	7,08	0,04	2,25	2,24
Austria	ST53Q04_D3	27,56	0,14	7,94	0,04	3,47	3,47
Chile	(CONSTANT)	439,30	XX	5,84	XX	75,24	XX
Chile	ST53Q04_D1	13,94	0,08	4,81	0,03	2,90	2,91
Chile	ST53Q04_D3	10,02	0,05	5,54	0,03	1,81	1,81
Germany	(CONSTANT)	506,34	XX	6,13	XX	82,60	XX
Germany	ST53Q04_D1	14,75	0,08	6,03	0,03	2,44	2,48
Germany	ST53Q04_D3	19,06	0,09	5,98	0,03	3,19	3,23
Korea	(CONSTANT)	514,73	XX	6,43	XX	80,01	XX
Korea	ST53Q04_D1	46,29	0,25	5,44	0,03	8,51	8,83
Korea	ST53Q04_D3	66,16	0,33	5,13	0,02	12,90	13,28

Tab. 9.74 Erfahrung mit Aufgaben – Fläche berechnen

CNT	EqVar	b	beta	b.se	beta.se	b.t	beta.t
Austria	(CONSTANT)	530,05	XX	5,65	XX	93,78	XX
Austria	ST61Q03	−9,88	−0,11	1,83	0,02	−5,39	−5,43
Chile	(CONSTANT)	470,27	XX	6,26	XX	75,12	XX
Chile	ST61Q03	−8,36	−0,10	1,58	0,02	−5,30	−5,30
Germany	(CONSTANT)	550,26	XX	4,45	XX	123,78	XX
Germany	ST61Q03	−15,47	−0,15	1,91	0,02	−8,10	−8,08
Korea	(CONSTANT)	616,16	XX	5,21	XX	118,26	XX
Korea	ST61Q03	−28,46	−0,26	2,01	0,02	−14,17	−14,84

Tab. 9.75 Erfahrung mit Aufgaben – Tabellen verstehen

CNT	EqVar	b	beta	b.se	beta.se	b.t	beta.t
Austria	(CONSTANT)	520,83	XX	8,77	XX	59,36	XX
Austria	ST61Q04	−4,08	−0,04	2,38	0,02	−1,72	−1,71
Chile	(CONSTANT)	460,85	XX	6,31	XX	73,05	XX
Chile	ST61Q04	−4,25	−0,05	1,81	0,02	−2,34	−2,35
Germany	(CONSTANT)	540,93	XX	6,44	XX	84,04	XX
Germany	ST61Q04	−7,96	−0,08	2,19	0,02	−3,63	−3,68
Korea	(CONSTANT)	608,43	XX	5,84	XX	104,20	XX
Korea	ST61Q04	−22,95	−0,21	2,00	0,02	−11,47	−11,83

Tab. 9.76 Erfahrung mit Aufgaben – Kombiniertes Modell

CNT	EqVar	b	beta	b.se	beta.se	b.t	beta.t
Austria	(CONSTANT)	563,67	XX	5,39	XX	104,63	XX
Austria	ST61Q05	−18,17	−0,19	4,08	0,04	−4,45	−4,48
Austria	ST61Q07	−23,04	−0,24	4,95	0,05	−4,66	−4,86
Austria	ST61Q09	9,01	0,09	4,21	0,04	2,14	2,16
Chile	(CONSTANT)	495,86	XX	4,87	XX	101,74	XX
Chile	ST61Q05	−8,61	−0,09	3,31	0,04	−2,60	−2,60
Chile	ST61Q07	−4,82	−0,05	2,96	0,03	−1,63	−1,62
Chile	ST61Q09	−14,10	−0,15	3,44	0,04	−4,10	−4,10
Germany	(CONSTANT)	579,00	XX	5,26	XX	110,05	XX
Germany	ST61Q05	−28,85	−0,25	4,20	0,04	−6,86	−7,02
Germany	ST61Q07	−16,36	−0,14	4,58	0,04	−3,57	−3,68
Germany	ST61Q09	6,05	0,05	4,55	0,04	1,33	1,33
Korea	(CONSTANT)	642,07	XX	6,00	XX	107,02	XX
Korea	ST61Q05	−31,21	−0,22	5,49	0,04	−5,68	−5,70
Korea	ST61Q07	−15,59	−0,10	7,70	0,05	−2,02	−2,02
Korea	ST61Q09	−17,63	−0,12	8,14	0,05	−2,17	−2,16

Tab. 9.77 Erfahrung mit Aufgaben – Quadratische Gleichung lösen

CNT	EqVar	b	beta	b.se	beta.se	b.t	beta.t
Austria	(CONSTANT)	559,67	XX	5,33	XX	105,06	XX
Austria	ST61Q05	−30,75	−0,31	2,31	0,02	−13,30	−14,91
Chile	(CONSTANT)	489,45	XX	4,67	XX	104,75	XX
Chile	ST61Q05	−23,60	−0,25	1,89	0,02	−12,48	−13,88
Germany	(CONSTANT)	575,07	XX	5,21	XX	110,48	XX
Germany	ST61Q05	−37,02	−0,32	2,41	0,02	−15,38	−16,61
Korea	(CONSTANT)	634,57	XX	5,72	XX	110,86	XX
Korea	ST61Q05	−57,77	−0,40	2,93	0,02	−19,71	−21,55

Tab. 9.78   Erfahrung mit Aufgaben – Faktorisierte Gleichung lösen

CNT	EqVar	b	beta	b.se	beta.se	b.t	beta.t
Austria	(CONSTANT)	560,95	XX	5,01	XX	111,99	XX
Austria	ST61Q07	−30,86	−0,32	2,23	0,02	−13,84	−16,63
Chile	(CONSTANT)	488,85	XX	4,67	XX	104,72	XX
Chile	ST61Q07	−22,93	−0,25	1,76	0,02	−13,06	−14,90
Germany	(CONSTANT)	570,62	XX	5,34	XX	106,91	XX
Germany	ST61Q07	−33,39	−0,30	2,47	0,02	−13,54	−14,94
Korea	(CONSTANT)	635,83	XX	5,98	XX	106,30	XX
Korea	ST61Q07	−60,35	−0,40	3,19	0,02	−18,91	−20,88

Tab. 9.79   Erfahrung mit Aufgaben – Lineare Gleichung lösen

CNT	EqVar	b	beta	b.se	beta.se	b.t	beta.t
Austria	(CONSTANT)	553,63	XX	5,30	XX	104,44	XX
Austria	ST61Q09	−26,60	−0,27	2,13	0,02	−12,47	−13,20
Chile	(CONSTANT)	491,50	XX	4,70	XX	104,64	XX
Chile	ST61Q09	−25,32	−0,27	1,93	0,02	−13,15	−14,77
Germany	(CONSTANT)	562,50	XX	4,76	XX	118,24	XX
Germany	ST61Q09	−28,75	−0,25	2,19	0,02	−13,15	−13,78
Korea	(CONSTANT)	634,40	XX	5,89	XX	107,77	XX
Korea	ST61Q09	−59,09	−0,39	3,16	0,02	−18,73	−19,51

Tab. 9.80   Konzepte – Exponentialfunktion

CNT	EqVar	b	beta	b.se	beta.se	b.t	beta.t
Austria	(CONSTANT)	464,64	XX	4,87	XX	95,40	XX
Austria	ST62Q01	22,08	0,32	1,63	0,03	13,54	12,34
Chile	(CONSTANT)	407,38	XX	5,24	XX	77,79	XX
Chile	ST62Q01	16,44	0,25	1,41	0,02	11,63	12,44
Germany	(CONSTANT)	466,71	XX	4,60	XX	101,46	XX
Germany	ST62Q01	21,46	0,36	1,35	0,02	15,85	17,38
Korea	(CONSTANT)	528,18	XX	5,93	XX	89,03	XX
Korea	ST62Q01	13,86	0,17	2,23	0,03	6,21	5,76

Tab. 9.81   Konzepte – Divisor

CNT	EqVar	b	beta	b.se	beta.se	b.t	beta.t
Austria	(CONSTANT)	439,68	XX	7,70	XX	57,12	XX
Austria	ST62Q02	17,29	0,22	1,68	0,02	10,28	10,23
Chile	(CONSTANT)	320,41	XX	10,58	XX	30,28	XX
Chile	ST62Q02	30,32	0,35	2,07	0,02	14,65	17,07
Germany	(CONSTANT)	458,72	XX	7,40	XX	62,00	XX
Germany	ST62Q02	17,16	0,27	1,69	0,02	10,12	11,60
Korea	(CONSTANT)	340,65	XX	13,01	XX	26,19	XX
Korea	ST62Q02	48,20	0,42	2,72	0,02	17,69	22,76

Tab. 9.82 Konzepte – Quadratfunktion

CNT	EqVar	b	beta	b.se	beta.se	b.t	beta.t
Austria	(CONSTANT)	425,46	XX	6,11	XX	69,63	XX
Austria	ST62Q03	23,71	0,36	1,58	0,02	14,96	15,88
Chile	(CONSTANT)	430,83	XX	4,62	XX	93,30	XX
Chile	ST62Q03	8,47	0,13	1,38	0,02	6,13	5,99
Germany	(CONSTANT)	425,10	XX	6,62	XX	64,18	XX
Germany	ST62Q03	25,31	0,37	1,52	0,02	16,63	19,44
Korea	(CONSTANT)	392,99	XX	11,36	XX	34,61	XX
Korea	ST62Q03	39,06	0,36	2,43	0,02	16,06	19,25

Tab. 9.83 Konzepte – Lineare Gleichung

CNT	EqVar	b	beta	b.se	beta.se	b.t	beta.t
Austria	(CONSTANT)	383,39	XX	6,88	XX	55,71	XX
Austria	ST62Q06	32,22	0,47	1,63	0,02	19,72	23,57
Chile	(CONSTANT)	343,46	XX	8,33	XX	41,25	XX
Chile	ST62Q06	26,07	0,35	1,71	0,02	15,27	19,12
Germany	(CONSTANT)	385,02	XX	8,83	XX	43,61	XX
Germany	ST62Q06	31,52	0,39	1,94	0,02	16,23	22,04
Korea	(CONSTANT)	333,55	XX	13,02	XX	25,61	XX
Korea	ST62Q06	49,85	0,43	2,78	0,02	17,96	21,52

Tab. 9.84 Konzepte – Vektor

CNT	EqVar	b	beta	b.se	beta.se	b.t	beta.t
Austria	(CONSTANT)	446,99	XX	6,34	XX	70,45	XX
Austria	ST62Q07	20,90	0,36	1,85	0,03	11,32	11,39
Chile	(CONSTANT)	383,61	XX	6,07	XX	63,24	XX
Chile	ST62Q07	19,49	0,33	1,27	0,02	15,36	18,14
Germany	(CONSTANT)	488,12	XX	5,12	XX	95,25	XX
Germany	ST62Q07	13,37	0,21	1,38	0,02	9,71	10,30
Korea	(CONSTANT)	507,46	XX	5,85	XX	86,80	XX
Korea	ST62Q07	24,62	0,28	2,20	0,03	11,18	10,79

Tab. 9.85 Konzepte – Komplexe Zahl

CNT	EqVar	b	beta	b.se	beta.se	b.t	beta.t
Austria	(CONSTANT)	470,65	XX	5,14	XX	91,50	XX
Austria	ST62Q08	14,96	0,23	1,51	0,02	9,90	9,31
Chile	(CONSTANT)	429,61	XX	5,38	XX	79,81	XX
Chile	ST62Q08	6,53	0,10	1,15	0,02	5,67	5,71
Germany	(CONSTANT)	494,75	XX	4,81	XX	102,95	XX
Germany	ST62Q08	10,22	0,15	1,45	0,02	7,03	7,14
Korea	(CONSTANT)	420,96	XX	10,39	XX	40,53	XX
Korea	ST62Q08	33,21	0,41	2,27	0,02	14,63	17,00

Tab. 9.86 Konzepte – Rationale Zahl

CNT	EqVar	b	beta	b.se	beta.se	b.t	beta.t
Austria	(CONSTANT)	402,07	XX	7,27	XX	55,32	XX
Austria	ST62Q09	28,18	0,40	1,77	0,02	15,91	18,45
Chile	(CONSTANT)	343,47	XX	8,63	XX	39,81	XX
Chile	ST62Q09	26,03	0,32	1,81	0,02	14,40	16,06
Germany	(CONSTANT)	425,10	XX	9,22	XX	46,11	XX
Germany	ST62Q09	22,99	0,28	2,04	0,02	11,26	12,53
Korea	(CONSTANT)	298,20	XX	15,64	XX	19,06	XX
Korea	ST62Q09	56,73	0,43	3,29	0,02	17,25	21,82

Tab. 9.87 Konzepte – Wurzel

CNT	EqVar	b	beta	b.se	beta.se	b.t	beta.t
Austria	(CONSTANT)	356,34	XX	10,92	XX	32,63	XX
Austria	ST62Q10	32,73	0,26	2,27	0,02	14,39	14,40
Chile	(CONSTANT)	340,89	XX	8,39	XX	40,61	XX
Chile	ST62Q10	26,57	0,35	1,69	0,02	15,68	19,11
Germany	(CONSTANT)	336,76	XX	12,43	XX	27,10	XX
Germany	ST62Q10	39,44	0,35	2,52	0,02	15,67	18,05
Korea	(CONSTANT)	324,47	XX	14,02	XX	23,15	XX
Korea	ST62Q10	51,28	0,41	2,99	0,02	17,14	20,83

Tab. 9.88 Konzepte – Polygon

CNT	EqVar	b	beta	b.se	beta.se	b.t	beta.t
Austria	(CONSTANT)	483,87	XX	5,14	XX	94,15	XX
Austria	ST62Q12	14,36	0,19	1,96	0,03	7,33	7,09
Chile	(CONSTANT)	381,26	XX	7,92	XX	48,17	XX
Chile	ST62Q12	17,80	0,24	1,62	0,02	10,96	12,49
Germany	(CONSTANT)	512,80	XX	4,83	XX	106,06	XX
Germany	ST62Q12	4,78	0,05	2,64	0,03	1,81	1,81
Korea	(CONSTANT)	422,65	XX	7,73	XX	54,69	XX
Korea	ST62Q12	33,53	0,44	1,60	0,02	21,00	26,05

Tab. 9.89 Konzepte – Kongruente Figur

CNT	EqVar	b	beta	b.se	beta.se	b.t	beta.t
Austria	(CONSTANT)	484,90	XX	4,65	XX	104,22	XX
Austria	ST62Q15	10,57	0,17	1,61	0,03	6,59	6,46
Chile	(CONSTANT)	407,73	XX	6,07	XX	67,14	XX
Chile	ST62Q15	13,10	0,22	1,42	0,02	9,19	10,03
Germany	(CONSTANT)	464,82	XX	5,54	XX	83,83	XX
Germany	ST62Q15	18,31	0,32	1,51	0,02	12,10	13,31
Korea	(CONSTANT)	446,91	XX	7,88	XX	56,69	XX
Korea	ST62Q15	27,49	0,40	1,65	0,02	16,65	20,94

Tab. 9.90   Konzepte – Kosinus

CNT	EqVar	b	beta	b.se	beta.se	b.t	beta.t
Austria	(CONSTANT)	445,55	XX	6,16	XX	72,32	XX
Austria	ST62Q16	21,53	0,40	1,76	0,03	12,22	12,34
Chile	(CONSTANT)	427,39	XX	4,90	XX	87,16	XX
Chile	ST62Q16	11,04	0,18	1,57	0,02	7,04	7,16
Germany	(CONSTANT)	449,88	XX	5,56	XX	80,98	XX
Germany	ST62Q16	21,42	0,39	1,33	0,02	16,15	20,71
Korea	(CONSTANT)	454,38	XX	8,30	XX	54,77	XX
Korea	ST62Q16	26,75	0,38	1,85	0,02	14,45	16,75

Tab. 9.91   Konzepte – Arithm. Mittel

CNT	EqVar	b	beta	b.se	beta.se	b.t	beta.t
Austria	(CONSTANT)	469,01	XX	5,13	XX	91,47	XX
Austria	ST62Q17	18,67	0,30	1,80	0,03	10,37	9,83
Chile	(CONSTANT)	417,71	XX	5,60	XX	74,52	XX
Chile	ST62Q17	11,60	0,20	1,38	0,02	8,40	8,39
Germany	(CONSTANT)	495,14	XX	4,59	XX	107,86	XX
Germany	ST62Q17	10,73	0,18	1,46	0,02	7,36	7,57
Korea	(CONSTANT)	514,95	XX	5,02	XX	102,63	XX
Korea	ST62Q17	20,97	0,33	1,43	0,02	14,69	13,33

Tab. 9.92   Konzepte – Wahrscheinlichkeit

CNT	EqVar	b	beta	b.se	beta.se	b.t	beta.t
Austria	(CONSTANT)	477,82	XX	6,86	XX	69,65	XX
Austria	ST62Q19	9,18	0,14	1,51	0,02	6,07	6,00
Chile	(CONSTANT)	390,19	XX	6,70	XX	58,27	XX
Chile	ST62Q19	17,14	0,29	1,36	0,02	12,63	13,54
Germany	(CONSTANT)	408,51	XX	8,06	XX	50,70	XX
Germany	ST62Q19	25,67	0,30	1,79	0,02	14,38	15,56
Korea	(CONSTANT)	402,02	XX	11,59	XX	34,69	XX
Korea	ST62Q19	36,76	0,35	2,42	0,02	15,18	15,75

Tab. 9.93   Anzahl der Mathematikstunden

CNT	EqVar	b	beta	b.se	beta.se	b.t	beta.t
Austria	(CONSTANT)	515,01	XX	7,75	XX	66,44	XX
Austria	ST70Q02	−0,94	−0,01	2,36	0,03	−0,40	−0,40
Chile	(CONSTANT)	412,99	XX	8,25	XX	50,07	XX
Chile	ST70Q02	6,53	0,14	1,06	0,02	6,15	6,16
Germany	(CONSTANT)	568,13	XX	10,40	XX	54,64	XX
Germany	ST70Q02	−10,87	−0,12	2,57	0,03	−4,23	−4,42
Korea	(CONSTANT)	496,24	XX	15,29	XX	32,45	XX
Korea	ST70Q02	15,27	0,21	3,36	0,05	4,55	4,54

Tab. 9.94 Anzahl der Stunden in den Naturwissenschaften

CNT	EqVar	b	beta	b.se	beta.se	b.t	beta.t
Austria	(CONSTANT)	504,00	XX	4,98	XX	101,24	XX
Austria	ST70Q03	2,22	0,07	0,96	0,03	2,31	2,31
Chile	(CONSTANT)	418,28	XX	5,50	XX	76,05	XX
Chile	ST70Q03	7,43	0,23	0,78	0,02	9,47	10,02
Germany	(CONSTANT)	499,09	XX	6,94	XX	71,90	XX
Germany	ST70Q03	5,31	0,11	1,30	0,03	4,08	3,94
Korea	(CONSTANT)	525,91	XX	8,92	XX	58,93	XX
Korea	ST70Q03	8,94	0,19	1,75	0,04	5,10	4,91

Tab. 9.95 Prozedurale Aufgaben in im Unterricht

CNT	EqVar	b	beta	b.se	beta.se	b.t	beta.t
Austria	(CONSTANT)	552,96	XX	5,72	XX	96,71	XX
Austria	ST74Q01	−30,94	−0,21	3,01	0,02	−10,28	−10,60
Chile	(CONSTANT)	487,85	XX	5,14	XX	94,95	XX
Chile	ST74Q01	−28,21	−0,19	3,19	0,02	−8,85	−8,86
Germany	(CONSTANT)	565,43	XX	6,31	XX	89,63	XX
Germany	ST74Q01	−35,23	−0,22	3,85	0,02	−9,15	−9,56
Korea	(CONSTANT)	610,58	XX	5,73	XX	106,54	XX
Korea	ST74Q01	−33,74	−0,26	3,37	0,02	−10,02	−11,15

Tab. 9.96 Unterricht – Innere Differenzierung

CNT	EqVar	b	beta	b.se	beta.se	b.t	beta.t
Austria	(CONSTANT)	417,27	XX	9,84	XX	42,39	XX
Austria	ST79Q03	26,30	0,28	2,48	0,02	10,59	12,50
Chile	(CONSTANT)	407,15	XX	6,44	XX	63,25	XX
Chile	ST79Q03	12,17	0,15	1,66	0,02	7,32	7,37
Germany	(CONSTANT)	453,33	XX	8,23	XX	55,08	XX
Germany	ST79Q03	20,57	0,22	2,12	0,02	9,72	9,79
Korea	(CONSTANT)	489,62	XX	9,50	XX	51,55	XX
Korea	ST79Q03	21,83	0,20	2,36	0,02	9,27	9,83

Tab. 9.97 Unterricht – Wochenpläne

CNT	EqVar	b	beta	b.se	beta.se	b.t	beta.t
Austria	(CONSTANT)	410,66	XX	13,43	XX	30,58	XX
Austria	ST79Q04	26,24	0,22	3,51	0,03	7,48	8,10
Chile	(CONSTANT)	404,81	XX	6,59	XX	61,43	XX
Chile	ST79Q04	14,07	0,17	1,79	0,02	7,84	8,22
Germany	(CONSTANT)	423,44	XX	9,07	XX	46,71	XX
Germany	ST79Q04	27,35	0,23	2,55	0,02	10,72	10,97
Korea	(CONSTANT)	474,08	XX	10,39	XX	45,65	XX
Korea	ST79Q04	25,75	0,22	2,71	0,02	9,52	9,84

Tab. 9.98   Unterricht – Unterrichtsplanung mit Schülern

CNT	EqVar	b	beta	b.se	beta.se	b.t	beta.t
Austria	(CONSTANT)	401,27	XX	10,69	XX	37,53	XX
Austria	ST79Q10	29,79	0,26	2,76	0,02	10,78	11,51
Chile	(CONSTANT)	390,34	XX	8,01	XX	48,75	XX
Chile	ST79Q10	17,29	0,19	2,01	0,02	8,61	8,90
Germany	(CONSTANT)	417,56	XX	9,84	XX	42,44	XX
Germany	ST79Q10	29,84	0,26	2,66	0,02	11,23	11,73
Korea	(CONSTANT)	507,74	XX	8,67	XX	58,57	XX
Korea	ST79Q10	17,66	0,17	2,13	0,02	8,30	8,76

Tab. 9.99   Klassendisziplin – Schüler können nicht gut arbeiten

CNT	EqVar	b	beta	b.se	beta.se	b.t	beta.t
Austria	(CONSTANT)	468,08	XX	10,06	XX	46,52	XX
Austria	ST81Q04	11,51	0,11	2,70	0,02	4,26	4,56
Chile	(CONSTANT)	411,62	XX	8,31	XX	49,52	XX
Chile	ST81Q04	11,35	0,12	2,27	0,02	4,99	5,02
Germany	(CONSTANT)	463,59	XX	8,13	XX	57,00	XX
Germany	ST81Q04	18,49	0,18	2,27	0,02	8,15	8,26
Korea	(CONSTANT)	488,01	XX	9,50	XX	51,38	XX
Korea	ST81Q04	23,13	0,21	2,67	0,02	8,66	8,80

Tab. 9.100   Vignette Lehrer kommt zu spät/Einmal pro Woche Hausaufgabe

CNT	EqVar	b	beta	b.se	beta.se	b.t	beta.t
Austria	(CONSTANT)	431,99	XX	10,46	XX	41,30	XX
Austria	ST82Q03	22,65	0,22	2,79	0,02	8,12	9,32
Chile	(CONSTANT)	385,78	XX	6,08	XX	63,42	XX
Chile	ST82Q03	20,88	0,25	1,70	0,02	12,28	13,21
Germany	(CONSTANT)	447,34	XX	8,96	XX	49,94	XX
Germany	ST82Q03	21,51	0,19	2,29	0,02	9,40	9,80
Korea	(CONSTANT)	550,31	XX	6,71	XX	81,97	XX
Korea	ST82Q03	4,82	0,05	1,79	0,02	2,70	2,75

Tab. 9.101   Vignette Schüler stören und Lehrer kommt regelmäßig zu spät

CNT	EqVar	b	beta	b.se	beta.se	b.t	beta.t
Austria	(CONSTANT)	431,95	XX	9,80	XX	44,10	XX
Austria	ST84Q03	21,71	0,20	2,60	0,02	8,34	9,35
Chile	(CONSTANT)	366,81	XX	7,03	XX	52,17	XX
Chile	ST84Q03	24,47	0,25	1,88	0,02	12,98	13,40
Germany	(CONSTANT)	417,95	XX	10,61	XX	39,38	XX
Germany	ST84Q03	29,44	0,26	2,87	0,02	10,25	10,34
Korea	(CONSTANT)	482,27	XX	9,43	XX	51,14	XX
Korea	ST84Q03	24,86	0,21	2,52	0,02	9,87	10,55

Tab. 9.102   Einstellung zur Schule – Anstrengung hilft, einen guten Studienplatz zu bekommen

CNT	EqVar	b	beta	b.se	beta.se	b.t	beta.t
Austria	(CONSTANT)	545,89	XX	5,34	XX	102,28	XX
Austria	ST89Q03	−26,82	−0,22	2,96	0,02	−9,06	−10,69
Chile	(CONSTANT)	453,35	XX	4,99	XX	90,82	XX
Chile	ST89Q03	−5,33	−0,04	2,64	0,02	−2,02	−2,02
Germany	(CONSTANT)	564,04	XX	5,11	XX	110,32	XX
Germany	ST89Q03	−27,19	−0,23	2,48	0,02	−10,98	−11,68
Korea	(CONSTANT)	614,27	XX	7,56	XX	81,28	XX
Korea	ST89Q03	−31,09	−0,22	3,82	0,03	−8,13	−8,37

Tab. 9.103   Ausdauer – Gebe schnell auf

CNT	EqVar	b	beta	b.se	beta.se	b.t	beta.t
Austria	(CONSTANT)	436,83	XX	8,72	XX	50,12	XX
Austria	ST93Q01	18,43	0,21	2,13	0,02	8,63	9,24
Chile	(CONSTANT)	387,02	XX	6,09	XX	63,56	XX
Chile	ST93Q01	16,82	0,23	1,25	0,02	13,41	13,82
Germany	(CONSTANT)	429,20	XX	8,22	XX	52,21	XX
Germany	ST93Q01	23,97	0,24	1,95	0,02	12,29	12,11
Korea	(CONSTANT)	504,32	XX	7,12	XX	70,87	XX
Korea	ST93Q01	17,12	0,18	1,89	0,02	9,07	9,47

Tab. 9.104   Offenheit für Problemfragestellungen – Kann viele Informationen gleichzeitig verarbeiten

CNT	EqVar	b	beta	b.se	beta.se	b.t	beta.t
Austria	(CONSTANT)	531,13	XX	6,39	XX	83,08	XX
Austria	ST94Q05	−11,08	−0,12	1,97	0,02	−5,61	−5,63
Chile	(CONSTANT)	482,92	XX	4,97	XX	97,26	XX
Chile	ST94Q05	−14,14	−0,16	1,63	0,02	−8,70	−9,21
Germany	(CONSTANT)	532,72	XX	6,97	XX	76,46	XX
Germany	ST94Q05	−6,11	−0,06	2,53	0,02	−2,41	−2,37
Korea	(CONSTANT)	626,69	XX	6,95	XX	90,18	XX
Korea	ST94Q05	−22,53	−0,24	1,84	0,02	−12,25	−13,77

Tab. 9.105   Offenheit für Problemfragestellungen – Begreife schnell

CNT	EqVar	b	beta	b.se	beta.se	b.t	beta.t
Austria	(CONSTANT)	558,62	XX	5,99	XX	93,26	XX
Austria	ST94Q06	−23,37	−0,25	1,89	0,02	−12,36	−12,60
Chile	(CONSTANT)	494,19	XX	4,75	XX	104,09	XX
Chile	ST94Q06	−19,39	−0,23	1,63	0,02	−11,88	−12,65
Germany	(CONSTANT)	566,96	XX	5,80	XX	97,78	XX
Germany	ST94Q06	−22,00	−0,20	2,08	0,02	−10,60	−10,52
Korea	(CONSTANT)	630,65	XX	6,57	XX	95,97	XX
Korea	ST94Q06	−24,88	−0,27	1,94	0,02	−12,85	−14,94

Tab. 9.106 Offenheit für Problemfragestellungen – Suche nach Erklärungen

CNT	EqVar	b	beta	b.se	beta.se	b.t	beta.t
Austria	(CONSTANT)	550,41	XX	5,27	XX	104,35	XX
Austria	ST94Q09	−20,38	−0,22	1,81	0,02	−11,28	−11,94
Chile	(CONSTANT)	474,78	XX	4,78	XX	99,35	XX
Chile	ST94Q09	−12,17	−0,14	1,67	0,02	−7,30	−7,39
Germany	(CONSTANT)	554,52	XX	5,13	XX	108,04	XX
Germany	ST94Q09	−16,04	−0,16	1,66	0,02	−9,67	−9,46
Korea	(CONSTANT)	630,15	XX	6,11	XX	103,12	XX
Korea	ST94Q09	−27,90	−0,28	2,04	0,02	−13,66	−15,42

Tab. 9.107 Offenheit für Problemfragestellungen – Kann leicht Verbindungen zwischen Dingen herstellen

CNT	EqVar	b	beta	b.se	beta.se	b.t	beta.t
Austria	(CONSTANT)	561,78	XX	5,58	XX	100,61	XX
Austria	ST94Q10	−23,54	−0,26	1,80	0,02	−13,08	−13,37
Chile	(CONSTANT)	487,87	XX	4,86	XX	100,35	XX
Chile	ST94Q10	−17,22	−0,20	1,67	0,02	−10,28	−10,84
Germany	(CONSTANT)	560,95	XX	5,40	XX	103,87	XX
Germany	ST94Q10	−18,40	−0,18	1,83	0,02	−10,03	−9,48
Korea	(CONSTANT)	626,22	XX	6,35	XX	98,57	XX
Korea	ST94Q10	−25,43	−0,26	2,08	0,02	−12,21	−13,82

Tab. 9.108 Offenheit für Problemfragestellungen – Löse gerne komplizierte Aufgaben

CNT	EqVar	b	beta	b.se	beta.se	b.t	beta.t
Austria	(CONSTANT)	553,29	XX	6,64	XX	83,36	XX
Austria	ST94Q14	−14,55	−0,20	1,52	0,02	−9,54	−8,92
Chile	(CONSTANT)	473,17	XX	5,61	XX	84,30	XX
Chile	ST94Q14	−8,12	−0,12	1,37	0,02	−5,91	−5,99
Germany	(CONSTANT)	560,71	XX	6,29	XX	89,21	XX
Germany	ST94Q14	−13,27	−0,17	1,58	0,02	−8,40	−8,18
Korea	(CONSTANT)	634,34	XX	6,82	XX	93,01	XX
Korea	ST94Q14	−21,96	−0,29	1,70	0,02	−12,95	−14,78

Tab. 9.109 SMS-Problem – Suche Ursache

CNT	EqVar	b	beta	b.se	beta.se	b.t	beta.t
Austria	(CONSTANT)	537,30	XX	5,10	XX	105,36	XX
Austria	ST96Q02	−18,15	−0,16	2,04	0,02	−8,92	−9,26
Chile	(CONSTANT)	489,71	XX	4,37	XX	111,94	XX
Chile	ST96Q02	−25,28	−0,21	2,09	0,02	−12,09	−12,79
Germany	(CONSTANT)	541,74	XX	5,66	XX	95,80	XX
Germany	ST96Q02	−13,27	−0,10	2,75	0,02	−4,82	−4,80
Korea	(CONSTANT)	602,86	XX	5,46	XX	110,46	XX
Korea	ST96Q02	−22,05	−0,18	2,35	0,02	−9,38	−9,92

Tab. 9.110 Fahrkartenautomatenproblem – Probiere alle Knöpfe aus

CNT	EqVar	b	beta	b.se	beta.se	b.t	beta.t
Austria	(CONSTANT)	456,92	XX	8,28	XX	55,18	XX
Austria	ST104Q04	16,82	0,18	2,32	0,02	7,26	7,97
Chile	(CONSTANT)	394,08	XX	5,12	XX	76,99	XX
Chile	ST104Q04	20,78	0,23	1,55	0,02	13,41	14,29
Germany	(CONSTANT)	465,54	XX	7,22	XX	64,47	XX
Germany	ST104Q04	18,24	0,19	2,04	0,02	8,95	9,35
Korea	(CONSTANT)	531,09	XX	6,73	XX	78,96	XX
Korea	ST104Q04	10,80	0,11	1,77	0,02	6,09	6,30

Tab. 9.111 Fahrkartenautomatenproblem – Frage jemanden um Hilfe

CNT	EqVar	b	beta	b.se	beta.se	b.t	beta.t
Austria	(CONSTANT)	460,19	XX	5,92	XX	77,75	XX
Austria	ST104Q05	18,82	0,20	1,98	0,02	9,49	9,77
Chile	(CONSTANT)	456,50	XX	4,79	XX	95,40	XX
Chile	ST104Q05	−4,22	−0,04	2,49	0,02	−1,70	−1,69
Germany	(CONSTANT)	471,18	XX	5,95	XX	79,25	XX
Germany	ST104Q05	20,62	0,20	1,93	0,02	10,68	10,92
Korea	(CONSTANT)	538,11	XX	5,92	XX	90,89	XX
Korea	ST104Q05	10,26	0,10	2,00	0,02	5,13	5,22

Tab. 9.112 Fahrkartenautomatenproblem – Suche einen Schalter

CNT	EqVar	b	beta	b.se	beta.se	b.t	beta.t
Austria	(CONSTANT)	471,96	XX	5,35	XX	88,15	XX
Austria	ST104Q06	15,37	0,16	2,18	0,02	7,05	6,93
Chile	(CONSTANT)	450,28	XX	4,79	XX	94,00	XX
Chile	ST104Q06	−0,10	0,00	1,95	0,02	−0,05	−0,05
Germany	(CONSTANT)	464,95	XX	6,31	XX	73,68	XX
Germany	ST104Q06	23,39	0,23	2,34	0,02	10,01	9,82
Korea	(CONSTANT)	531,78	XX	5,91	XX	90,03	XX
Korea	ST104Q06	13,89	0,13	2,27	0,02	6,11	6,09

9.2 Relevante Einzelitems zu ICT

Tab. 9.113 Computernutzung außerhalb der Schule – Teilnahme an sozialen Netzwerken

CNT	EqVar	b	beta	b.se	beta.se	b.t	beta.t
Austria	(CONSTANT)	513,15	XX	7,55	XX	67,94	XX
Austria	IC08Q05	−1,47	−0,02	1,47	0,02	−1,00	−0,99
Chile	(CONSTANT)	394,51	XX	7,86	XX	50,16	XX
Chile	IC08Q05	13,96	0,21	1,49	0,02	9,36	9,47
Germany	(CONSTANT)	529,40	XX	7,57	XX	69,90	XX
Germany	IC08Q05	−2,25	−0,03	1,38	0,02	−1,63	−1,62
Korea	(CONSTANT)	571,55	XX	5,24	XX	108,99	XX
Korea	IC08Q05	−3,81	−0,06	1,09	0,02	−3,50	−3,48

Tab. 9.114   Computernutzung außerhalb der Schule – Eigene Inhalte hinaufladen

CNT	EqVar	b	beta	b.se	beta.se	b.t	beta.t
Austria	(CONSTANT)	543,15	XX	4,30	XX	126,34	XX
Austria	IC08Q11	−17,02	−0,24	1,51	0,02	−11,25	−12,35
Chile	(CONSTANT)	459,64	XX	4,75	XX	96,81	XX
Chile	IC08Q11	−4,84	−0,08	0,99	0,02	−4,88	−4,84
Germany	(CONSTANT)	552,57	XX	4,18	XX	132,23	XX
Germany	IC08Q11	−19,04	−0,23	1,52	0,02	−12,56	−12,93
Korea	(CONSTANT)	588,69	XX	4,81	XX	122,36	XX
Korea	IC08Q11	−17,92	−0,19	1,73	0,02	−10,35	−10,36

Tab. 9.115   Einstellung zu Computern – Internet ungeeignet für schulische Aufgaben

CNT	EqVar	b	beta	b.se	beta.se	b.t	beta.t
Austria	(CONSTANT)	432,26	XX	7,84	XX	55,11	XX
Austria	IC22Q07	25,79	0,23	2,46	0,02	10,47	11,45
Chile	(CONSTANT)	409,42	XX	5,99	XX	68,39	XX
Chile	IC22Q07	15,80	0,17	1,71	0,02	9,23	9,38
Germany	(CONSTANT)	469,44	XX	7,48	XX	62,76	XX
Germany	IC22Q07	18,04	0,16	2,00	0,02	9,00	9,22
Korea	(CONSTANT)	556,00	XX	8,60	XX	64,65	XX
Korea	IC22Q07	1,88	0,01	2,36	0,02	0,80	0,80

Tab. 9.116   Einstellung zu Computern – Informationen aus dem Internet unzuverlässig

CNT	EqVar	b	beta	b.se	beta.se	b.t	beta.t
Austria	(CONSTANT)	418,09	XX	7,56	XX	55,33	XX
Austria	IC22Q08	30,36	0,27	2,37	0,02	12,80	14,88
Chile	(CONSTANT)	399,13	XX	6,04	XX	66,05	XX
Chile	IC22Q08	19,31	0,20	1,75	0,02	11,02	11,05
Germany	(CONSTANT)	458,11	XX	7,72	XX	59,33	XX
Germany	IC22Q08	21,28	0,18	2,22	0,02	9,57	9,89
Korea	(CONSTANT)	525,31	XX	9,76	XX	53,81	XX
Korea	IC22Q08	11,66	0,08	2,52	0,02	4,63	4,64

9.3   Indexvariablen

Tab. 9.117   Instrumentelle Motivation

Austria	(CONSTANT)	504,44	XX	3,68	XX	137,00	XX
Austria	ANCINSTMOT	10,06	0,11	3,06	0,03	3,29	3,50
Chile	(CONSTANT)	444,49	XX	3,79	XX	117,42	XX
Chile	ANCINSTMOT	13,26	0,15	2,25	0,02	5,90	6,30
Germany	(CONSTANT)	520,87	XX	4,05	XX	128,63	XX
Germany	ANCINSTMOT	15,20	0,15	3,48	0,03	4,37	4,42
Korea	(CONSTANT)	569,05	XX	4,21	XX	135,30	XX
Korea	ANCINSTMOT	20,10	0,24	2,98	0,03	6,74	7,35

Tab. 9.118 Interesse an Mathematik

CNT	EqVar	b	beta	b.se	beta.se	b.t	beta.t
Austria	(CONSTANT)	505,47	XX	3,63	XX	139,18	XX
Austria	ANCINTMAT	19,91	0,21	3,32	0,03	6,00	6,88
Chile	(CONSTANT)	443,63	XX	3,75	XX	118,36	XX
Chile	ANCINTMAT	18,58	0,22	2,27	0,03	8,19	8,56
Germany	(CONSTANT)	519,88	XX	3,99	XX	130,17	XX
Germany	ANCINTMAT	22,64	0,23	3,29	0,03	6,88	7,12
Korea	(CONSTANT)	569,15	XX	4,21	XX	135,24	XX
Korea	ANCINTMAT	22,17	0,24	3,24	0,03	6,83	7,53

Tab. 9.119 Arbeitsmoral

CNT	EqVar	b	beta	b.se	beta.se	b.t	beta.t
Austria	(CONSTANT)	501,80	XX	3,86	XX	129,90	XX
Austria	ANCMATWKETH	10,94	0,12	3,40	0,04	3,22	3,46
Chile	(CONSTANT)	445,71	XX	3,82	XX	116,66	XX
Chile	ANCMATWKETH	16,22	0,18	2,67	0,03	6,07	6,34
Germany	(CONSTANT)	519,97	XX	4,02	XX	129,23	XX
Germany	ANCMATWKETH	15,90	0,15	3,36	0,03	4,73	4,92
Korea	(CONSTANT)	570,32	XX	4,29	XX	132,82	XX
Korea	ANCMATWKETH	18,78	0,21	3,15	0,03	5,97	6,62

Tab. 9.120 Selbstkonzept in Mathematik

CNT	EqVar	b	beta	b.se	beta.se	b.t	beta.t
Austria	(CONSTANT)	505,08	XX	3,50	XX	144,40	XX
Austria	ANCSCMAT	23,77	0,26	2,42	0,02	9,81	11,58
Chile	(CONSTANT)	450,83	XX	3,68	XX	122,60	XX
Chile	ANCSCMAT	28,73	0,33	1,64	0,02	17,54	19,09
Germany	(CONSTANT)	515,90	XX	3,60	XX	143,45	XX
Germany	ANCSCMAT	31,17	0,33	2,13	0,02	14,67	16,07
Korea	(CONSTANT)	571,14	XX	4,16	XX	137,38	XX
Korea	ANCSCMAT	26,56	0,27	2,68	0,03	9,90	10,84

Tab. 9.121 Subjektive Normen in Mathematik

CNT	EqVar	b	beta	b.se	beta.se	b.t	beta.t
Austria	(CONSTANT)	502,86	XX	3,86	XX	130,44	XX
Austria	ANCSUBNORM	4,73	0,06	3,03	0,03	1,56	1,59
Chile	(CONSTANT)	445,56	XX	3,83	XX	116,42	XX
Chile	ANCSUBNORM	10,17	0,11	2,36	0,02	4,31	4,60
Germany	(CONSTANT)	519,80	XX	4,07	XX	127,72	XX
Germany	ANCSUBNORM	9,95	0,09	3,51	0,03	2,84	2,89
Korea	(CONSTANT)	566,53	XX	4,30	XX	131,62	XX
Korea	ANCSUBNORM	17,13	0,18	3,65	0,04	4,70	5,03

Tab. 9.122 Matheangst

CNT	EqVar	b	beta	b.se	beta.se	b.t	beta.t
Austria	(CONSTANT)	499,14	XX	3,70	XX	135,01	XX
Austria	ANXMAT	−21,26	−0,26	2,21	0,02	−9,63	−11,17
Chile	(CONSTANT)	458,99	XX	3,95	XX	116,09	XX
Chile	ANXMAT	−31,36	−0,28	2,28	0,02	−13,74	−14,37
Germany	(CONSTANT)	511,75	XX	3,37	XX	151,78	XX
Germany	ANXMAT	−25,82	−0,31	1,68	0,02	−15,39	−15,00
Korea	(CONSTANT)	565,88	XX	4,48	XX	126,27	XX
Korea	ANXMAT	−7,87	−0,07	2,38	0,02	−3,31	−3,34

Tab. 9.123 Kulturelle Besitztümer

CNT	EqVar	b	beta	b.se	beta.se	b.t	beta.t
Austria	(CONSTANT)	506,48	XX	3,43	XX	147,58	XX
Austria	CULTPOS	21,94	0,23	2,02	0,02	10,85	11,36
Chile	(CONSTANT)	451,20	XX	3,57	XX	126,29	XX
Chile	CULTPOS	13,67	0,15	1,54	0,02	8,85	9,27
Germany	(CONSTANT)	512,92	XX	3,43	XX	149,33	XX
Germany	CULTPOS	24,80	0,25	1,94	0,02	12,78	13,73
Korea	(CONSTANT)	558,12	XX	4,07	XX	137,09	XX
Korea	CULTPOS	18,62	0,20	2,05	0,02	9,08	9,79

Tab. 9.124 Disziplinäres Klima

CNT	EqVar	b	beta	b.se	beta.se	b.t	beta.t
Austria	(CONSTANT)	501,01	XX	3,82	XX	131,30	XX
Austria	DISCLIMA	13,09	0,15	2,75	0,03	4,76	5,19
Chile	(CONSTANT)	447,94	XX	3,75	XX	119,60	XX
Chile	DISCLIMA	9,26	0,10	2,37	0,02	3,91	3,91
Germany	(CONSTANT)	519,18	XX	3,55	XX	146,18	XX
Germany	DISCLIMA	16,87	0,18	2,16	0,02	7,82	7,81
Korea	(CONSTANT)	559,46	XX	4,05	XX	138,25	XX
Korea	DISCLIMA	20,97	0,20	2,71	0,03	7,74	7,75

Tab. 9.125 ICT-Benutzung zur Unterhaltung

CNT	EqVar	b	beta	b.se	beta.se	b.t	beta.t
Austria	(CONSTANT)	506,21	XX	3,54	XX	142,89	XX
Austria	ENTUSE	−4,38	−0,04	2,47	0,02	−1,77	−1,77
Chile	(CONSTANT)	451,88	XX	3,51	XX	128,89	XX
Chile	ENTUSE	13,71	0,17	1,91	0,02	7,19	7,33
Germany	(CONSTANT)	519,15	XX	3,54	XX	146,63	XX
Germany	ENTUSE	−8,01	−0,07	2,23	0,02	−3,59	−3,65
Korea	(CONSTANT)	558,97	XX	4,17	XX	133,94	XX
Korea	ENTUSE	−3,18	−0,03	2,36	0,02	−1,35	−1,34

Tab. 9.126   ESCS

CNT	EqVar	b	beta	b.se	beta.se	b.t	beta.t
Austria	(CONSTANT)	503,74	XX	3,44	XX	146,33	XX
Austria	ESCS	36,11	0,33	2,63	0,02	13,73	14,75
Chile	(CONSTANT)	465,54	XX	3,21	XX	145,00	XX
Chile	ESCS	30,37	0,40	1,88	0,02	16,16	18,16
Germany	(CONSTANT)	508,26	XX	3,28	XX	154,97	XX
Germany	ESCS	37,33	0,36	2,44	0,02	15,27	18,55
Korea	(CONSTANT)	560,89	XX	3,98	XX	141,00	XX
Korea	ESCS	28,40	0,23	2,97	0,02	9,56	9,91

Tab. 9.127   Erfahrung mit angewandten Aufgaben in Mathematik

CNT	EqVar	b	beta	b.se	beta.se	b.t	beta.t
Austria	(CONSTANT)	509,16	XX	3,63	XX	140,18	XX
Austria	EXAPPLM	2,41	0,02	2,29	0,02	1,05	1,06
Chile	(CONSTANT)	449,71	XX	3,81	XX	117,91	XX
Chile	EXAPPLM	5,88	0,07	1,78	0,02	3,30	3,33
Germany	(CONSTANT)	519,19	XX	3,59	XX	144,70	XX
Germany	EXAPPLM	7,72	0,07	2,01	0,02	3,84	3,74
Korea	(CONSTANT)	551,67	XX	4,32	XX	127,74	XX
Korea	EXAPPLM	20,81	0,22	1,78	0,02	11,68	11,94

Tab. 9.128   Erfahrung mit innermathematischen Aufgaben

CNT	EqVar	b	beta	b.se	beta.se	b.t	beta.t
Austria	(CONSTANT)	510,41	XX	3,48	XX	146,64	XX
Austria	EXPUREM	28,08	0,33	1,93	0,02	14,52	16,38
Chile	(CONSTANT)	452,03	XX	3,62	XX	124,71	XX
Chile	EXPUREM	23,36	0,29	1,68	0,02	13,91	16,13
Germany	(CONSTANT)	515,78	XX	3,31	XX	155,95	XX
Germany		32,96	0,32	2,00	0,02	16,47	18,43
Korea	(CONSTANT)	537,42	XX	3,85	XX	139,47	XX
Korea	EXPUREM	52,78	0,43	2,50	0,02	21,12	22,93

Tab. 9.129   Fehlerattribution

CNT	EqVar	b	beta	b.se	beta.se	b.t	beta.t
Austria	(CONSTANT)	506,10	XX	3,66	XX	138,30	XX
Austria	FAILMAT	−4,56	−0,05	1,89	0,02	−2,41	−2,41
Chile	(CONSTANT)	450,61	XX	3,58	XX	125,99	XX
Chile	FAILMAT	−23,09	−0,26	1,84	0,02	−12,54	−13,30
Germany	(CONSTANT)	519,92	XX	3,58	XX	145,26	XX
Germany	FAILMAT	−4,02	−0,04	2,47	0,02	−1,63	−1,63
Korea	(CONSTANT)	560,01	XX	4,19	XX	133,56	XX
Korea	FAILMAT	−1,65	−0,02	2,37	0,02	−0,70	−0,70

Tab. 9.130 Vertrautheit mit mathematischen Konzepten

CNT	EqVar	b	beta	b.se	beta.se	b.t	beta.t
Austria	(CONSTANT)	507,62	XX	3,42	XX	148,64	XX
Austria	FAMCONC	37,40	0,42	1,91	0,02	19,60	21,01
Chile	(CONSTANT)	458,61	XX	3,46	XX	132,62	XX
Chile	FAMCONC	32,02	0,30	2,32	0,02	13,80	15,50
Germany	(CONSTANT)	515,88	XX	3,29	XX	156,76	XX
Germany	FAMCONC	42,26	0,45	2,27	0,02	18,63	22,66
Korea	(CONSTANT)	506,35	XX	5,00	XX	101,19	XX
Korea	FAMCONC	40,08	0,44	2,04	0,02	19,68	23,67

Tab. 9.131 Familienstruktur (Referenz: Alleinerziehender Elternteil)

CNT	EqVar	b	beta	b.se	beta.se	b.t	beta.t
Austria	(CONSTANT)	520,56	XX	4,95	XX	105,19	XX
Austria	FAMSTRUC_D2	−12,45	−0,05	4,60	0,02	−2,70	−2,67
Chile	(CONSTANT)	443,23	XX	4,26	XX	104,07	XX
Chile	FAMSTRUC_D2	14,67	0,08	2,97	0,02	4,94	5,08
Germany	(CONSTANT)	510,50	XX	5,23	XX	97,57	XX
Germany	FAMSTRUC_D2	8,48	0,03	5,50	0,02	1,54	1,55
Korea	(CONSTANT)	551,49	XX	6,32	XX	87,32	XX
Korea	FAMSTRUC_D2	15,19	0,05	4,95	0,02	3,07	3,13

Tab. 9.132 Häusliche Lernressourcen

CNT	EqVar	b	beta	b.se	beta.se	b.t	beta.t
Austria	(CONSTANT)	505,36	XX	3,45	XX	146,35	XX
Austria	HEDRES	19,09	0,18	2,16	0,02	8,84	9,69
Chile	(CONSTANT)	457,19	XX	3,41	XX	134,19	XX
Chile	HEDRES	18,62	0,22	1,89	0,02	9,82	10,37
Germany	(CONSTANT)	508,24	XX	3,42	XX	148,76	XX
Germany	HEDRES	28,24	0,25	2,56	0,02	11,02	12,13
Korea	(CONSTANT)	563,22	XX	4,06	XX	138,64	XX
Korea	HEDRES	17,16	0,18	2,09	0,02	8,21	8,88

Tab. 9.133 Elternbildung

CNT	EqVar	b	beta	b.se	beta.se	b.t	beta.t
Austria	(CONSTANT)	441,10	XX	8,01	XX	55,08	XX
Austria	HISCED	15,26	0,21	1,78	0,02	8,57	8,63
Chile	(CONSTANT)	373,48	XX	7,23	XX	51,65	XX
Chile	HISCED	18,50	0,33	1,35	0,02	13,70	14,97
Germany	(CONSTANT)	456,19	XX	6,81	XX	67,00	XX
Germany	HISCED	14,33	0,23	1,31	0,02	10,90	12,10
Korea	(CONSTANT)	493,31	XX	9,43	XX	52,30	XX
Korea	HISCED	13,88	0,18	1,69	0,02	8,20	8,61

Tab. 9.134 Sozioökonomischer Status (4 Vergleichsländer)

CNT	EqVar	b	beta	b.se	beta.se	b.t	beta.t
Austria	(CONSTANT)	438,84	XX	6,12	XX	71,66	XX
Austria	HISEI	1,40	0,31	0,11	0,02	13,22	15,65
Chile	(CONSTANT)	394,79	XX	5,67	XX	69,61	XX
Chile	HISEI	1,34	0,34	0,10	0,02	13,65	15,49
Germany	(CONSTANT)	435,43	XX	6,85	XX	63,53	XX
Germany	HISEI	1,60	0,34	0,10	0,02	15,36	17,29
Korea	(CONSTANT)	518,06	XX	7,01	XX	73,88	XX
Korea	HISEI	0,82	0,16	0,11	0,02	7,58	7,78

Tab. 9.135 Häusliche Besitztümer

CNT	EqVar	b	beta	b.se	beta.se	b.t	beta.t
Austria	(CONSTANT)	500,65	XX	3,53	XX	141,80	XX
Austria	HOMEPOS	26,31	0,24	2,11	0,02	12,48	12,54
Chile	(CONSTANT)	467,52	XX	3,26	XX	143,37	XX
Chile	HOMEPOS	30,00	0,36	1,93	0,02	15,57	16,62
Germany	(CONSTANT)	505,26	XX	3,42	XX	147,86	XX
Germany	HOMEPOS	32,34	0,27	2,67	0,02	12,13	14,08
Korea	(CONSTANT)	569,55	XX	4,28	XX	133,17	XX
Korea	HOMEPOS	24,24	0,20	2,91	0,02	8,32	8,84

Tab. 9.136 Einstellung zu Mathematik (negative Einstellung)

CNT	EqVar	b	beta	b.se	beta.se	b.t	beta.t
Austria	(CONSTANT)	501,85	XX	3,43	XX	146,28	XX
Austria	ICTATTNEG	−23,07	−0,25	1,99	0,02	−11,60	−13,16
Chile	(CONSTANT)	451,48	XX	3,57	XX	126,29	XX
Chile	ICTATTNEG	−17,57	−0,20	1,56	0,02	−11,29	−11,39
Germany	(CONSTANT)	517,51	XX	3,55	XX	145,76	XX
Germany	ICTATTNEG	−17,76	−0,19	1,77	0,02	−10,06	−10,42
Korea	(CONSTANT)	561,21	XX	4,32	XX	129,97	XX
Korea	ICTATTNEG	−1,40	−0,01	1,95	0,02	−0,72	−0,72

Tab. 9.137 Verhalten in Mathematik

CNT	EqVar	b	beta	b.se	beta.se	b.t	beta.t
Austria	(CONSTANT)	505,94	XX	3,62	XX	139,81	XX
Austria	MATBEH	12,37	0,12	2,85	0,03	4,34	4,20
Chile	(CONSTANT)	449,26	XX	3,58	XX	125,34	XX
Chile	MATBEH	1,33	0,02	2,05	0,02	0,65	0,65
Germany	(CONSTANT)	519,76	XX	3,52	XX	147,82	XX
Germany	MATBEH	−3,26	−0,03	2,68	0,02	−1,22	−1,23
Korea	(CONSTANT)	555,57	XX	3,73	XX	149,12	XX
Korea	MATBEH	29,15	0,32	2,45	0,02	11,91	13,91

Tab. 9.138 Offenheit für Problemfragestellungen

CNT	EqVar	b	beta	b.se	beta.se	b.t	beta.t
Austria	(CONSTANT)	504,40	XX	3,53	XX	142,77	XX
Austria	OPENPS	25,78	0,26	1,91	0,02	13,49	13,25
Chile	(CONSTANT)	446,22	XX	3,52	XX	126,60	XX
Chile	OPENPS	19,31	0,21	1,73	0,02	11,18	12,09
Germany	(CONSTANT)	516,04	XX	3,58	XX	144,18	XX
Germany	OPENPS	19,43	0,18	2,09	0,02	9,32	8,84
Korea	(CONSTANT)	574,28	XX	3,88	XX	148,05	XX
Korea	OPENPS	36,79	0,35	2,29	0,02	16,04	19,48

Tab. 9.139 Elternbildung in Jahren

CNT	EqVar	b	beta	b.se	beta.se	b.t	beta.t
Austria	(CONSTANT)	402,36	XX	14,06	XX	28,61	XX
Austria	PARED	7,58	0,20	1,01	0,03	7,51	7,73
Chile	(CONSTANT)	351,46	XX	8,92	XX	39,41	XX
Chile	PARED	7,73	0,33	0,58	0,02	13,38	14,72
Germany	(CONSTANT)	423,18	XX	10,01	XX	42,28	XX
Germany	PARED	6,67	0,23	0,64	0,02	10,36	11,40
Korea	(CONSTANT)	457,92	XX	13,70	XX	33,42	XX
Korea	PARED	7,42	0,18	0,93	0,02	8,02	8,44

Tab. 9.140 Lehrerverhalten – Schülerorientierung

CNT	EqVar	b	beta	b.se	beta.se	b.t	beta.t
Austria	(CONSTANT)	497,05	XX	3,84	XX	129,53	XX
Austria	TCHBEHSO	−25,50	−0,27	2,33	0,02	−10,94	−11,98
Chile	(CONSTANT)	452,44	XX	3,68	XX	123,04	XX
Chile	TCHBEHSO	−18,76	−0,21	2,02	0,02	−9,31	−9,78
Germany	(CONSTANT)	517,71	XX	3,57	XX	145,16	XX
Germany	TCHBEHSO	−26,18	−0,26	2,51	0,02	−10,43	−10,48
Korea	(CONSTANT)	559,94	XX	4,34	XX	128,98	XX
Korea	TCHBEHSO	−21,11	−0,23	2,07	0,02	−10,18	−10,91

Tab. 9.141 Lehreverhalten – Unterstützung

CNT	EqVar	b	beta	b.se	beta.se	b.t	beta.t
Austria	(CONSTANT)	498,32	XX	3,93	XX	126,66	XX
Austria	TEACHSUP	−12,19	−0,13	2,59	0,03	−4,70	−4,79
Chile	(CONSTANT)	444,13	XX	3,91	XX	113,66	XX
Chile	TEACHSUP	3,58	0,04	1,89	0,02	1,90	1,88
Germany	(CONSTANT)	517,28	XX	3,77	XX	137,34	XX
Germany	TEACHSUP	−4,80	−0,05	2,23	0,02	−2,15	−2,19
Korea	(CONSTANT)	566,86	XX	4,28	XX	132,55	XX
Korea	TEACHSUP	13,86	0,12	2,59	0,02	5,36	5,45

Tab. 9.142 Reichtum/Wohlstand

CNT	EqVar	b	beta	b.se	beta.se	b.t	beta.t
Austria	(CONSTANT)	503,89	XX	3,65	XX	138,16	XX
Austria	WEALTH	8,14	0,07	2,45	0,02	3,32	3,28
Chile	(CONSTANT)	464,99	XX	3,37	XX	137,95	XX
Chile	WEALTH	28,76	0,34	1,96	0,02	14,69	15,88
Germany	(CONSTANT)	510,79	XX	3,62	XX	141,19	XX
Germany	WEALTH	13,46	0,11	2,55	0,02	5,28	5,54
Korea	(CONSTANT)	571,24	XX	5,25	XX	108,91	XX
Korea	WEALTH	14,28	0,10	3,34	0,02	4,28	4,38

The manufacturer's authorised representative in the EU is Springer
Nature Customer Service Centre GmbH, Europaplatz 3, 69115 Heidelberg,
Germany. If you have any concerns regarding our products, please
contact ProductSafety@springernature.com

Printed and bound by CPI Group (UK) Ltd, Croydon, CR0 4YY

28/04/2026

02098534-0008